Das Buch

Mehr als 3000 Menschen wählen in Berlin täglich die 110. Sie rufen an, weil sie bedroht werden oder überfallen worden sind; weil sie verletzt wurden oder in Gefahr schweben; weil sie den letzten Funken Hoffnung ins Leben verloren haben oder ihren Ehepartner vermissen, der seit Stunden hätte zu Hause sein müssen ... Cid Jonas Gutenrath hat über ein Jahrzehnt Notrufe bei der Einsatzzentrale der Berliner Polizei entgegengenommen. Die Gespräche, die er dabei geführt hat, verraten viel über Menschen in Ausnahmesituationen, über das Leben in der Großstadt – und sie vermitteln einen exklusiven Insiderblick in die tägliche Arbeit der Polizei.

Nach seinem Erfolgsdebüt *110 – Ein Bulle hört zu* legt Gutenrath nun einen neuen Band vor, der vierzig Notruf-Geschichten versammelt. Es sind ergreifende, komische und unglaublich spannende Storys mit oftmals überraschenden Wendepunkten – atemberaubend erzählt, eine Achterbahn der Gefühle.

Der Autor

Cid Jonas Gutenrath, Jahrgang 1966, war Türsteher, Marine-Taucher, Bundesgrenzschützer, Streifenpolizist, Zivilfahnder und hat zehn Jahre lang in der Notrufzentrale der Berliner Polizei Anrufe entgegengenommen. Sein erstes Buch *110 – Ein Bulle hört zu* stand monatelang ganz oben auf der *Spiegel*-Bestsellerliste.

Von Cid Jonas Gutenrath ist in unserem Hause
bereits erschienen:

*110 – Ein Bulle hört zu*

CID JONAS GUTENRATH

# 110
## Ein Bulle bleibt dran

Neues aus der Notrufzentrale

Ullstein

Besuchen Sie uns im Internet:
www.ullstein-taschenbuch.de

Ungekürzte Ausgabe im Ullstein Taschenbuch
1. Auflage November 2014
© Ullstein Buchverlage GmbH, Berlin 2013 / Ullstein extra
Umschlaggestaltung: Sabine Wimmer, Berlin
Titelabbildungen: Hans Scherhaufer
Satz: Pinkuin Satz und Datentechnik, Berlin
Gesetzt aus der Minion
Papier: Pamo Super Arctic Paper Mochenwangen GmbH
Druck und Bindearbeiten: GGP Media GmbH, Pößneck
Printed in Germany
ISBN 978-3-548-37576-2

Für Michael und Thorsten.

Ihr habt vielen geholfen, aber für Euch gab es keine Hilfe.

# Prolog: Der Tag, als der Regen kam ...

**Lange habe ich darüber nachgedacht,** ob ich Ihnen noch einmal unter die Augen trete. Darüber, ob ich es mir zutraue und, vor allem, Ihnen zumute. Warum? Weil ich mich ein bisschen schäme. Sie werden sich fragen, weshalb, und ich will zumindest den Versuch machen, mich zu erklären.

Unglaubliches ist geschehen, in vielerlei Beziehung, seit ich in einem Anflug von Naivität und Arroganz mein erstes Manuskript über die kleinen und großen Dramen der Polizeinotrufannahme dem Ullstein Verlag zugesandt habe. Wenige Tage nachdem ich den gebündelten Blätterwust mit einem handschriftlich versehenen Anschreiben in den Briefkasten geworfen hatte, bekam ich zu Hause einen Anruf, den ich wohl nie vergessen werde. Meine älteste Tochter ging zunächst ans Telefon und übergab mir Kaugummi kauend den Hörer mit den Worten: »Papa, da will dich irgendeine Frau sprechen ...« Abgespannt und in Erwartung einer Mutter, die sich über das schlechte Benehmen eines meiner Kinder auf dem Schulhof beschweren wollte, meldete ich mich schnoddrig und unhöflich mit den Worten: »Käpt'n Chaos, jo ...«

Einen Satz ähnlicher Tragweite wie den, den ich kurz darauf von der »guten Fee« am anderen Ende der Leitung zu hören bekam, hatte ich bisher erst dreimal in meinem Leben vernommen. Nämlich als ich auf dem heißen Stuhl beim Feindiagnostiker am Kurfürstendamm zweimal eröffnet bekam: »Es wird ein Mädchen«, und einmal: »Es wird ein Junge!«

»Wir interessieren uns sehr für Ihr Manuskript«, sagte sie, was verbunden mit einigen anderen Liebenswürdigkeiten so viel heißen konnte wie: »Hurra, es wird ein Buch!«

Wer nun denkt, dass ich in meinem Inneren sofort die Kasse klingeln hörte, kennt mich nicht und hat sicher auch mein erstes Buch nicht gelesen. Nein, Leute, in meinem Inneren war viel, viel mehr Bewegung! Genau wie bei meinen Kindern dachte und denke ich immer noch, zugegeben voller Stolz: »*Geh hinaus in die Welt, reiß Mauern nieder, bau Brücken, begegne, erstaune und berühre Menschen, auf dass nicht alles umsonst gewesen sein möge!*« Was, nehmt ihr mir nicht ab? Scheiße, könnt ihr. Und es hat sich jetzt schon tausendfach gelohnt. Ich lerne die Menschen um mich herum, ja sogar das Land, in dem ich lebe, völlig neu kennen. Wildfremde Leute stehen mir auf einmal näher als viele, von denen ich dachte, dass ich sie gut kenne. Ich teile seitdem die Menschen in zwei Kategorien ein: in die, die mich nach Auflagen und Umsatzzahlen fragen, und die, die versuchen, mir durch die Augen in meine Seele zu blicken. Und wisst ihr was? Von der zweiten Sorte gibt es viel, viel mehr! Wow!

In ganz Deutschland war ich inzwischen unterwegs, und da standen sie plötzlich alle vor mir: die alte Dame, die schweigend und lächelnd einfach nur meine Hand nahm, um sie minutenlang nicht wieder loszulassen; die behinderte junge Frau, die mich stolz einlud, sie in »ihrem« Café zu besuchen, in dem sie trotz Problemen mit der Sprache und ihren Augen, aber immer mit einem Lachen, als Bedienung arbeitet; verdammt, es waren selbst kleine Jungen da, die allein mit ihrem Papa gekommen waren, weil Mama nicht mehr mitkommen konnte. Und wenn ich morgen in den Straßen Berlins verrecken sollte: Verflucht, es hat sich gelohnt!

All diese Menschen, denen ich begegnet bin, und die unfassbar vielen Leserbriefe, die ich auf meine freche Offerte (Ich werde

Euch antworten!) hin bekam, haben mich veranlasst, mich wieder mit meinem Bleistift hinzusetzen und noch einmal aufzuschreiben, was mich nicht loslässt.

Aber ich muss um Nachsicht bitten. Ich fürchte, ich krieg's so positiv nicht noch mal hin. Es ist zu viel passiert.

Geht schon damit los, dass ich am Ende meines ersten Buches das Versprechen gab, weiter zuzuhören, und letztlich wortbrüchig wurde. Daran hab ich zu knacken.

Wie alle Menschen will auch ich immer ein Happy End und hoffe, ja vertraue darauf, dass uns irgendwas oder irgendwer schon helfen wird, wenn wir selber nicht mehr weiterwissen, und ich wäre so gern Bestandteil dieses Märchens. Als ich klein war, lag ich oft weinend in Embryohaltung im Bett und hörte zu, wie mein Vater meine Mutter verprügelte. Außerstande, sie zu beschützen, nahm ich mir dann jedes Mal vor, Elvis um Hilfe zu bitten. Der war groß, der war stark, hatte viel Geld und sogar einen Schwarzgurt in Karate, wie ich gehört hatte. Bei den Liedern, die er sang – »In the Ghetto« fand ich schon als Bengel klasse –, musste er ein guter Mensch sein, dachte ich und stellte mir vor, dass ich ihn nur anzurufen brauchte, und dann würde er schon kommen und helfen …

Gut, klappte nicht, doch rund dreißig Jahre später hatte ich selber einen Schwarzgurt, konnte zwar nicht singen, war aber bereit und oft sogar imstande zu helfen, wenn man mich anrief. Sollte nun irgendjemand glauben, dass ich mich selbst für eine Art Star oder Superhelden halte, so liegt er tragisch weit daneben. Das Gegenteil ist der Fall. Normalerweise erinnert man sich gern und gut an die schönen Begebenheiten in der Vergangenheit. Nicht bei mir. In meiner ganz aktuellen Welt ist das leider völlig anders. Selbst hundert gelungene Einsätze, Gespräche oder Aktionen wiegen nicht im mindesten auch nur ein einziges Mal auf, bei dem ich, warum auch immer, gnadenlos versagt habe. Scheißegal, ob ich nun wirklich schuld war oder nicht. Keine Angst, ich heul euch jetzt nichts vor, ich komm schon klar, das hab ich gelernt. Aber trotzdem, hey, es wird alles irgendwie immer abgedrehter. Auf beiden Seiten der Front.

Weshalb das so ist, entzieht sich meinem Verständnis und meinem Einfluss. Einzig reagieren kann, oder besser, muss ich darauf. Und das habe ich getan. Zum einen habe ich die Verantwortung und Pflicht, meinen drei Kindern zur Seite zu stehen, bis wir sie in die Erwachsenenwelt entlassen können, und zum anderen habe ich mir gesagt: *»Wenn sie es dir nicht ermöglichen, gut Schach zu spielen, dann gehst du selber wieder mit aufs Feld.«* So kommt es, dass ich heute mit meinen siebenundvierzig Lenzen erneut trainiere, mit der Ramme die Tür aufzuknacken, um den Frauenprügler oder was auch immer dahinter flachzumachen. Tatkräftig unterstützt von einem vierbeinigen Kollegen an meiner Seite, der in puncto Mut und Entschlossenheit weit über mir steht. Aber dazu später einmal mehr.

Genaugenommen kann ich nicht einmal sagen, ob es nun die gefühlte Zunahme an düsteren, negativen Gesprächen in der Notrufannahmezentrale war oder die Entscheidung meiner Firma, uns dort ein wirklich merkwürdiges Dienstzeitmodell aufzudrücken, was mich schließlich zum Stellungswechsel bewegte. Ein »Modell«, das subjektiv zur Folge hatte, dass jedes Engagement und sämtliche Prinzipien, für die ich jahrelang eingestanden hatte, mit Füßen getreten wurden, ganz abgesehen davon, dass meine Familie darunter litt. Wahrscheinlich war es von beidem ein wenig. Fakt ist, lieber Leser, ich bin wortbrüchig geworden, shame on me. Die Tatsache, dass so viele Menschen Interesse und Anteilnahme zeigten am vordergründig unspektakulären Schicksal eines kleinen Jungen oder einer alten Frau beispielsweise, hat mich zutiefst berührt und mir gezeigt, dass es den täglichen Spagat am Telefon wert war. Kurz bevor beim Spagat jedoch die Sehnen reißen, stellt sich ein heißes, schneidendes Gefühl ein. Wenn man dann nicht reagiert, ist man im schlimmsten Fall danach ein Krüppel, und das galt es zu vermeiden. Ganz konkret heißt das, dass ich, unter anderem aufgrund der geschilderten Personalpolitik, subjektiv der Menge an stummen Hilfeschreien auf meinem Monitor nicht mehr gerecht werden konnte und dieser Umstand für mich persönlich einer Katastrophe gleichkam. Dies in Verbindung mit einem gefühlten Anschwellen von Notrufgesprächen, die ich nicht zu drehen, positiv zu beenden oder auch nur zu begreifen vermochte, ließ mich an jenem kalten, regnerischen Morgen, als es hieß: »Nun stellen wir tatsächlich auf das neue System um«, die Entscheidung treffen: Nein!

Nun, Mut kann bedeuten, auch einmal nein zu sagen, hörte ich einst einen jungen, aber weisen Mann sagen, und dieses Nein kommt keineswegs immer einer Kapitulation gleich. So bitte ich euch, liebe Leute, auch nicht wirklich um Entschuldigung, sondern eigentlich nur um euer Verständnis dafür, dass zurzeit in Berlin nicht mehr zu hören ist, wenn man die 110 wählt: »Notruf der Polizei, Gutenrath, wie kann ich helfen?«

Viele tausend Mal habe ich diesen Satz gesagt und ihn immer ehrlich gemeint, um anschließend oft vor Konzentration die Augen zu schließen. So manche Träne ist mir auf die Computertastatur getropft, ob nun vor Lachen oder warum auch immer. Eine tiefe Verbundenheit fühle ich zu diesem Saal, in dem ich so viele Weichen gestellt und Schicksale beeinflusst habe, dass mir der Abschied schwerfiel, so herzlich er auch war.

Die Stimmen der Vergangenheit kreisen nun wie Geister im Nebel durch meinen Kopf, wenn ich nachts in der dunklen Küche sitze, weil ich nicht schlafen kann. Dann nehme ich mir meist ein Bier und fange an zu rechnen und aufzuwiegen – zwei Greise gegen ein Kind, ein Auge gegen eine Hand, eine verbrannte Familie gegen einen geretteten Säugling ... – und komme doch immer zum selben unbefriedigenden Ergebnis, bevor der Schlaf mich dann irgendwann gnädig übermannt. Mein Leben ist jetzt gefährlicher geworden und trotzdem irgendwie einfacher. Nicht zuletzt weil ich einen neuen Freund gefunden habe, der mir bedingungslos vertraut und jede einzelne Stunde des Tages, die der liebe Gott werden lässt, in meiner Nähe ist. Ein gutes, beruhigendes Gefühl. Letzte Woche sollten wir auf Anforderung des Landeskriminalamtes als Vorhut gemeinsam in eine Wohnung hinein, in der ein Bösewicht mit einer Pistole vermutet wurde. Selbst dabei fühlte ich mich sicherer und vor allem besser als zuletzt beim Betreten der Einsatzleitzentrale. Meine Frau trägt tapfer und liebevoll diese meine Entscheidung, ja hat sie sogar forciert. Ein weiterer Grund mehr, warum ich diese mutige Frau liebe und verehre. Apropos meine Frau: Sie hat mit mir geschimpft, als ich ihr erzählt habe, welchen Tenor mein zweites Buch haben wird. »Du kannst den Leuten diesen ganzen Scheiß nicht zumuten, außerdem will das niemand lesen und schon gar nicht kaufen«, hat sie gesagt, und: »Wenn man ein Buch zuklappt, will man sich gut fühlen und nicht beschissen!«

Recht wird sie haben, meine Wikingerin, wie immer. Und trotzdem, so ganz beipflichten mag ich ihr nicht. Ihr habt so viel Mitgefühl und positive Resonanz gezeigt nach der Veröffentlichung meines ersten Buches, das ja schließlich auch nicht immer nur lustig war, dass ich glaube, ja fast sicher bin, dass ihr mehr verdient habt und auch aushalten könnt als einen schöngefärbten Groschenroman. Weil ich aber selbstverständlich machen muss, was meine Frau sagt, und weil ich mir meiner Verantwortung bewusst bin, werde ich versuchen, Lichtblicke mit einzubauen und auch ein versöhnliches Ende zu finden. Wird nicht einfach. Aber wie sagte gestern meine große und schon unfassbar erwachsene Tochter, zwar in einem ganz anderen Zusammenhang, aber mit klarem, festem Blick zu mir: »Papa, was einfach ist, das ist nichts wert!«

So lade ich euch also ein zu einer finalen Reise durch die Notrufe meiner Erinnerung und hoffe, dass wir sie gemeinsam schadlos überstehen. Nehmt euch eine Decke oder etwas Warmes zu trinken und seht zu, dass ihr nicht ganz alleine seid. Legt euch die Katze auf den Schoß oder holt den Hund herein. Am besten wäre es, wenn ein lieber Mensch in eurer Nähe ist, mit dem ihr euch austauschen könnt. Denn das hilft ...

Bon voyage!

## Letzte Grüße

**»Ich schaff's nich, Jonas, stimmt's?«**

Schlimme Frage, was? Noch schlimmer aber ist die Frage, was man auf diese Frage antworten soll. Die Wahrheit? Oder immer Linie halten im Stile von »Die Hoffnung stirbt zuletzt«, egal, wie schlecht es auch stehen mag? Nie hat jemand versucht, mir beizubringen, was man in solchen Fällen antwortet. Man konnte nicht und man will nicht. Man kann zu viel falsch machen. Um die wirklich wichtigen Antworten drücken sich die Menschen gern. Alle. Ich auch.

Verantwortung hat viele Gesichter. Was, wenn man ihm oder ihr die letzte Chance nimmt, etwas Wichtiges zu sagen. Andererseits kann man sich selten sicher sein, dass eine »konstruktive Lüge« nicht den letzten Lebenswillen mobilisiert, der nötig ist, um es vielleicht doch zu packen.

Des Rätsels Lösung, meine persönliche zumindest, ist gar nicht so kompliziert. Im Bürokratendeutsch: einzelfallabhängig. Wenn ich mir sicher bin, dass es nichts mehr wird, was selten genug vorkommt, weil ich ein krankhafter Optimist bin, versuche ich den Menschen, den ich über die Brücke bringen soll, einzuschätzen. Was lässt ihn friedlicher gehen oder nimmt ihm eventuell sogar Schmerzen, welcher Art auch immer: Hoffnung bis zur letzten Sekunde oder das gute Gefühl, etwas erledigt zu haben? Das schließt in meinem »Servicepaket« ein schönes Bild von dem Licht am Ende des Tunnels genauso ein wie das Übermitteln letzter Grüße. Sie würden staunen, was man mir im Laufe der Jahre so alles anvertraut und meinem Gewissen aufgebürdet hat. Ausgerechnet mir! Es macht mich stolz und traurig zugleich. Man hat mir Geheimnisse anvertraut, und, bei meiner Seele, es werden Geheimnisse bleiben. Deswegen bitte ich um Verständnis, wenn wir uns gleich einem letzten Wunsch zuwenden, der nicht spektakulär oder auch nur wirklich ungewöhnlich anmutet. Dies ist einfach nur der Tatsache geschuldet, dass dieser Fall, wie eigentlich alle in meinen Büchern, stellvertretend für viele andere Fälle steht, deren Protagonisten ich aber keinesfalls zu nahe treten oder gar weh tun möchte.

Ich hatte als Taucher und junger Mann im Kieler Hafenbecken einmal eine Schatulle gefunden mit alten, aber akribisch verpackten Liebesbriefen, die zu meinem Erstaunen die Zeit unter Wasser sehr gut überstanden hatten. Genau diese Tatsache nahm ich zum Anlass, damals Amors späten Erfüllungsgehilfen zu spielen. Dass dies vielleicht ein Fehler war, weil jemand nach langem Kampf mit sich selbst diese Liebe für immer dem Wasser anvertrauen wollte, dieser Gedanke kam mir erst viel später.

Als Polizist hatte ich Jahrzehnte danach einmal mit etwas Ähnlichem zu tun. Jemand verriet mir das Versteck eines Bündels unversendeter Liebesbriefe und erteilte mir den Auftrag, diese »zuzustellen«. Über die Jahre hinweg nicht unbedingt weiser, aber zumindest erfahrener geworden, machte ich mir dieses Mal viel mehr Gedanken. Wer weiß, welche Herzen dadurch vielleicht brechen, war eine der vielen Erwägungen, die mir durch den Kopf gingen. Liebe ist wie Wasser, sie sucht sich immer ihren Weg, redete ich mir am Ende ein. Sie braucht mich nicht. Also ließ ich die Finger davon. Aber vielleicht war das auch wieder falsch.

»Es fühlt sich an, als würde ein Elefant auf meiner Brust stehen. Ich kann nich mehr, ich schaff's nich ...«

»Halt durch, Karl-Heinz, der Notarzt ist gleich da. Du hast einen Herzanfall. Den haben viele überstanden! Du wirst eine kleine Narbe in deinem Herzen haben und in Zukunft ein bisschen kürzertreten. Das ist alles. Halt durch!!«
»Ahhhhhh ...«
»Karl-Heinz?!«
»Jonas ... du musst ... du musst etwas für mich machen ... wichtig ...«
»Hör auf mit dem Scheiß! Deinen letzten Wunsch kannst du dir für den Tag aufheben, an dem du stirbst. Du wirst jetzt nicht sterben!!«
»Sei still ... hör mir zu ...«
»Karl-Heinz!«
»Du sollst mir zuhören, verdammt ...«

Von diesem Moment an war ich still. Weil er diesen Satz in einer Art und Weise gesagt hatte, die nichts anderes mehr zuließ. Und weil jeder von uns in Würde sterben möchte, werde ich ihn jetzt auch nicht mehr wörtlich zitieren.

Zwei Dinge trug er mir auf.

Er hatte Tage zuvor zu seiner Frau gesagt, dass es der größte Fehler seines Lebens gewesen sei, sie zu heiraten. Dass dieser Satz sein größter Fehler war, der ihm furchtbar leidtat, sollte ich sie wissen lassen.

Und dass er nicht verbrannt werden wollte.

Karl-Heinz wurde nicht eingeäschert.

Und an seinem Grab stehen immer noch regelmäßig frische Blumen.

Woher ich das denn wissen will, fragen Sie sich?

Ganz einfach, ich weiß, wo er liegt.

# Borderline

**Wollen Sie wissen, warum ich** glaube, dass es den lieben Gott gibt? Ganz einfach: Weil ich weiß, dass es den Teufel gibt. Er steht nachts häufig hinter einem Pfeiler in meinem dunklen Wohnzimmer, schaut hervor und freut sich, weil er mich Alkohol trinken sieht. Er denkt, ich gehe kaputt. Aber ich gehe nicht kaputt! Ich höre dann in einer Endlosschleife »Hallelujah« von Jeff Buckley und habe den Hund neben mir sitzen. Also traut er sich nicht an mich heran. Und jedes Mal, wenn ich aufspringe, um ihm meine Faust in die feige Fresse zu knallen, ist er weg, bevor ich den Pfeiler erreicht habe.

Ich gehe nicht kaputt. Ganz bestimmt nicht!

Eigentlich habe ich gar kein Problem mit seinen Besuchen. Denn wenn er bei mir ist, kann er ja nirgendwo anders sein. Hoffe ich zumindest. Im Januar 2009 war er bei Samantha.

Als Samantha stellt sie sich mir vor, möchte aber lieber Sam genannt werden. Sam klingt wie ein robuster, unverletzlicher Holzfäller, und so wäre sie wohl auch gerne. Ist sie aber nicht. Sie ist eine fragile junge Frau, und ihr ganzer Körper ist übersät mit Narben. Sam ist Borderliner. Das sagt sie mir auch ganz offen. Das Was ist also nicht mein Problem, aber das Warum und das Wo machen mir zu schaffen. Ohnehin bin ich, man lese und staune, fast ein Bescheidwisser in Sachen Borderline. Ganz einfach deshalb, weil ich schon mit vielen Menschen an der 110 gesprochen habe, die dieses Problem haben. Schlimme Gespräche zum Teil. So schlimm, dass ich vielleicht versuche, in diesem Buch das eine oder andere davon noch loszuwerden. Zunächst einmal, für all die, die nicht wissen, worum es geht (woher soll ein normaler Mensch das auch wissen): Borderliner sind Leute, die das Bedürfnis haben, sich selbst zu verletzen beziehungsweise sich selbst mindestens Schmerz zuzufügen. Klingt unfassbar, was?! Ist es auch. Für mich auf jeden Fall. Auch wenn man nicht unbedingt von einer Volkskrankheit sprechen kann, so habe ich doch so oft mit diesen gequälten Seelen zu tun gehabt, dass ich mich entgegen meiner Gewohnheit und Faulheit künstlich schlaugemacht habe. Auf niedrigem Level habe ich sogar ein paar brauchbare Ratschläge parat. Eiswürfel lutschen, Gummibänder schnippen, Tabasco trinken, geregelter Tagesablauf, nicht alleine leben und so weiter. Leider alles halt nur auf niedrigem Level. Meist handelt es sich um verkorkste junge Frauen. Will heißen, um Mädchen, in denen nach Vergewaltigung, Misshandlung oder irgendeinem anderen teilweise jahrelangen Martyrium etwas kaputtgegangen ist. Manchmal ist es aber auch »bloß« fehlende Zuwendung, also der verzweifelte und selbstzerstörerische Schrei nach Liebe, der kranke Blüten treibt. So kannte ich beispielsweise einige junge Frauen und selbst Prostituierte, die versuchten, über Sex ihr Bedürfnis nach »Gewolltsein« zu stillen. Leicht vorzustellen, wie sehr und brutal so ein Mensch ausgenutzt werden kann.

»Was weißt du über Borderliner, Süßer«, fragt sie in einer ruhigen, entspannten, ja fast zärtlichen Art. Ich muss lächeln, weil sie mich Süßer nennt, und behaupte: »Viel.«

»Soso, na, da bin ich ja mal gespannt. Ich liege in der Wanne, es ist schön warm, ich habe mir Kerzen angezündet … und die Pulsadern aufgeschnitten«, zählt sie in unveränderter Tonlage auf.

»Längs oder quer?«, frage ich lakonisch, und man möge mir das verzeihen. Die meisten ihrer »Art«, mit denen ich sprach, wollten Aufmerksamkeit, ein wenig Zuwendung oder vielleicht sogar

Trost, fügten sich aber selten lebensbedrohliche Verletzungen zu und wussten auf perverse Weise, was sie taten. Deshalb meine vermeintliche Abgeklärtheit. Die meisten, aber eben leider nicht alle.

»Längsss«, sagt sie mit langgezogenem s, und mir wird schlagartig klar, in was für einem Gespräch ich mich befinde.

»Darf ich dich Sammy nennen?«, bitte ich sie, weil das weicher klingt und ich mir erhoffe, ihr dadurch näherzukommen, denn ich brauche jetzt Informationen.

»Du darfst mich nennen, wie du willst, Süßer, du bist der letzte Mann in meinem Leben«, flüstert sie fast, und ich kriege tatsächlich eine Gänsehaut, warum auch immer.

»Sammy, wo bist du?«, versuche ich plump mein Glück, obwohl ich mir ziemlich sicher bin, dass ich mir diese Frage eigentlich hätte sparen können. So veranlasse ich fast gleichzeitig mit ihrer Antwort – »In der Wanne, habe ich dir doch gesagt« – eine Handyortung, weil ich glaube, dass sie mir auch nichts anderes geben wird, was mir hilft, sie zu finden.

»Sagst du mir deinen Nachnamen?« Ich spule trotzdem das Standardprogramm ab, allein schon, weil ich dazu verpflichtet bin. Der Name könnte mich über eine entsprechende Anfrage, eine Meldeadresse vorausgesetzt, zu ihrem Standort führen.

»Lost«, sagt sie, und ich glaube ihr keine Sekunde.

»Du bist nicht verloren«, gehe ich auf die deutsche Übersetzung dieses Wortes ein und stelle eine weitere kühle und technische Frage: »Wie viele Zentimeter?«

»Was meinst du?«, haucht sie.

»Wie groß sind die Schnitte?«, formuliere ich klarer und bekomme von ihr ebenso klar zurück:

»Was meinst du wohl? Groß genug, mein Schatz.«

Sie gönnt mir gar nichts. Hätte ich Informationen über genaue Art, Tiefe und Länge der Schnitte, könnte ich ein Zeitfenster erstellen. Aber sie weiß das. Sie will das nicht. Und es ist auch gar nicht mehr nötig. Das Leben rinnt aus ihrem Körper. Ich sitze da, machtlos und hilflos, und frage mich, warum.

»Wenn du einschlafen willst, Sammy, wozu rufst du mich dann an?«, frage ich sie, und mir fällt auf, dass ich vorwurfsvoll klinge.

»Weil ich dabei nicht alleine sein will. Und weil ich will, dass du dich um meine Katze kümmerst«, antwortet sie mir ruhig. Selten habe ich auf diese Frage so eindeutige, ja fast nachvollziehbare Antworten bekommen. Und selten war mir so klar, dass ich nichts mehr würde ändern können. Trotzdem lässt meine Natur nicht zu, dass ich aufgebe, bevor ich wirklich verloren habe. Zwei naive Ideen habe ich. Doch irgendetwas sagt mir, dass ich ihr und mir eigentlich jeden weiteren Versuch ersparen sollte.

»Deine Katze kommt ins Tierheim und wird eingeschläfert, wenn du jetzt stirbst«, behaupte ich. Doch sie schmunzelt nur laut und flüstert: »Mmmm, nein, das machen die nicht, und das lässt du auch nicht zu, das hör ich an deiner Stimme, Süßer.«

»Ich hasse Katzen, und außerdem lege ich gleich auf«, drohe ich ihr und weiß doch, dass sie mich viel besser versteht, als mir im Moment lieb ist.

»Tust du nicht. Komm, lass uns nicht streiten, ich hab nicht mehr viel Zeit. Sag mir was Liebes«, beendet sie souverän meine Lügen.

Es stimmt, die Zeit geht uns aus. Einen einzigen Versuch gestatten mir das große rote Stundenglas, meine Kraft und Phantasie noch. Mehr nicht. »Wenn ich dir sage, dass ich dich jahrelang nicht mehr vergessen werde und du mich immer wieder in meinen Albträumen anrufst und aufs Neue verblutest, verrätst du mir dann, wo du jetzt bist? Bitte!« Das ist alles, was ich noch zu bieten habe.

Sie antwortet nicht, macht eine kleine Pause und bettelt dann beim Ausatmen um den einen Satz, um den sie wohl ihr ganzes Leben lang gebettelt hat.

»Komm, sag: ›Ich liebe dich, Samantha!‹ Bitte, Süßer«, fleht sie mich an. Und ich tue ihr den Gefallen.

»Ich hab dich lieb, meine Kleine«, höre ich mich sagen, dann folgt ein »Blub«, und ich beiße mir in meine Unterlippe.

Als wir Sammy endlich fanden, war sie schon lange verblutet. Es gab keinen Abschiedsbrief, nur eine schnurrende Katze und ein vergilbtes Familienfoto mit einem glücklichen kleinen Mädchen darauf, das stolz seinen Vater anlächelt.

# Zeugnistag

**»Papa verhaut mich bestimmt, wenn** er mein Zeugnis sieht«, sagt sie, und bevor ich noch richtig nachdenke, frage ich reflexartig:

»Verhaut Papa dich öfter?«

»Nein, aber er ist sicher wütend auf mich, wenn er sieht, was ich nach Hause bringe.«

»Was bringst du denn nach Hause, was ihn so aufregt?«, will ich wissen, und als sie kurz und trocken »Eine Drei in Mathe und eine Vier in Deutsch« sagt, muss ich lachen.

»W-w-warum lachst du, d-das ist nicht lustig!«, stottert sie da irritiert, ja fast ein wenig empört.

»Verzeih mir. Ich musste nur gerade an meine Zeugnisse und schlechten Zensuren denken und finde im Vergleich dazu dein Problem gar nicht so schlimm«, versuche ich mich bei ihr zu entschuldigen.

»Ach so«, flüstert sie da, aber ich spüre, dass ihre Gedanken ganz woanders sind. »Auweia, der is' ganz sicher stinkesauer«, denkt sie laut.

»Wie heißt du, meine Kleine«, versuche ich sie erst einmal abzulenken.

»Melek«, antwortet sie widerwillig, und ich merke, dass sie sich auch dabei nicht recht wohl fühlt.

*Melek*. Ich lasse mir den Namen auf der Zunge zergehen, und mir fällt ein: »Bedeutet das nicht Engel?«

»Sprichst du etwa Türkisch«, freut sie sich da, und ich mag den

Klang ihrer Stimme. Er ist eigentlich ein wenig zu tief für so ein kleines Mädchen, aber ganz klar und deutlich.

»Nein, ich hatte nur schon ganz viel mit türkischen Leuten zu tun«, enttäusche ich sie und mache ihr dann das Kompliment: »Das ist aber ein schöner Name.«

»Ja toll, hat Papa mir gegeben. Ich bin aber kein Engel, ich bin ein Nichtsnutz«, sprudelt es aus ihr heraus.

»Niemand ist ein Nichtsnutz«, halte ich dagegen, »und du schon gar nicht.«

»Ach, egal. Ich mag den Namen trotzdem nicht. Außerdem nennen mich sowieso alle Momo!«

»Momo? Wieso das denn?«, will ich wissen, und langsam taut sie auf.

»Na, weil ich eine Schildkröte habe und auch so ein bisschen aussehe wie die echte Momo!«

Ich erinnere mich an die Zeichentrickserie im Fernsehen, und vor meinem geistigen Auge steht ein kleines Mädchen mit wildem schwarzem Wuschelkopf, und so ähnlich hatte ich sie mir dem Klang ihrer Stimme nach sogar vorgestellt. »Was kann ich denn nun für dich tun, kleine Momo?« Ich werde langsam ungeduldig, denn ich merke, dass ein Kollege neben mir, der »Notruf« ganz anders definiert als ich, spitze Ohren bekommt. Während Momo etwas vor sich hin grummelt und offensichtlich an einer überzeugenden Formulierung für ihr Anliegen arbeitet, gehe ich kurz mit dem Fuß von der Mikrophontaste und sage: »Ach, dein Hamster hat Karies? Selbstverständlich hilft dir die Polizei bei diesem schwerwiegenden Problem!«, und der Typ neben mir wirft mir einen bösen Blick zu. Gedanklich verlasse ich Momo für eine Sekunde und grübele darüber nach, wie mein Nachbar wohl mit den vielen kleinen Scheißern umgeht, die jedes Jahr um die gleiche Zeit bei uns in den Leitungen Schlange stehen, wenn die Giftblätter verteilt werden. Viel mehr als Vorhaltungen, schätze ich zumindest, wird es von ihm wohl nicht geben. Find ich kacke! Nicht nur, weil ich selbst in der Schule nicht gerade geglänzt habe und deswegen mitfühlen kann, sondern weil von Scham bis konkreter Angst vor Gewalt in den kleinen Menschen so einiges rumort. Das sind Notfälle. Ob nun selbstverschuldet oder nicht, ist erst mal wurscht, und der bloße Hinweis darauf wenig hilfreich. Nicht alle Eltern reagieren so lieb und entspannt wie die in dem wundervollen Lied von Reinhard Mey, das exakt denselben Namen trägt: »Zeugnistag« (unbedingt anhören, pädagogisch daneben und wertvoll!). Da mein Nachbar plötzlich totales Interesse an meiner Gesprächsführung entwickelt und ich das Gefühl nicht loswerde, dass mein Chef in Kürze erfährt, was ich hier für einen Mist mache, denke ich mir: *Na, jetzt erst recht*, und frage Momo:

»Was hast du denn für eine Schildkröte?« Es wird die Kleine erst einmal ein bisschen ablenken und beruhigen, denke ich. Außerdem interessiert's mich wirklich. Sie blüht förmlich auf und sagt in einem ganz anderen Ton, so, als würde sie einen Star ankündigen:

»Eine Griechische Landschildkröte!«

»Wow! Und lass mich raten, ihr Name ist Kassiopeia, richtig?!«

»Woher weißt du das?«, stammelt sie daraufhin entgeistert.

»Na ja, ich hab Momo auch geguckt. Und so heißt doch wohl ihre Schildkröte, oder?«

»Stimmt! Du kennst dich aber gut aus«, schwärmt sie da, und ich habe mindestens einen Fuß bei ihr in der Tür. Und die berechtigte Hoffnung, dass sie mir vielleicht auch unangenehme Fragen beantwortet. Also stelle ich gleich mal eine:

»Wie kommst du drauf, dass Papa dich verhaut, wenn du nach Hause kommst?«

»Na ja, weil er oft so rumbrüllt, und meine Brüder hat er wegen so was auch schon mal verhauen, glaube ich.«

»Verstehe. Aber die kleine Melek wird er bestimmt nicht verhauen«, versuche ich ihr die Angst zu nehmen.

»Doch doch doch doch doch«, platzt es da aus ihr heraus, »er sagt immer: Wir sind hier fremd, und wir müssen uns doppelt anstrengen als wie die Deutschen. Ich krieg bestimmt Haue!«

Puh, denke ich, da sind ja gleich wieder mal zwei Haufen am dampfen. Super. Migrationspädagogikschildkrötenfachmann soll ich sein. Fühle mich überfordert.

»Ich bin so dumm«, klagt sie mitten in meinem Gedankengang.

»Bist du gar nicht«, halte ich trotzig dagegen und überlege, wie wir das kleine, verkümmerte Selbstbewusstsein ein wenig stärken können.

»Doch!«, schiebt sie genauso trotzig nach, und ich leg mich kurz ins Zeug:

»Ach was! Die Menschen sind alle verschieden. Jeder ist in irgendwas gut. Erzähl mir doch mal was über deine Schildkröte.«

»Also«, holt sie aus, als wäre sie in einer Prüfung, »Griechische Landschildkröten werden sehr alt und brauchen immer viel Kalk im Futter, damit sie keinen weichen Panzer kriegen, und wenn man sie am Popo krabbelt, dann wackeln sie mit dem Kopf«, führt sie aus, und ich muss schon wieder lachen. Da ich aber will, dass sie sich ernst genommen fühlt, reiß ich mich sofort zusammen und bescheinige ihr bierernst:

»Na, siehst du, ich hab's geahnt! Du kennst dich total gut mit Schildkröten aus! Du hast bloß das Pech, dass das kein Schulfach ist. Aber vielleicht wirst du ja mal Tierärztin?«

»Meinst du?«, giggelt sie da, fast wieder happy.

»Na klar, warum nicht?«, lege ich nach. »Du hast in Deutsch vielleicht eine Vier, aber in Schildkröte gebe ich dir eine Eins.

Wenn man das zusammenzählt und durch zwei teilt, hast du in beiden Fächern schon fast wieder eine Zwei«, rechne ich ihr vor, und Sie merken, lieber Leser, ich bin in Mathe auch keine Leuchte.

»In Schildkröte?«, fragt sie skeptisch. »So 'n Quatsch!«

»Wieso? Wenn du tatsächlich mal Tierärztin werden willst, is' Schildkröte viel wichtiger als Deutsch!«, behaupte ich und schließe dann den Kreis: »Und genau das sagst du auch gleich zu Papa. Dass du nämlich mal Tierärztin werden willst und dass du viel mehr über Schildkröten weißt als er. Und dass dir das mit der Vier in Deutsch total leidtut und es nie wieder vorkommt, natürlich. Okay?!«

»Ich geh da nich' hoch«, kommt es da von ihr wie aus der Pistole geschossen, und ich sehe förmlich, wie sie ihren schwarzen Wuschelkopf hin und her schüttelt. Au Backe! Mein Nachbar hat bestimmt die Stoppuhr laufen, und ich komm hier nich' zu Potte, weil das Problem vielleicht doch tiefer sitzt, als ich dachte.

»Is' Mama auch zu Hause?«, frage ich Momo, obwohl ich mir eigentlich von der Antwort nicht allzu viel verspreche. Und so fällt sie auch wie befürchtet aus:

»Ja, aber die kann nix machen.«

»Verstehe«, sage ich und reite nicht weiter auf dem Thema rum. Denn ich glaube nicht, dass das Mäuschen und ich mal eben auf die Schnelle und abschließend tradierte türkische Geschlechterrollen aus den Angeln heben werden. So schön es auch wäre. Da aber auch in dieser Beziehung Klein Melek vielleicht ein winziger Hoffnungsschimmer am Horizont ist, gilt es, sich noch mal anzustrengen. »Pass auf, Momo, wir zwei gehen da jetzt zusammen hoch«, hole ich aus, doch sie unterbricht mich sofort:

»Wir zwei?«

»Ja, wir zwei. Du und ich im Handy an deinem Ohr.«

»Ach so«, sagt sie, und ich merke, der Gedanke behagt ihr nicht.

Also quatsch ich noch einmal kurz drum herum, bevor sie sich irgendwas Schlimmes ausmalt.

»Ist das eigentlich dein Handy?«

»Ja. Is' das alte von meinem Bruder. Damit Papa immer weiß, wo ich bin.«

»Verstehe. Okay, also du, ich und das alte Handy von deinem Bruder gehen da jetzt rauf, und dann gibst du mir Papa ganz einfach mal ans Telefon, und dann schau'n wir mal. Okay?«

»Ich weiß nich'. Das ist keine gute Idee.«

»Doch, vertrau mir. Ich mach das schon. Irgendwann musst du ja doch nach oben, und da ist es doch besser, wenn ich mitkomme, oder?«

»Da hast du recht.«

»Na, siehste. Los, in welchem Stockwerk wohnt ihr?«

»Vier.«

»Okay. Nimm mal nicht den Fahrstuhl.«

»Wiesoo?«

»Weil es sein kann, dass wir im Fahrstuhl die Handyverbindung verlieren, und das wollen wir ja nicht. Außerdem macht es sich vielleicht ganz gut, wenn du ein bisschen außer Atem bist, wenn du gleich vor Papa stehst.«

»Aha.«

»Gut, sind wir unterwegs?«

»Ja.«

»Prima. Ich hatte übrigens auch mal eine Schildkröte, als ich klein war.«

»Ehrlich?«

»Ja!«

»Was für eine?«

»Eine Amerikanische Schnappschildkröte!«

»Echt?«

»Echt!«

»Ui!«

»Ja, ui. Das kannst du laut sagen. Sah aus wie 'n Dinosaurier. Starker Typ, sag ich dir!«

»Ich bin da.«

»Prima. Klingel.«

»Ich kann nich'. Ich hab Angst.«

»Ach was. Na komm.«

»Ich hab so 'ne Angst! Der verhaut mich ganz bestimmt!«

»Macht er nich'! Ich red mit ihm, vertrau mir. Ich kann so was ganz prima. Wirklich. Wir kriegen das schon hin, versprochen.«

»Versprochen?«

»Versprochen!«

DING-DONG.

»Wenn er aufmacht, sagst du ganz lieb: ›Hallo, Papa, da möchte jemand mit dir sprechen‹, und drückst ihm sofort das Telefon in die Hand, okay?!«

»Okay!«

DING ... »Hallo, Papa, da möchte jemand mit dir sprechen ...« DONG.

»Yldiz, gute Abend, wer da?«

»Guten Abend, Herr Yldiz. Nicht erschrecken, die Berliner Polizei. Gutenrath ist mein Name.«

»Bollisei?!«

»Ja, Polizei, aber nicht erschrecken, es ist alles in Ordnung. Ich habe gerade mit Melek telefoniert ...«

»Mit Melek?!«

»Ja, mit Melek, und ich war erstaunt, was für ein intelligentes und aufgewecktes Mädchen sie ist. Ich habe zum Beispiel gerade etwas von ihr über Schildkröten gelernt. Sie können wirklich stolz sein auf Ihre Tochter!«

»Melek, hast du gemacht Papa stolz, sagt Bollisei! Melek?«

»Ja, sehr stolz sogar. Ich denke, Melek ist ein ganz tolles Mädchen. Und die kriegt bestimmt mal einen ganz tollen Beruf. Tierarzt vielleicht sogar oder so etwas.«

»Ahhh? Melek?«

»Könnt ich mir vorstellen. Aber ganz kurz mal etwas anderes: Melek wird Ihnen gleich ihr Zeugnis zeigen, das gar nicht mal so schlecht ist, wie ich finde. Ich glaube, meine Kinder haben kein so gutes Zeugnis. Aber Melek meint, dass ihr Papa vielleicht nicht zufrieden ist. Deshalb hat sie mich nämlich angerufen. Weil sie ein bisschen Angst hat. Aber ich habe zu ihr gesagt: Du brauchst keine Angst zu haben. Papa hat dich lieb, sonst hätte er dich nicht Engel genannt. Und außerdem brauchen kleine Mädchen niemals Angst vor ihrem Papa zu haben, habe ich zu ihr gesagt. Das stimmt doch, Herr Yldiz, oder?«

»Melek is' meine Engel, keine Angst vor Papa nix, nein!«

»Sehen Sie, das wusste ich doch. Und was Zensuren angeht, möchte ich Ihnen noch Folgendes sagen: Ich bin Polizeioffizier, und in meinem letzten Schulzeugnis hatte ich in Mathematik eine Fünf. Damit will ich sagen, dass Zensuren wichtig sind, aber es gibt viel Wichtigeres. Zum Beispiel Persönlichkeit. Und das ist Ihre Tochter. Eine wunderbare kleine Persönlichkeit! So, jetzt muss ich weiterarbeiten, aber es war mir eine Freude, mit Melek zu telefonieren. Und mit Ihnen auch.«

»Anne, Offizier sagt, Melek wunderbare Persönlichkeit!«

»Ja, genau. Ich wünsche Ihnen einen schönen Abend, Herr Yldiz. Auf Wiederhören, und darf ich noch einmal kurz mit Melek sprechen?«

»Eine schöne Abend, Herr Offizier, auf Wiederhören! Meelek ...«

»Jaa?«

»So, Momo, ich denke, alles ist gut. Papa ist in guter Stimmung, schätze ich. Zeig ihm jetzt demnächst das Zeugnis und dann ab auf dein Zimmer. Und nimm dein Handy mit. Falls irgendwas schiefgeht, rufst du mich wieder an. Es kann sein, dass dann ein anderer Polizist rangeht, aber das ist egal. Du sagst deutlich deine Adresse, deinen Namen und dass Papa dich schlimm verhaut, dann sind wir ganz schnell bei dir. Aber ich glaube nicht, dass der Papa so ist. Alles okay?!«

»Alles okay!«

»Prima. So, und jetzt sprichst du mir nach, was ich sage, und dann legst du auf, kriegst du das hin?«

»Ja!«

»Danke, es war mir auch eine Freude, mit Ihnen zu telefonieren, Herr Polizist.«

Sie wiederholt den Satz glasklar, flüstert dann ganz leise »Daaanke«, und mein 110-Nachbar wird an meinem Chef abprallen, daran glaube ich fest!

# Einbruch gegenwärtig

»**Bitte kommen Sie schnell, ich** glaube, da ist jemand im Haus«, flüstert sie zittrig, und es schwingt Panik mit.

Eigentlich läuft es fast immer nach demselben Muster. Weil der Ausgang aber jedes Mal offen ist, schlimmer noch, zum Teil in meiner Hand liegt, kostet es Nerven. Mein Hauptaugenmerk liegt dabei gar nicht mal, wie man vermuten könnte, auf der Ergreifung des Täters oder der Minimierung des Sachschadens beziehungsweise anderem materiellem Krempel. Nein. Ich versuche mir vorzustellen und vor allem zu vereiteln, dass Täter und Opfer aufeinandertreffen. Denn dabei kann es Schäden geben, die mit Geld nicht mehr zu beheben sind.

»Mein Gott, ich höre Schritte! Ich hab so eine Angst, was mach ich denn jetzt?«, flüstert sie weiter und wird immer leiser.

»Genau das, was ich Ihnen sage, dann schaffen wir das schon zusammen. Verlassen Sie sich auf mich«, versuche ich ruhig auf sie einzuwirken. Klappt aber nicht. Klappt überhaupt nicht! Sie ist drauf und dran auszuflippen. Ihre Atmung wird unregelmäßig, und ich hab Schiss, dass sie mir abklappt. Deshalb frage ich sofort und schnörkellos Adresse und Namen ab, bevor es vielleicht zu spät ist. Aus welchem Grund auch immer. Sie bringt es raus. Allerdings so flach, dass ich mir beim Zuhören die Mickymäuse auf die Ohren pressen muss und die Augen zusammenkneife. Ich feuere los, was die Kapazitäten hergeben. Funkwagen, was Ziviles, eine ganze Gruppenstreife, die das Haus notfalls vielleicht sogar umstellen könnte, und dann noch einen Krankenwagen. Nicht nur, weil ich denke, sie könnte vielleicht einen Herzkasper kriegen, sondern weil ich irgendwie ein flaues Gefühl in der Magengegend habe. Gar nicht gut. Normalerweise mache ich mir kurz Gedanken, ob und wie ich das ganze Buffet auffahren lasse. Diesmal nicht.

»Sind Sie allein zu Haus?«, will ich von ihr wissen, aber statt zu antworten, wimmert sie bloß leise vor sich hin. Okay, so kommen wir offensichtlich nicht weiter. Dann zäumen wir das Pferd doch einfach mal von hinten auf. Ein bisschen Zuversicht und Mut versprühen, heißt die Devise.

»Passen Sie auf«, setze ich an, »ich habe so viel Polizei in Anfahrt, dass, wer auch immer da gerade bei Ihnen ist, in wenigen Minuten denken wird, Hollywood ist eingeflogen und dreht *Police Academy* Teil 8. Nur lustig wird's nicht. Zumindest nicht für Ihren Besuch. Also locker bleiben, wir werden das Kind schon schaukeln. Wir sind gleich da.«

Sooo, Augenblick sacken lassen. Wird schon klappen. Nix da! Statt etwas geschmeidiger und kommunikativer zu werden, schaltet sie beim Wimmern nur noch einen Gang höher!

Na toll! Und jetzt? Die Frage erübrigt sich, denn meine Anruferin hat auf wunderbare Weise ihre Sprache wiedergefunden. Zumindest circa fünf Prozent davon.

»Da kommen Schritte die Treppe hoch«, haucht sie, und ich fordere geradlinig: »Wie viele Personen?!« – »Mindestens zwei«, kommt postwendend. Ich denke mir, na bitte, geht doch. Wenn das deine Sprache ist, soll es mir sehr recht sein. »Können Sie irgendetwas anderes hören? Einen Dialekt, einen Namen oder sonst was? Alles ist wichtig!«

Das war's aber leider erst mal wieder mit sachdienlichen Hinweisen von ihr. Aber wer könnte das auch übelnehmen?! Männer sind mit Gewalt in ihr Haus eingedrungen. Jetzt offenbar auf direktem Weg zu ihr. Sie ist allein. Der blanke Horror! Auch wenn es gelingen sollte, dass die Frau physisch unverletzt diese Sache übersteht, was im Moment alles andere als sicher ist, einen psychischen Schaden, verschiedener Ausprägung, tragen Einbruchsopfer so gut wie immer davon. Es liegt etwas Fundamentales darin, den eigenen Schutzraum, sein Zuhause, verletzt und fortan immer verletzbar zu wissen. Etwas Verstörendes. Und das ist eigentlich nur das erste Level der Folgeschäden. Je nach Gemüt.

»Oh nein, wo bleiben Sie denn?«, fleht sie mich an. Um Wertgegenstände geht es ihr schon lange nicht mehr. Die Angst, verletzt, vergewaltigt oder getötet zu werden, liegt in der Luft. Und die diktiert nicht der Verstand. Die Magengrube und alles, was die Evolution in uns vorgesehen hat für solche Extremsituationen, haben zu hundert Prozent Besitz von ihr ergriffen. Und das lässt sich auch nicht mit Vernunft bekämpfen. Wer kennt sie nicht, die Albträume, in denen man auf der Stelle läuft, statt fliehen zu können, oder in denen einem die Knie weich werden und zusammensacken? Ich kenne sie gut. »Träum doch einfach was anderes« zu sagen macht da genauso viel Sinn, wie ihr jetzt zu raten: »Locker bleiben, wird schon.«

»Bitte, ich will nicht sterben«, höre ich sie flüstern.

»Hören Sie, die sind nicht gekommen, um Ihnen etwas zu tun! Die wollen nur Ihre Perlenkette und die Unterhaltungselektronik, glauben Sie mir«, versuche ich sie zu beruhigen.

Hätte ich mir sparen können. Vielleicht komm ich nicht gut rüber, weil ich selber bei der Sache kein gutes Gefühl habe. *Warum ist der Einbrecher nicht allein? Warum sind die nicht leise? Warum ist die Banane krumm?* Zu viel denken hilft auch nicht immer. »Nnnnnnnnmmmm …, nhhhhhnmmmmmmm …«, jammert sie vor sich hin, und ich krieg Muffe, dass heute einer der Tage ist, die ich nicht wieder vergesse.

Wie lange brauchen die denn, um die Treppe hochzulatschen, wundere ich mich, und wie groß ist das Haus wohl? Kacke, wenn sie fitter wäre, würde ich sie durch die Bude schicken und jede Tür hinter sich zuschließen lassen, damit die Säcke was zu tun haben, bis wir eingetroffen sind. Aber sie ist nicht fit! Jetzt bilde ich mir sogar ein, so etwas wie ein leises Röchelgeräusch von ihr wahrzunehmen. Oh-oh. Mann, Mäuschen, is' doch nur 'n Einbruch und kein Raubmord, denke ich und erschrecke mich ein wenig über meinen eigenen Vergleich. So, jetzt mal Butter bei die Fische. Die Kerle sind gleich oben, und meine Anruferin ist kurz davor, zu hyperventilieren und ohnmächtig zu werden. Wird langsam Zeit für 'ne zündende Idee oder das Eintreffen der Polizei, verdammt. Wer ohnmächtig ist, hat allerdings auch keine Angst mehr oder ist, aus Tätersicht, unbequemer Augenzeuge. Aber auch wehrlos in jeglicher Hinsicht und wacht vielleicht nicht wieder auf …

»Hey, jetzt reiß dich mal zusammen, Sabine! Schluss mit dem Gejammer!«, ruf ich laut, was in meiner Hoffnung einer verbalen Ohrfeige gleichkommt.

»Ich … hiii … hei… heiß nicht Sabine«, antwortet sie da, und ich freue mich, dass sie überhaupt was rausbringt.

»Egal, wir müssen jetzt mal konstruktiv werden, die Typen sind gleich bei dir«, mach ich im gleichen Ton weiter. Der Ton funktioniert, aber die Formulierung ist taktisch für die Wurst. Sie hat schon genug Druck, und ich mach ihr noch mehr Angst. Und zu kompliziert war's auch. Deshalb texte ich sie sofort weiter zu:

»Wie heißt du denn, und wie alt bist du?« Zwei Fragen, die sie schon als kleines Mädchen beantworten konnte. Die Antworten darauf und das kleine Mädchen in ihr sitzen fast so tief wie ihre Angst. Bessere Taktik!

»Simone … ich bin 48 Jahre alt«, kommt da auch prompt und

klar artikuliert. Na bitte, geht doch. In der Hoffnung, dass ich zu ihr durchdringe, instruiere ich sie verbindlich:

»Pass auf, ich bin einer von den Guten, und ich bin bei dir. Ich bleibe auch bei dir! Du bist 48 Jahre alt geworden, und du wirst auch deinen 49. Geburtstag feiern, alles klar?«

»Von den Guten«, »bin bei dir«, »Geburtstag feiern« – lauter positiv besetzte Wendungen. So läuft der Hase. Negativ besetzte Bilder funktionieren selbst in Verneinung nicht. »Die Einbrecher werden dich nicht kriegen« geht beispielsweise garantiert in die Hose, weil das Unterbewusstsein und die emotionale Schiene sich unwillkürlich mit den Negativismen auseinandersetzen. Verarbeitet werden wahrscheinlich nur »Einbrecher« und das Ende vom Satz: »kriegen«. So, genug kluggeschwätzt!

»Du machst jetzt genau, was ich sage: Du setzt dich mit dem Rücken zur Tür und drehst dich nicht um, ganz gleich, was passiert. Das Telefon, also mich, behältst du immer ganz fest am Ohr. Und wenn ich dich bitte, etwas zu wiederholen, was ich sage, machst du das, und zwar schön laut und deutlich. Hast du mich verstanden?«

Kurz, aber tapfer und klar sagt sie: »Ja, verstanden.« Ach Gott, ich verlange viel von ihr, ich weiß. Man stelle sich vor, der mutmaßlichen Gefahr den Rücken zudrehen zu müssen. Ich glaube, ich könnte es nicht. Aber ich habe meine Gründe.

Auf meinem rechten Monitor sagt mir der Zahlencode der in Anfahrt befindlichen Einheiten, dass noch niemand von uns am Ort eingetroffen ist. Scheiße. In dem Moment, als ich mir Gedanken darüber mache, dass der Rettungswagen eventuell vor uns eintreffen könnte, weil die Menschen lustigerweise der Feuerwehr im Straßenverkehr viel lieber Platz machen als uns zum Beispiel, höre ich ein gewaltiges Krachen. Sie hatte es wohl doch noch geschafft, die Tür hinter sich zuzuschließen. Ich fühl mich nicht gut. Was, wenn wir es hier gar nicht mit einem Einbruch zu tun haben?! Ich verdränge den Gedanken, ich hab jetzt anderes zu tun.

»Ganz ruhig, Simone, nicht umdrehen, alles wird gut. Hör auf meine Stimme, die Polizei ist gleich da. Ganz viel Polizei! Alles wird gut, versprochen«, rede ich beruhigend auf sie ein, weil ich ihre Aufmerksamkeit und ihre Emotionen in Beschlag nehmen will. Dann vernehme ich noch ein kurzes *Knack*, und dann ist für einen Augenblick gespenstische Ruhe.

Ich kneife meine Augen zusammen und konzentriere mich angestrengt auf jedes kleine Geräusch. Außer einem leisen Rauschen in der Leitung kommt aber nichts. Gut, die Kerle sind im Raum, denke ich. Vielleicht wundern oder amüsieren sie sich über den unerwarteten Anblick der Frau, die ihnen den Rücken zudreht. Na gut, machen wir halt den Eröffnungszug, das Glück ist mit den Mutigen. Im selben ruhigen Ton wie eben, so als wäre nichts geschehen, weise ich die tapfere Frau an:

»Simone, es ist alles okay, ich bin da. Wiederhole jetzt bitte drei ganz einfache Sätze:

NEHMEN SIE SICH BITTE, WAS SIE WOLLEN. ICH HABE SIE NICHT GESEHEN UND WERDE MICH AUCH NICHT UMDREHEN. ES GIBT KEINEN GRUND, MIR ETWAS ZU TUN.«

Sie wiederholt klar und deutlich, und ich denke: Cool, tapferes Mädchen! Ich meine, hey, das musst du in so einer Situation erst mal bringen! Dann kriech ich förmlich in meine Kopfhörer!

»Ach nein, aber du hast einen geilen Arsch!«, hör ich da eine dunkle Männerstimme mit osteuropäischem Akzent sagen, und in mir bricht eine Welt zusammen! Ich hab's geahnt, verflucht! Und, zack, sind wir in einem ganz anderen Ding. Scheiße! Sofort fange ich an, auf Simone einzuquatschen:

»Ganz ruhig, Simone, kriegen wir alles hin … Sprich mir nach: DIE POLIZEI IST IN ANFAHRT.«

Und sie wiederholt, allerdings nicht mehr so tapfer. Mit Aussetzern, die ihrer verständlichen Panikattacke geschuldet sind.

»UND AM TELEFON IST AUCH EIN POLIZIST.«

Sie stottert ihre Version, dabei wird ihre Stimme noch zittriger.

»NOCH KÖNNEN SIE FLÜCHTEN.«

Sie stottert, sie atmet hektisch, aber sie sagt den ganzen Satz.

»Klasse, Simone, du machst das prima! Wir schaffen das, du wirst sehen!«, lobe ich sie.

»Was? Du drohst mir?! Warte, du Nutte!«, sagt der Dreckskerl da, und jetzt krieg ich auch Schnappatmung. In dem Augenblick, wo ich brüllen will: »Spring ihm in die Fresse, mit allem, was du hast!«, ruft sein mutmaßlicher Kompagnon aus der Tiefe des Zimmers:

»Lass den Quatsch, Nicki, die Polypen biegen in die Straße ein, wir müssen abhauen! Los!!« Es poltert und scheppert. Von draußen lassen sich kurz danach wilde Schreie vernehmen. Nur Simone sitzt anscheinend immer noch da, wo ich sie gebeten hatte, Platz zu nehmen, und es dringt so etwas wie ein langgezogenes »Huuuuh« über meine Leitung und durch mein Ohr tief in mich hinein, wo ein wenig davon für immer geblieben ist.

Sie weint, schreit, klagt, und ich sitze da und weiß nicht, was ich tun soll. Ich habe ein bisschen Angst, dass ihr im Kopf etwas durchknallt, obwohl die eigentliche Gefahr doch gebannt ist. Wo bleiben denn die Sanitäter, verdammt! Ich weiß nicht, was ich tun soll. Also lege ich meinen Kopf in den auf dem Tisch abgestützten Arm und versuche sie ein letztes Mal zu beruhigen:

»Schschschsch, pssssst, alles ist gut, Simone …«, aber es macht weiter »Huuuh …« in meinem Kopf und hallt noch nach, als die Verbindung längst unterbrochen ist.

Wir haben die Kerle nicht gekriegt.

»Reife Leistung«, werden alle sagen, die uns sowieso nicht leiden können. Und dass die Frau meinetwegen fast vergewaltigt wurde.

»Ist sie aber nicht!«, möchte ich denen trotzig an den Kopf werfen, und: »Macht's doch besser, wenn ihr euch traut und könnt!«

# Und dann nahm sie meine Hand

**Schwere Nebelschwaden liegen zwischen den** Gebäuden des altehrwürdigen Tempelhofer Flughafens. Eigentlich ist es nur ein einziges riesiges Gebäude, und manchmal erinnert es mich an eine große alte Dame. Geliebt, verehrt, verachtet und am Ende noch verhöhnt. Sie hat diese Stadt einst am Leben erhalten, und niemand scheint es ihr zu danken. So viele Geheimnisse bewahrt sie in ihren tiefen schwarzen Katakomben, und täglich kommen weitere hinzu. Es könnte keinen besseren Platz geben für die Leitzentrale der Hauptstadtpolizei. Aber sie macht mir auch ein wenig Angst. Besonders an Tagen wie diesem, die dunkel und wie im Schleier verhüllt erscheinen, fühle ich mich von ihr beschützt und doch belauert wie von einem Geisterschiff. So oft habe ich in unserem riesigen, komplett umschlossenen Hof neben den alten Eichen gesessen, die Augen geschlossen und im Geiste Stiefel marschieren hören. Oder mir eingebildet, hinter einem der zahllosen Fenster schemenhaft eine alte Uniformmütze und wässrig blaue Augen entdeckt zu haben. Es ist ein gruseliger Ort, und er wird es bleiben bis zum Ende aller Tage. Denn die Mauern scheinen nicht freigeben zu wollen, was die Menschen ihnen alles anvertraut haben. Auf diese Weise erkläre ich mir hier den dichten Nebel, so wie heute, der physikalisch eigentlich gar keinen richtigen Sinn macht. Ich bin nur ein einziger Polizist, und allein ich habe hier versucht, so viele fremde Schicksale und Geschichten abzuladen, dass ich manchmal nach diesem Nebel greife oder ihn zu verteilen versuche wie giftiges Gas. Doch es gibt auch Liebesgeschichten und geheime Rendezvous, die hier auf ewig ihren Platz haben, und so weigere ich mich, diesen Ort der Schwermut kampflos preiszugeben. Denn ich habe in lauen Sommernächten hier auch schon Glühwürmchen fliegen sehen, in dunklen Ecken, aus denen ich Silhouetten herauszulesen glaubte, die sich durch nichts zur Erde drücken ließen. War vielleicht aber auch nur meiner Phantasie und Müdigkeit geschuldet. Es tobt hier, daran glaube ich fest, derselbe alte Kampf zwischen Gut und Böse wie überall auf der Welt, und deswegen wird es mich immer wieder hierher zurückziehen. So wie den alten amerikanischen Soldaten, den ich gestern mit seinem Stock und dem Veteranenbasecap vor dem Südflügel entdeckte. Ich will hoffen, dass nicht nur ich ihn sah ...

So bin ich also wieder einmal unterwegs an diesem nebligen Novembermorgen um kurz vor drei und ziehe frierend in meinem Sommerhemd die immer gleichen Runden, um die Pause zu nutzen für Gedanken an die Liebe und Wärme, die ich aus einem Gespräch mitnahm. Und ich werde sie hierlassen, um sie ins Rennen zu schicken gegen den Nebel!

Ein alter Mensch war am Telefon und sprach mit mir. Einer jener Zeitzeugen und lebenden Geschichtsbücher, die wir nicht nur zu respektieren verlernt haben, sondern sogar verachten. Alt ist gleich schlecht, langsam, im Weg. Anti-Aging ist das Schlagwort, das eigentlich deutlicher nicht sein könnte und dem wir alle hinterherrennen. Dabei könnten wir so vieles lernen, von denen, die so lange durchgehalten haben unter Lebensumständen, die bei uns Burn-out und Bandscheibenvorfälle verursacht hätten. Sicher, Alter ist kein Verdienst, und es mag auch in diesen Generationen notorische Zurechtkommer geben, die es schon immer verstanden, sich auf Kosten anderer auszuruhen. Aber es war für sie kein Volkssport so wie heute.

Wenn ich sage: lernen, spiele ich gar nicht einmal auf die lebenslange Erfahrung und spezifische Kompetenz eines »Alten« an, die wir mit Computern zu ersetzen versuchen, sondern vielmehr auf die emotionalen oder meinetwegen sozialen Werte, die sie leben und weitergeben könnten. Interessiert aber irgendwie kein Schwein.

Albert Misur ist atemlos, als er mich anruft. Seine Stimme klingt trotzdem ruhig und tief, ja irgendwie aufgeräumt und fast beruhigend. Seine Bitte ist banal, und natürlich ist die Polizei wieder mal nicht zuständig. Aber dennoch ist es mir eine Freude, mich zuständig zu erklären, so wie anscheinend schon vor mir einige liebe Kollegen, die seiner simplen Bitte nachgekommen sind. Denn ich denke, er ruft nicht zum ersten Mal an.

»Meine Frau Rosemarie ist mir beim Waschen aus dem Bett gerutscht, und beim Versuch, sie wieder reinzuheben, bin ich leider auf meinem eigenen Po gelandet. Ob Sie vielleicht jemanden vorbeischicken könnten, der uns aufhilft?«, fragt er mich, und mein Zeigefinger schwebt schon auf dem Touchscreenfeld für die Direktleitung zur Feuerwehr.

»Sind Sie verletzt, ich könnte Ihnen einen Krankenwagen schicken«, spule ich nüchtern runter, doch er wiegelt ab.

»Nein, nein. Der wird woanders sicher dringender gebraucht. Zwei kräftige, junge Polizisten, die kurz abkömmlich wären, würden uns völlig reichen. Es muss auch nicht sofort sein. Wir haben Zeit.«

»Wo sind Sie denn?«

»Wir sind in der Nahariyastraße Nummer 23. Aber bitte, nur wenn eine Streife in unserer Nähe ist, sonst warten wir gerne. Wir haben es uns gemütlich gemacht.«

»Wie meinen Sie das?«, frage ich, während ich die Kapazitäten in der Gegend überprüfe.

»Ach, ich habe uns das Kopfkissen vom Bett heruntergeangelt, und wir lehnen beide mit dem Rücken an der warmen Heizung. Das ist sehr angenem. Außerdem lächelt meine Rose mich an, und ich halte ihre Hand. Es ist also alles gut, lassen Sie sich ruhig Zeit.«

Südwest 403 beendet gerade die Aufnahme eines nichtgegenwärtigen Geschäftseinbruchs und wird sich auf dem Rückweg zur Wache ein paar Minuten Zeit nehmen für das Ehepaar Misur, hoffe ich und schließe den Auftrag mit der Überschrift »HE« (Hilfeersuchen) ab. Darf bloß kein Eileinsatz dazwischenkommen.

»Es wird jemand zu Ihnen kommen. Dauert noch einen kleinen Moment. Können Sie uns denn öffnen?«

»Ich fürchte nicht. Aber das ist kein Problem. Sie finden einen Wohnungsschlüssel unter dem kleinen Stein mit der Aufschrift ›Willkommen‹.«

»Soso, okay. Aber wie gesagt, es kann noch etwas dauern.«

»Das macht gar nichts. Geduld ist eine meiner wenigen Stärken. Ich habe schon immer viel Geduld gehabt für meine Rose.«

»Sie pflegen Ihre Frau zu Hause, seh ich das richtig?«

»Ja. Schon sehr, sehr lange.«

»Sind Sie sicher, dass wir keinen Krankenwagen brauchen?«

»Also, wir beide hier brauchen keinen, junger Mann, aber vielen Dank. Wir kommen so schon über vierzehn Jahre ganz gut zurecht.«

»Ui, Sie sind wirklich ein geduldiger Mann!«

»Ja, das bin ich. Und so habe ich sie auch für mich gewonnen, diese wunderschöne Frau, mit Geduld.«

Noch ist der Funkwagen nicht auf dem Weg. Ich entschließe mich, mindestens so lange bei den beiden alten Leuten zu bleiben, bis die Streife wenigstens in Anfahrt ist. Also ermuntere ich Albert mit einem kurzen »Aha«.

»Ja, Geduld ... Ich erinnere mich noch genau, wie sie damals nach Kriegsende mit den anderen Mädchen am Mehringdamm stand. Es gab ja nichts. Gar nichts. Ich hatte zwar eine Arbeit als Packer am Flughafen, aber was war das schon. Gut, immerhin eine Arbeit, aber trotzdem. Ich hatte nichts, was ich ihr anbieten oder geben konnte, wenn ich in meinen verschlissenen Hosen jeden Tag nach der Arbeit an ihr vorbeikam. Gott, was für eine Schönheit, Sie hätten sie sehen sollen! Irgendwann traute ich mich trotzdem, sie anzusprechen. Ich fragte sie, ob sie ein Stück mit mir die Straße runtergeht und mit mir ein paar Minuten und eine halbe Tafel Schokolade teilt. ›Kleener‹ hat sie mich genannt. Von da an gingen wir jeden Tag ein kleines Stück gemeinsam, unterhielten uns und lachten. Lachen war kostbar in diesen Zeiten. Und irgendwann kam dann der schönste Tag in meinem Leben: Dann nahm sie meine Hand! Die gleiche Hand, die ich auch jetzt noch halte. Fünf Kinder hat sie mir geschenkt, und auch wenn wir seit vierzehn Jahren nicht mehr miteinander sprechen können, sie ist und bleibt meine Rose. Meine wunderschöne Rose!«

Den Kopf verträumt auf die rechte Hand gestützt, verfolge ich, wie auf dem äußeren Monitor hinter dem Kürzel Südwest 403 der Zahlencode erscheint, der mir verrät, dass unser Wagen in Anfahrt ist. Der mittlere Monitor blinkt hektisch rot. Ich muss mich verabschieden von den Erinnerungen des alten Mannes. Auch wenn ich noch stundenlang zuhören könnte.

»Unsere Leute sind in Anfahrt. Ich möchte nicht unhöflich sein, aber ich muss jetzt hier weitermachen, unsere Notrufleitungen fangen gerade an zu glühen.«

»Das verstehe ich sehr gut, machen Sie nur, das ist wichtiger.

Und machen Sie sich keine Gedanken. So lange wie Sie eben hat mir seit Jahren nur meine Rose zugehört. Ich wünsche Ihnen alles Gute, junger Mann. Auf Wiederhören.«

»Auf Wiederhören, Herr Misur, und einen lieben Gruß an Ihre Frau.«

Einen Kaffee und eine Mikrowellensuppe später erfuhr ich, dass unser Funkwagen zweimal hintereinander abgezogen wurde auf dem Weg zum Ehepaar Misur. Zweimal war es nötig, mit Eilanfahrt einer anderen Streife Unterstützung zu gewähren, was weder so selten noch so ungewöhnlich ist, wie es sich anhört. Ein Hoch auf die Personaleinsparungen bei der Berliner Polizei. Als Südwest 403 dann endlich eintraf, in der Nahariyastraße Nummer 23, unter dem »Willkommen«-Stein den Schlüssel gefunden hatte und die Wohnung betrat, waren Albert und Rosemarie Misur für immer eingeschlafen. Ihre beiden alten Herzen hatten einfach aufgehört zu schlagen. Fast so, als hätten sie sich mit einem letzten Nicken zum gemeinsamen Gehen verabredet. Das Seltsame ist, dass es mich gar nicht traurig gemacht hat. Im Gegenteil. Lächelnd stellte ich mir vor, wie die beiden alten Menschen, Hand in Hand, mit dem Rücken an die Heizung gelehnt und sie vielleicht sogar mit ihrem schlohweißen Kopf an seiner Schulter, friedlich eingeschlafen sind. Ich kann mir kaum einen schöneren Abgang vorstellen!

So stehe ich also hier, in der Stunde der Vögel, die immer etwas früher erwachen als der neue Tag, mitten im Hof, habe die Hände so tief es geht in den Hosentaschen vergraben und schaue zu, wie der Nebel sich ganz langsam auflöst. Eigentlich nur einen Steinwurf von dem Ort entfernt, wo Albert seine Rosemarie zum ersten Mal sah. Drüben am Mehringdamm sprach er sie zum ersten Mal an, hat er gesagt, oder? Und was hat er erzählt, am Flughafen hatte er einen Job, richtig? Wer weiß, vielleicht hatten sie ja hier, in meinem Hof, eines ihrer ersten Rendezvous?

Die Glühwürmchen im nächsten Sommer werden es mir vielleicht verraten.

# Nicht mogeln!

**Verletzung der Aufsichtspflicht – kompliziertes** Thema. Nicht der offizielle Mist, das ist immer alles schön einfach. Aber das Drumherum. Lehnen Sie sich doch mal zurück, und denken Sie ein paar Minuten darüber nach, wie es wohl wäre, wenn von Ihrer Entscheidung abhängen würde, ob ein kleiner Mensch vielleicht sein Zuhause verliert. Oder von einem Monster in Menschengestalt totgeschüttelt wird. Hach, immer diese schwierigen, schwermütigen Fragen, werden Sie sich sagen und dann wahrscheinlich den Rest des Tages darüber nachdenken. So wie ich. »Schicksal spielen«, so anmaßend, ja überheblich das auch klingen mag, ist so schwierig und doch einfach zugleich. Ich krieg die Bilder nicht aus der Birne von Kindern, die von ihren eigenen Eltern vernachlässigt wurden, bis sie kaum noch Haut und Knochen waren. Zwerge, die völlig verschrammt, aber sonst unverletzt aus einem Busch gezogen wurden, nach einem Sturz aus dem zweiten Stock. Verbrühte kleine Hände. Traurige alte Augen in winzigen Gesichtern. Kann man so etwas verhindern? Wenn ja, wer? Sie? Ich? Oder immer nur die anderen? Klar, jetzt kommt der Weltverbesserungsaufruf des Wichtigtuers: Seht alle hin und kümmert euch! Toll. Und was machen wir dann? Führen tiefschürfende Gespräche mit den Schuldigen? Wer sind die Schuldigen? Oder schreiben wir pausenlos Einträge und Hinweise fürs Jugendamt? Dann wird alles gut? Wohl kaum.

Seit fast einer Stunde habe ich ein kleines Mädchen auf Leitung drei. Eigentlich kann ich mir das gar nicht leisten, denn es ist Samstag. Samstagnacht. Die Hauptstadt brodelt. Die Spaßgesellschaft dreht am Rad. Überall sind die Zappelhallen voll, wird gekifft, gekokst, gevögelt, Nasenbeine und Herzen brechen im Minutentakt. Und irgendwo in Marzahn, im 12. Stockwerk eines Plattenbaus, hält ein kleines Mädchen durchs beschlagene Küchenfenster Ausschau nach der guten Fee.

»Die heißt nich' Glöckchen, die heißt Tinkerbell!«, behauptet sie hartnäckig.
»Die heißt Glöckchen.«
»Gar nich'!«
»Als ich klein war, hieß die Glöckchen«, stelle ich fest.
»Und als ich klein war, Tinkerbell! Du hast ja gar keine Ahnung! Hast wohl den Film nich' gesehen?!«, argumentiert sie mich an die Wand.
»Als du klein warst, ja?!«, wiederhole ich und muss grinsen. Dann vertröste ich sie wieder für einen Moment: »Mäuschen, ich muss kurz mal weitermachen, nicht auflegen, ich bin gleich wieder da.«
»Na gut«, lässt sie mich gönnerhaft wissen, und ich ferkele auf Leitung acht einen Typ ab, der von mir wissen will, ob er seine Ex wegen sexueller Belästigung anzeigen kann, weil sie ihm im Tresor auf der Tanzfläche zwischen die Beine gekniffen hat.
So geht das schon eine ganze Weile, und wenn ich nicht zwischendurch immer mal wieder in die Leitung gehen würde, hätte ich mir schon längst eine Entscheidung abringen müssen. Langsam geht mir allerdings auch das Repertoire aus. Kermit der Frosch und Donald Duck, die ich beide nahezu perfekt draufhabe, sind bereits verpulvert. Voller Inbrunst habe ich wie Kermit gesungen: »I'd like to be under the sea in the octopus's garden with you«, natürlich unter den misstrauischen Blicken meines Tischnachbarn,

nur um festzustellen, dass heutzutage Kermit und die *Sesamstraße* »so was von out sind, Alter«. Den Namen der kleinen Zwecke habe ich auch nicht geschenkt bekommen. »Geht dich gar nichts an«, hat sie mich selbstbewusst wissen lassen, und: »Du bist 'n Fremder und 'n Kerl. Flo sagt, Kerle sind alles Schweine!«

Flo ist übrigens die Mama, die nicht zu Hause ist, sondern arbeiten.

Das Schweinezitat lässt mich nicht nur vermuten, dass Mama sitzengelassen wurde, sondern ich habe auch einen konkreten Verdacht, was für einer Arbeit Mama nachgeht.

»Pass auf, ich heiße Jonas. So, jetzt bin ich kein Fremder mehr. Jetzt kannst du mir sagen, wie du heißt«, habe ich das Bienchen ganz fies reingelegt, und seitdem weiß ich, dass sie Lotte heißt.

»Da bin ich wieder«, melde ich mich zurück und bekomme postwendend ein leicht gedehntes »Wird auch Zeit« von ihr an den Latz.

»Wo waren wir stehengeblieben?«, versuche ich wieder anzuknüpfen. »Ach ja, bei Glöckchen! Hey, wenn du nicht mal genau weißt, wie sie heißt, dann glaubst du wohl auch gar nicht richtig an sie? Und wenn du nicht an sie glaubst, kommt sie dich sowieso nicht besuchen. Und das mit dem Feenstaub und dem Fliegen kannst du dann auch vergessen«, liste ich auf und kann förmlich sehen, wie sie die Augen zusammenkneift und angestrengt über diese gewagte These nachdenkt.

»Ach, drauf geschissen«, haut sie dann nach einer Weile raus, »ich darf das Fenster sowieso nich' aufmachen, hat Flo gesagt.«

»Und das ist auch gut so«, fällt mir spontan ein. Dieses Verbot und einige andere Kleinigkeiten haben mich bisher dazu bewogen, die Nanny mit der Fellfresse zu spielen und die Lütte nicht einfach eintüten zu lassen. Die Kleine wird geliebt, bilde ich mir zumindest ein. Diverse Verbote und Verhaltensregeln in Verbindung mit einigen Kontrollbesuchen, die wohl stattgefunden haben, lassen außerdem darauf schließen, dass Lotte nicht völlig ohne Halt ist. Doch obwohl Tante Lucy, Tante Mich und Tante Grace heute nach Sonnenuntergang angeblich schon alle vorbeigeschaut haben, ist einfach scheiße, was da läuft. Es ist nachts um Viertel vor drei, und Lotte ist definitiv zu klein, um alleine zu sein. Zumal ich die »Tanten« für Kolleginnen von Flo halte. Genau das will ich mit Flo besprechen. Deshalb warte ich auf sie. Und sie hat noch keine Ahnung, dass dieses Gespräch vielleicht eines der wichtigsten in ihrem bisherigen Leben sein wird.

»Wann, hast du noch mal gesagt, Mäuschen, kommt die Mama nach Hause?« Ich werde allmählich ungeduldig, denn ich hab das nächste blinkende Touchscreenfeld im Augenwinkel.

»Hab ich dir doch schon paarmal gesagt, du hörst mir wohl gar nich' zu, was?!«, belöffelt sie mich daraufhin schon wieder recht uncharmant.

»Dafür, dass du mich angerufen hast, weil dir so allein angeblich gruselig war, bist du aber gar nicht nett zu mir, finde ich, Lotte«, beschwere ich mich bei ihr.

»Da hast du recht, Jonas, tut mir leid, du bist nämlich ganz doll lieb«, entschuldigt sie sich, und mein schwarzes Herz schmilzt dahin.

»Lotte, ich muss schnell noch mal was erledigen, bin gleich zurück, okay?«, bereite ich sie auf die nächste kurze Pause vor und denke darüber nach, ob sie meint, was sie sagt, oder einfach nur Angst hat, dass ich sie alleine lasse. Nachdem ich einem stinkbesoffenen und frechen Idioten erklärt habe, dass wir kein Taxiunternehmen sind und ihn nicht nach Hause fahren werden, auch wenn er mir dafür per Dienstaufsichtsbeschwerde und Anzeige wegen unterlassener Hilfeleistung zeigen will, »wo der Hammer hängt«, bin ich schon wieder bei Lotte.

Ich setze mir ein Zeitlimit von einer halben Stunde. Wenn bis dahin die Mama nicht wie angekündigt zu Hause ist und die richtigen Antworten parat hat, wird Lotte den Sonnenaufgang in einem Bettchen im Kindernotdienst erleben.

»Kennst du Bernd das Brot?«, kommt sie mir zuvor, bevor ich mich wieder melde, weil der kleine Profi inzwischen am Knacken in der Leitung und meinem Atmen genau hört, dass ich wieder da bin.

»Bernd das Brot«, murmele ich vor mich hin und muss schon wieder bitter lächeln. »Ja, den kenne ich gut, das ist fast ein Freund von mir«, behaupte ich und habe damit so etwas wie einen Achtungserfolg bei meiner Kleinen.

»Ehrlich? Cooool!«, schnurrt sie da und ist hörbar beeindruckt. Und ich kenne ihn tatsächlich. Denn auch ich habe schon oft zu unchristlichen Zeiten den KiKa eingeschaltet, weil ich nicht schlafen konnte, und dann dem stets depressiven Schaumstoffbernd bei seiner Endlosschleife zugeguckt. Nur dass ich dabei kein Schnuffeltuch, sondern meist ein Whiskyglas in der Hand hatte. Meine Lieblingsstelle ist: »Tanz das Brot, wenn du mal traurig bist, keine Ahnung, warum, weil alles sowieso bleibt, wie es ist!«

»Aber der hat irgendwie immer so schlechte Laune, findest du nicht auch, Lotte?«, frage ich, während ich nebenbei mit einem Fingerschnippen erneut das besoffene Schwein von eben aus der Leitung schieße, weil ich die Handynummer erkannt habe.

»Stimmt schon, aber der hat so süße Augen, und außerdem ist der immer da«, schwärmt sie, und ich gucke auf die Uhr. Unsere gemeinsame Zeit läuft ab.

»Süße, weißt du, was wir jetzt machen? Jetzt spielen wir ›Wer-zuerst-blinzelt-hat-verloren‹, kennst du das?«

»Nein, wie geht das?«, trällert sie, im doppelten Wortsinn aufgeweckt.

»Das ist ganz einfach«, erkläre ich langsam, »wenn ich ›jetzt‹ sage, machen wir beide die Augen ganz weit auf, und wer zuerst blinzeln muss, der hat verloren, okay?«

»Okay, aber nich' mogeln, Jonas!«, fordert sie skeptisch.

»Nein, ich mogel nicht, versprochen. Ich sag sofort, wenn ich geblinzelt hab. Du aber auch, okay? Du würdest mich doch nicht anlügen, oder?«

Darauf antwortet sie sofort und ohne nachzudenken mit einem entwaffnend ehrlichen »Niemals!«, was mich sehr berührt. Und zwar, weil in diesem einen Wort all ihre Dankbarkeit und Zuneigung mitschwingt und ich mir wieder mal bewusst werde, dass Lohn nur selten etwas mit Geld zu tun hat.

»Uuuuund jetzt«, gebe ich das Startsignal und stelle mir vor, wie sie ihre süßen kleinen Augen aufreißt. Sie ist tapfer und hält verdammt lange durch. Doch kurz bevor ich sie erlösen und zur Siegerin erklären will, damit die Tränen nicht anfangen zu kullern, erklingen die ach so ersehnten Geräusche. Mama ist zu Hause! Endlich.

»Flo ist da, Flo ist da, Flo ist da!«, kreischt Lotte vor Freude, und ich rufe: »Hey, hey, hey, Süße, beruhig dich, beruhige dich, gib mir bitte sofort deine Mutter ans Telefon, okay? Und wenn sie dich fragt, warum du so feuchte Augen hast, dann sagst du: ›Weil ich traurig und alleine war.‹ Alles klar?«

»Alles klar, Jonas«, zwitschert sie glücklich, und ich warte.

»Florence, wer ist da bitte«, meldet sich kurz darauf eine unerwartet dunkle und selbstsicher wirkende Frauenstimme.

»Hier spricht das Kindermädchen«, rutscht mir zunächst raus, und sie wiederholt verdutzt den kurzen Satz. Dann lege ich los: »Polizei Berlin, Gutenrath, ich habe seit über einer Stunde Ihre Tochter in der Leitung, weil sie alleine und ängstlich war und deshalb den Notruf gewählt hat.«

»Was hast du gemacht, Lotte, spinnst du?!«, unterbricht sie mich da, und ich werde ansatzlos pissig: »Hey, Ruhe! Beantworten Sie nur meine Fragen, und denken Sie gut darüber nach, was Sie sagen, denn es hängt viel davon ab, kapiert?!«

»Jaaaa«, sagt sie daraufhin ruhig und keineswegs eingeschüchtert.

»Gehen Sie anschaffen?«, starte ich wieder durch, und sie fällt mir sofort ins Wort: »Das geht dich gar nichts an …«

»Ruhe jetzt! Hör mir gut zu, denn ich werd's nicht wiederholen: Wenn du mir jetzt nicht sofort meine Fragen beantwortest oder ich auch nur ansatzweise das Gefühl habe, belogen zu werden, holen wir dir in fünf Minuten das Mädchen aus der Bude! Ist das angekommen?!«

Ein kurzes »Ja« ihrerseits und ein tiefes Durchatmen meinerseits läuten die nächste Runde ein:

»Gehst du anschaffen?«

»So ähnlich«, antwortet sie vage, aber das reicht mir.

»Bringst du Freier mit nach Hause?«, stochere ich weiter.

»Bei Gott, nein!«

»Bist du auf Droge?«

»Wie, auf Droge?!«, eiert sie herum.

»Ob du auf Droge bist, will ich wissen.«

»Nein, nein … Um Himmels willen, so etwas würde ich Lotte niemals antun!«

»Okay, der Kandidat ist in der nächsten Runde«, lasse ich sie wissen, gönne ihr aber keine Atempause. »Wer sind die ganzen Tanten, die du nach ihr schauen lässt, Kolleginnen?«

Da sie mit ihrem »So ähnlich« schon mal durchgekommen ist, versucht sie es wieder, und ich lasse es ihr durchgehen.

»Wer ist Tante Mich, 'ne Transe?«, nähere ich mich langsam dem Ende ihres Martyriums.

Sie ist schon wieder zu Frechheiten aufgelegt oder gewinnt zumindest ihre Fassung zurück und traut sich die Gegenfrage zu stellen: »Und wenn?«

»Scheißegal, solange Lotte ihn mag und er vertrauenswürdig ist«, verblüffe ich sie. Allerdings nicht, ohne schon wieder unangenehm zu werden: »Aber Gott stehe dir bei, falls nicht!«

»Lotte liebt ihn, und er ist der herzlichste und vertrauenswürdigste Mensch, den ich kenne«, sagt sie da, und damit hat sie mich endgültig im Sack.

Ich denke nach und lasse die letzten Minuten auf mich wirken. Eine Last fällt ab von mir. Und auch von ihr. Denn sie beginnt leise zu weinen und zu erzählen: »Es ist nicht so, wie es scheint. Ich bin keine Straßenhure oder so etwas. Ich bin eine gepflegte mokkabraune Schönheit, das höre ich zumindest öfter, und habe schon eine ganz hübsche Summe für Lotte und mich zusammengespart.«

Das beruhigende, gute Gefühl, das gerade anfing, sich in mir breitzumachen, weicht fast schon wieder meinem krankhaften Argwohn, und das lasse ich sie spüren: »Ach, und deswegen wohnt ihr auch in Marzahn, oder was?! Erzähl mir bloß keine Märchen!«

»Das ist nur vorübergehend, wirklich«, versucht sie meine erneut aufkommenden Zweifel zu zerstreuen. Es gelingt ihr aber leider nicht völlig.

Während ich versuche, die Schatten zu vertreiben, indem ich darüber nachdenke, was für ein süßer, kleiner Sarotti-Mohr Lotte wohl sein mag, fragt mich Florence: »Du bist kein normaler Bulle, oder?!«

Irgendetwas in mir lässt mich antworten: »Nein, bin ich nicht. Und es wäre besser, wenn du das nicht vergisst.«

Mit einer milden, ruhigen Stimme, die mich Frieden finden lässt, sagt sie da: »Es ist nicht nötig, mir zu drohen. Lotte ist das

Wertvollste und Schönste in meinem Leben. Nein, sie ist der Sinn meines Lebens. Das kannst du mir glauben!«

»Dann versprich mir bitte, dass du die Kleine nie wieder nachts ohne Aufsicht lässt, okay?!«

»Nie wieder«, schluchzt sie da, »und danke, dass du heute Nacht für sie da warst!«

Hoffentlich bin ich wirklich für sie da gewesen, denke ich, verabschiede mich von Flo und kriege dann noch mal Lotte an die Strippe.

Sie kommt ans Telefon gehoppelt und wünscht mir gut gelaunt: »Schlaf schön, Jonas!« Ich bedanke mich müde und muss ihr ein letztes Mal Rede und Antwort stehen. »Du, warum hat die Flo Tränen in den Augen?«, will sie wissen, und ich sage:

»Weil sie im Blinzeln gerade gegen mich gewonnen hat, und ich will hoffen, dass sie nicht gemogelt hat!«

# Heute kam er nicht

»**Verzeihen Sie, ich komme mir** blöde vor«, sagt sie, »aber ich weiß nicht, an wen ich mich wenden soll. Wissen Sie, er ist sonst immer um dieselbe Zeit zu Hause und beeilt sich. Allein schon, weil er die Zwillinge noch mal sehen will, bevor sie schlafen müssen.«

»Sie haben Zwillinge?«, rutscht es mir heraus, weil ich Zwillinge irgendwie interessant, ja fast magisch finde.

»Ja, zwei Jungs. Und ja, eineiige. Wir haben sie gerade taufen lassen«, erzählt sie voller Stolz.

»Taufen lassen?«, wiederhole ich erstaunt, weil ich so etwas in letzter Zeit selten höre.

»Ja, ich weiß, ist nicht wirklich zeitgemäß. Aber wir sind halt evangelisch, und mein Mann hat drauf bestanden«, führt sie kurz aus, weil ich wohl tatsächlich etwas verdutzt klang.

»Ach, Blödsinn. Zeitgemäß ist der kleine Bruder von Oberflächlich. Ich finde das gut, meine Kinder sind auch getauft. Aber zurück zu Ihrem Problem, was ist los?«

»Also, er kam heut nicht! Oder besser, er ist noch nicht zu Hause. Mein Mann, meine ich … Entschuldigen Sie bitte, Sie halten mich bestimmt für hysterisch oder so.«

»Halte ich Sie nicht! Mütter haben einen siebten Sinn. Und Mütter von Zwillingen wahrscheinlich sowieso. Aber das ist trotzdem noch lange kein Grund, sich ernste Sorgen zu machen«, versuche ich die junge Frau ein wenig zu beruhigen. Denn ich möchte, dass sie sich ernst genommen fühlt, aber trotzdem die

Sorgenfalten auf ihrer Stirn ein wenig glätten. Deshalb schiebe ich auch gleich meinen Lieblingsklassiker auf diesem Gebiet hinterher, der eigentlich immer ganz gut funktioniert. Gleichgültig, ob der Anrufer ein emotionaler oder rationaler Mensch ist.

»Schau'n Sie, wenn etwas wirklich Schlimmes passiert wäre, hätten Sie als seine direkte Angehörige als Erste und wahrscheinlich schon längst Nachricht. Also, ruhig Blut. Keine Nachrichten sind immer gute Nachrichten, okay?! Meine Frau lebt schon seit Ewigkeiten nach diesem Prinzip.«

»Meinen Sie?«, fragt sie unsicher, und ich pfeffere noch einen platten Witz hinterher, um sie ein bisschen aufzulockern: »Na klar. Wenn er 'ne Bank überfallen hätte und unterwegs wär nach Südamerika, hätten Sie schon längst 'ne SMS von ihm, mit Anweisungen, wohin Sie und die Kinder nachkommen sollen.«

»Sie sind ein Scherzkeks«, kichert sie da, und ich bin zufrieden, dass das Placebo gewirkt hat. Trotzdem stimmt irgendetwas nicht. Denn manchmal habe ich Gespräche wie dieses viel schneller beendet. Im Stile von: Er ist ein erwachsener Mann; vielleicht ist er mit seinen Kollegen in einer Kneipe versackt, in der U-Bahn eingeschlafen oder hat sich neu verliebt. Warten Sie drei Tage, und dann machen Sie auf einem beliebigen Polizeirevier eine Vermisstenanzeige. Zack. Aus die Maus. So schnell kann das gehen. Doch im Moment eben nicht. Deshalb fühle ich mich irgendwie genötigt, die Sache nach den offiziellen und, vor allem, meinen eigenen Qualitätsansprüchen zu bearbeiten.

»Hat er irgendeine nennenswerte Krankheit, oder braucht er gar regelmäßig Medizin?«, frage ich.

»Hm, nein. Er hatte mal einen Arbeitsunfall, aber das ist alles wieder gut verheilt«, denkt sie laut nach, und ich mache weiter:

»Hat er irgendwelche psychischen Probleme – Depressionen, Angstzustände, Burn-out oder so was?«

»Nein, neinneinneinnein, er ist ein ganz ausgeglichener Mensch, die Ruhe selbst, ein ganz toller Kerl!«, kommt da so spontan und lieb von ihr, dass ich es schon wieder schön finde, dass die beiden Kinder haben.

»Na fein, da erübrigen sich ja dann fast auch die nächsten Fragen, aber trotzdem: Gab es irgendwelchen Streit in letzter Zeit? Irgendwelche Beziehungsprobleme? Suizidgedanken oder Auswanderergequatsche oder irgend so etwas?«

»Nein«, kommt da trocken von ihr, und ich hake nach:

»Sind Sie sicher? Ich weiß, dass kleine Kinder viel Freude machen, aber auch ein erheblicher Stressfaktor und Test für die Beziehung sein können. Wirklich alles in Butter?«

»Wirklich alles in Butter«, wiederholt sie meine flapsige Formulierung und stellt mich anschließend noch mehr als zufrieden mit dem wunderschönen Statement: »Uns geht es nicht nur gut, nein, wir sind alle beide glücklich und haben jetzt auch noch als wundervolles Geschenk vom lieben Gott unsere Jungs bekommen. Übrigens einer der Gründe, warum wir sie unbedingt taufen lassen wollten!«

So viel Idylle schlägt mir ja schon wieder auf den Magen, lästere ich lautlos vor mich hin und bin eigentlich auch fast am Ende vom Quiz angekommen. »Fein, fein, hört sich ja gut an«, zwitschere ich und komme scheinbar beiläufig mit »Hat er eigentlich 'nen gefährlichen Job?« zum Schluss.

»Nicht wirklich«, wehrt sie auch diese Andeutung locker ab, »er ist Architekt. Und er hat mir hoch und heilig versprochen, dass er auf der Baustelle immer seinen ›Bob der Baumeister‹-Helm aufsetzt.«

»Na gut. Dann war's das erst mal, Zwillingsmama. Und ich sehe eigentlich keinen Grund, sich übersteigert Sorgen zu machen«, schließe ich den Giftschrank mit den fiesen Fragen im Geiste zu.

Und da wir ja angeblich eine Servicetruppe sind, die allerdings dann, wenn es mal wirklich wichtig wäre, nicht optimal vernetzt ist, in erster Linie aus Datenschutzgründen, erkläre ich ihr noch leicht flunkernd:

»Ich habe leider keine Zugriffsberechtigung auf die Berliner Krankenhausdaten. Ich kann also nicht überprüfen, ob er mit 'ner Magenverstimmung auf irgendeiner Rettungsstelle sitzt. Wäre aber auch vielleicht ein bisschen viel verlangt. Außerdem hatten wir das Thema ja eigentlich schon, Sie erinnern sich – keine Nachrichten sind gute Nachrichten! Okay?«

»Okay«, sagt sie tapfer, aber ich spüre, dass sie weder beruhigt ist noch sich gerne von mir trennen will. Also kriegt sie einen Abschlussgag, der sie von mir weg und auf andere Gedanken bringen soll: »Passen Sie auf: Geben Sie ihm noch etwas Zeit! Vielleicht ist er nur noch schnell einkaufen, für ein Candle-Light-Dinner heut Abend, wenn die Zwillinge im Bett sind! Wenn Sie die nächsten Stunden nichts hören, rufen Sie einfach noch mal an, okay?«

»Sie sind ein romantischer Scherzkeks«, fällt ihr dazu ein, aber ihr Ton lässt erahnen, dass sie sich kein bisschen besser fühlt als zu Beginn unseres Gespräches. Leider.

Wir verabschieden uns, sie bedankt sich und bringt jetzt die Zwillinge ins Bett. Ich stütze meinen Kopf auf meine linke Hand, lutsche auf meinem kleinen Finger und mache mich per Computermaus auf die Suche nach ihrem Mann.

Keine zehn Minuten später habe ich ihn gefunden und fühle ein Knacken tief in mir, so als wäre eine Rippe gebrochen. Er wird seine Zwillinge nie wiedersehen.

# Birdy

**Er kann fliegen. Sagt er** zumindest. Und jetzt will er es mir beweisen. Gott, ich würde ihm so gerne glauben! Nicht nur, weil ich dann jetzt ein Problem weniger hätte, sondern weil es wirklich wunderschön wäre. Wenn er sich abstoßen und in die Lüfte erheben könnte, frei wie ein Vogel. Mit ein paar kräftigen Flügelschlägen in die Thermik dieses warmen Sommertages hinein, die ihn empor- und davonträgt, weg von diesem kalten grauen Hochhaus, vor dem er als blutiger Fleischklumpen enden wird, wenn ich wieder mal alles falsch mache.

Er ist mein Birdy. Nicht der erste und wahrscheinlich auch nicht der letzte. Er ist verrückt, bescheuert, bekloppt, meschugge, aber was heißt das heutzutage schon? Wichtig ist doch nur, dass man Argumente hat, Macht oder wenigstens Geld. Und Argumente hat er.

»Woher wollen wir denn wissen, dass es nicht funktioniert, solange ich es nicht ausprobiert habe?«, fragt er mich, und ich muss lächeln. Weil ich diese Sichtweise so sehr mag und genau diesen Satz schon so oft in meinem Leben selbst gesagt und gedacht habe.

»Gut, okay«, gehe ich auf ihn ein, »aber wie wär's denn, wenn wir es erst einmal mit einem Sprung vom Wohnzimmerschrank testen?« Ich bin zufrieden mit mir, ja fast selbstgefällig. Denn ich bewege mich in seiner Logik und Argumentationskette. Wenn überhaupt, bekomme ich nur auf diese Weise Zugang zu ihm, denke ich. Außerdem finde ich die Vorstellung, dass er vom Schränkle hüpft, so richtig rund, praktisch und pädagogisch. Ich würde sogar den Countdown runterzählen. Wahrscheinlich wird er sich dabei nämlich weh tun, was vielleicht zu dem einen oder anderen klaren Gedanken führt. Außerdem ist er nach der Bruchlandung bestimmt, aber nicht schwer verletzt, und wir haben keinen Zeitdruck mehr. Voilà. Klingt doch gut.

»Ach, wie soll ich denn nach zwei Metern vernünftig in die Gleitphase kommen?«, wischt er beiläufig und in sich logisch den Gedanken beiseite, und mein genialer Plan ist für die Wurst.

»Stimmt«, gebe ich zu, um sein Vertrauen nicht zu verlieren, und grübele weiter. Da mir nichts Vernünftiges, Verzeihung, »Logisches« einfällt, frag ich ihn erst einmal nach seinem Namen.

»Michael«, antwortet er trocken, und ich denke mir: »Wie passend«, und habe eine Idee. Also texte ich ihn voll:

»Das ist ein toller Name! Und er könnte passender nicht sein. Denn du hast einen tollen Namensvetter. Er ist der Schutzpatron aller Polizisten. Er ist ein Engel! Ich glaube sogar, ein Erzengel. Das bedeutet ... Na? Genau! Er kann fliegen. Und weißt du, warum er fliegen kann? Nee? Weil er Flügel hat, Michael, weil er Flügel hat! Und, Michael, hast du auch Flügel? Denn ohne scheint es ja nicht zu klappen. Ich meine, wenn sogar ein Engel auf Flügel angewiesen ist, um zu fliegen?! Pass auf, wir beide gehen mal zusammen zum Spiegel im Badezimmer und schauen nach. Du nimmst mich am Telefon mit, okay?«

Etwas mürrisch, aber durchaus motiviert geht er auf meinen Vorschlag ein und damit wohl auch weg vom Fenstersims, Balkon oder was auch immer er sich zur Startrampe auserkoren hat. 1:0 für Jonas. Er hat mir verraten, dass er im 18. Stockwerk ist, und ich gehe im Geiste die entsprechenden Wolkenkratzer durch. Gropiusstadt, Merkwürdiges Viertel, Verzeihung, Märkisches Viertel, oder doch irgendwo im Osten der Stadt? Ach, was soll's. Plan B läuft. Ich bin ein Fan von Plan B! Fast mein Lebensmotto.

Wir werden den Vogel schon schaukeln. Jetzt, wo St. Michael im Spiel ist, kann's ja eigentlich gar nicht mehr schiefgehen.

»So, und jetzt?«, will er wissen. Ja, was jetzt? Gute Frage, nächste Frage. Ich mach 'ne Dose Red Bull auf, die ich schon seit Wochen in meinem Rucksack herumschleppe. Das scheißteure Zeug hat dort auf einen besonderen Anlass gewartet. Den ultimativen Durchhänger nachts um drei oder den Termin im Büro vom Chef, mit irgendeinem Beschwerdeführer oder so. Aber ich denke, es passt gerade auch ganz gut. Ich lass also die viel zu warme, klebrig süße Gummibärchensoße meine Kehle runterlaufen und überlege. Mir kommt allerdings nur Kinderkacke in den Sinn. Liegt am Getränk. Ene mene miste, es rappelt in der Kiste, ene mene meck, und du bist weg ... Was, wenn mir nichts einfällt, verdammt?! Ihm schlicht zu sagen: »Junge, du hast keine Flügel, also lass den Quatsch«, hat weder Kurz- noch Langzeitwirkung und wird ihn kaum überzeugen, fürchte ich. Hmm ...

Da kommt mir meine Mittlere in den Sinn, die alle paar Tage mit nackigem Rücken vor mir steht, die Schultern nach hinten schiebt und verlangt: »Papa, guck mal, Papa, fass mal an«, weil ich mit dem Blödsinn irgendwann mal angefangen habe. Ha, Kinder sind toll!

»Hey, Michael, nimm dir mal einen kleinen Spiegel, dreh dich um und schau nach, ob du Flügel entdeckst.«

»Nee, keine Flügel, du Spinner«, sagt er da zu mir, und ich muss laut lachen. »Spinner« nennt mich der Spinner! Aber wahrscheinlich hat er recht.

»Bist du sicher?«, hake ich scheinheilig nach und fordere ihn auf: »Guck noch mal.«

»Ich seh da nichts«, lässt er genervt verlauten, doch jetzt hau ich mein Ass auf den Tresen.

»Pass mal auf: Nimm mal deine beiden Arme so weit nach

hinten, dass du noch knapp telefonieren und den Spiegel halten kannst, und schau noch mal nach. Los, mach mal!«

»Boah, was ist das denn!? Hey, ich hab's immer gewusst! Wahnsinn, was ist das denn?«, platzt es da aus ihm heraus, und ich hab Mühe, mich zu beherrschen. Bei jedem anderen Menschen, bis auf meine Tochter, sind's die Schulterblätter, aber bei dir, mein Freund, sind's wachsende Flügel, denke ich und bin heilfroh, dass der Michael kein Dicker ist. Denn sonst wär nicht viel zu sehen von der Pracht. Ich zappele auf meinem Drehstuhl hin und her, nehme den letzten Schluck Taurinbrause (Taurin soll angeblich ein Rindernebennierenerzeugnis sein, also so was wie Bullenpusche: wirkt!) und habe Spaß an der Vorstellung, wie er, bewaffnet mit Telefon und Handspiegel, im Badezimmer abfeiert, weil wir gerade entdeckt haben, dass ihm Flügel wachsen. So weit, so gut. Jetzt aber mal schnell auf die Bremse treten, bevor der Knaller mit Anlauf von der Balkonbrüstung hechtet, in der sicheren Gewissheit, dass sich seine neuen Flügel schon entfalten werden, wenn er sie braucht. Autsch! Das gäbe 'ne Schlagzeile. Besonders wenn sie unser Gespräch hier ausgraben und zitieren. Aber Plan B läuft auf Hochtouren!

»So, jetzt mal ganz ruhig und entspannt bleiben, Michael«, quatsch ich beruhigend und verbindlich auf ihn ein, »was du da siehst, sind in der Tat Flügel, aber ganz kleine und natürlich im Wachstum!«

»Oh, soll das heißen, es geht noch nicht?«, quält er sich da enttäuscht raus.

»Genau«, stimme ich ihm zu, »aber das macht gar nichts. Die werden schon noch groß!«

»Und wie lange soll das dauern?«, will er gedämpft, aber hochinteressiert von mir wissen. Da ich ihn für einen Erwachsenen oder zumindest Ausgewachsenen halte, antworte ich fluffig: »Na ja, wie lange hat es denn bei dir gedauert, bis du so groß warst, wie du jetzt bist? Ich schätze, so große Flügel, die dich tragen können, brauchen wohl ähnlich lange.«

»Okayyy«, sagt er da, und ich könnte in die Hände klatschen. Zehn, fünfzehn, wenn nicht gar zwanzig Jahre Aufschub! Yippie! Bis dahin ist viel passiert und 'ne Menge Feenstaub aus den Wolken gefallen. Um die Sache wasserdicht zu machen, gebe ich ihm trotzdem noch den einen oder anderen enorm wichtigen Tipp, der die Nummer allmählich selbst für mich glaubhaft erscheinen lässt:

»Pass mal auf, Michael, da gibt es aber ein paar ganz wichtige Dinge, die du beachten musst ...«

»Zum Beispiel?«, unterbricht er mich, und wir beide sind voll im selben Aufwind.

»Alsooo«, hole ich aus, »zunächst mal darfst du sie natürlich auf keinen Fall ausprobieren, bevor sie geschlüpft sind, das ist doch klar, oder?«

»Klar!«, quittiert er sauber, und ich geh in die Kür:

»Okay, und dann gibt es da selbstverständlich noch so ein paar Dinge, die du beachten musst. Gesunde Ernährung zum Beispiel. Viel Salat und Geflügel und so, aber natürlich auch nicht zu viel. Schließlich darfst du ja nicht zu fett werden und willst irgendwann mal abheben. Regelmäßige Gymnastik kann auch nicht schaden, und damit sind wir auch schon bei Punkt drei. Damit du nämlich immer schön dahinten drankommst und dir hin und wieder den Rücken 'n bisschen eincremen kannst. Da gibt es so ein tolles Zeug, das die Frauen sich auf den Bauch schmieren, wenn sie schwanger sind. Freiöl heißt das, glaube ich, oder so ähnlich. Da bleibt die Haut schön geschmeidig, und am Ende kommt immer was ganz Tolles dabei raus. Und natürlich Hände weg von Alkohol und Zigaretten und so was, aber das brauch ich dir ja wohl nicht zu sagen. Alles klar?«

»Alles klar!«, ruft er begeistert, und ich krieg Schiss, dass ich ein bisschen zu dick aufgetragen habe. Damit bei der Wellnessnummer der Spaßfaktor nicht zu kurz kommt und um der Enttäuschung am Ende etwas entgegenzuwirken, lege ich vorsichtshalber noch ein bisschen nach:

»Gut, und bis dahin kannst du ja mal den einen oder anderen ungefährlichen Ausflug in die richtige Richtung machen. Geh mal in ein großes Schwimmbad zum Beispiel und taste dich langsam vom Einmeterbrett bis zum großen Turm rauf. Mit Anlauf vom Zehner springen ist schon fast ein bisschen wie fliegen! Oder Bungeejumping würde gehen, vielleicht auch Fallschirmspringen, so gegen Ende. Habe ich alles gemacht. Bringt Spaß, aber du kriegst auch ein ganz gutes Gefühl dafür, dass Fliegen auch immer etwas mit Landen und Kälte zu tun hat. Ist vielleicht ganz wertvoll für dich. Das Wichtigste und Schönste wäre aber, wenn du eine tolle Freundin finden würdest. Es gibt nichts und niemand, der dich näher an das Gefühl des Fliegens bringen kann als eine Frau! So, ich habe fertig. Noch Fragen?«

»Nein, eigentlich nicht. Mensch, was die Polizei alles weiß, das is' ja doll!«, lässt er da bewundernd vom Stapel, und ich muss von der Blubberbrause leise rülpsen.

»Tja, dann is' ja alles geklärt«, verabschiede ich mich von ihm, »ich wünsch dir immer gutes Flugwetter, 'ne tolle Freundin, und mach nichts Gefährliches, denn du hast 'noch viel vor, okay?«

»Okay!«, ruft er begeistert. »Tschüss und danke für das tolle Gespräch!«

Dann ist er weg.

Er ist eben nicht weg. Und ob's nun am Taurin, Koffein oder körpereigenen Endorphin liegt: Ich bin ein bisschen glücklich darüber!

Ja, ja, war nicht gerade lehrbuchmäßig. Stimmt. Und ob's verantwortungsvoll war, weiß ich auch nicht. Aber bitte, was wäre die Alternative gewesen? Im besten Falle hätte ich aus ihm rauswringen können, wo er ist, damit wir ihn mit der Feuerwehr und einer Drehleiter oder 'nem Sprungtuch einfangen, vollsülzen und für immer als Schutz vor sich selber hätten wegsperren können. Im besten Falle!

Und wer weiß, vielleicht wachsen unserem St. Michael wirklich eines Tages schneeweiße Flügel, und er erhebt sich stolz und glücklich in die Lüfte – ob nun auf dem Dach der Welt oder in den Armen seiner Frau ... Wer weiß?

Auf jeden Fall hat er jetzt die Chance dazu.

# Der Sonnenhof

**Die übel rührseligen Dinger solltest** du dir verkneifen, sagt meine innere Stimme. Genau wie die fies brutalen Geschichten, sagt meine Frau. Aber wieso sollte es einen roten Faden geben in diesem Buch – mit wohldosierten Schrecklichkeiten und zumutbaren Taschentuchsequenzen? Wenn ich in die Leitung gehe, habe ich keine Ahnung, was mich erwartet. Und so ähnlich geht es Ihnen jetzt auch. Komisches Gefühl, was? Klar kann ich versuchen, ein wenig zu durchmischen und so die Blitze auf Herz und Verstand ein bisschen abzumildern oder wenigstens nicht zu bündeln. Ein Luxus übrigens, den ich mir in der Echtzeit auch gewünscht hätte. Was jedoch letztlich bleibt, ist das zwar spannende, aber dennoch irgendwie ungute Gefühl, dass vielleicht gerade der nächste Anruf die eigenen Möglichkeiten überfordert. In welcher Hinsicht auch immer.

»Mein Kind wird sterben, und es gibt nichts, was ich dagegen tun könnte … gar nichts.«

Das ist der allererste Satz, den ich höre, nachdem ich mich gemeldet habe, und er wirkt auf mich wie ein Faustschlag in die Magengrube. Die Kraftlosigkeit der sympathischen, aber dünnen Stimme in Verbindung mit der Art, wie die letzten beiden Worte betont wurden, gibt mir die traurige Gewissheit, dass ich seine Behauptung nicht hinterfragen muss. Da ich aber schon dienstlich verpflichtet bin, ein Familiendrama auszuschließen, und mich auch für eine Sekunde an ein eventuell vermeidbares Horrorszenario wie an einen Strohhalm klammere, frage ich, obwohl ich doch die Antwort schon zu kennen glaube: »Krankheit?«

»Ja ... unheilbar ... sagen alle Ärzte. Alle ...«, kommt da ruhig, doch keineswegs gefasst.

*Klasse*, höre ich mich denken, *was kann ich da tun? Wen soll ich schicken, welchen Einsatz soll ich auslösen? Ich bin die Polizei, verdammt, mehr nicht.* Dann nehme ich mir in meinem Innersten fest vor: *Diesmal machst du alles richtig. Keine Einzelheiten, keine Namen. Diesmal lässt du's nicht an dich heran.*

Doch da platzt es aus meinem weinenden Anrufer auch schon heraus: »Du lieber Himmel, er ist noch nicht einmal zehn Jahre alt. Oh Gott, wir nennen ihn immer noch alle ›unser Mäxchen‹.«

Mein Staudamm bröckelt. Ich stütze mich auf die Armlehnen meines Stuhles, lasse den Kopf hängen und schaue verstohlen nach links und rechts, um herauszufinden, ob ich beobachtet werde. Weil ich keinen Bock drauf habe, dass sie mir den Psychiater auf den Hals hetzen, falls ich hier gleich mitheule. Um meine linke Hand habe ich wie meistens ein schwarzes Taschentuch gewickelt, ähnlich wie eine Boxbandage, weil ich hier gern als harter Macker rangiere. In Wahrheit aber riecht dieses Tuch einfach nur nach zu Hause und erfüllt ganz andere Zwecke, als meinen Mittelhandknochen vor einem Bruch zu schützen, falls ich in die unwahrscheinliche Verlegenheit käme, hier jemandem einen Jab reinzuzimmern. Obwohl, man weiß ja nie ... Also lasse ich unauffällig meine linke Hand durch mein Gesicht gleiten und stelle die einzige Frage, die mir einfällt: »Warum rufen Sie mich an?«

Nach ein paar Schluchzern sagt er: »Ich weiß ja auch nicht, vielleicht wollt ich einfach mal mit einem Unbeteiligten reden.«

*Mit einem Unbeteiligten*, denke ich, *Witzbold*! Wäre er nicht ohnehin schon so gebeutelt, hätte ich für eine Sekunde knapp der Versuchung erliegen können, ihn zu fragen, ob ich ihm mal ein paar Dinger aus meinem Nähkästchen erzählen soll, auch so als »Unbeteiligter«. Völliger Schwachsinn, dieser Gedanke, natürlich. Überhaupt kriege ich langsam die Kurve und erinnere mich vage daran, dass ich Großkotz irgendwann mal unter anderem Bulle geworden bin, weil ich mich für stärker hielt als andere, und zwar nicht nur in Bezug auf Muckis. Also, einstecken heißt die Devise. Aushalten. Immerhin kenne ich jetzt sein Problem, und was er will, das weiß ich auch. Aber was ich dabei tun oder auch nur sagen soll, das weiß ich nicht. Das weiß ich wirklich nicht! Irgendwas von Delphintherapie erzählen oder ihm die Nummer vom Weihnachtsmannservice geben? Wohl eher nicht! Der olle Santa wird aus seinem Jutesack auch kein zweites Leben für den Kurzen rauszaubern. Aber ein Lächeln vielleicht.

Bevor ich meine Gedanken weiterspinnen kann, bekomme ich noch mehr ungebetene Informationen: »Er ist so tapfer! Stellen Sie sich mal vor, er versucht uns zu trösten. Er uns!«

Etwas erleichtert nehme ich zur Kenntnis, dass mit »uns« ja wohl gemeint sein wird, dass mein Anrufer nicht ganz alleine zurückbleibt, wenn Mäxchen in die nächste Welt gegangen ist.

»Wenn ich bei ihm bin, gibt er mir das Gefühl, ich sei der Sohn und er der Vater, unfassbar«, denkt mein Anrufer laut nach und nimmt dann, dem Geräusch nach, einen tiefen Zug von seiner Zigarette. Ich sage gar nichts. Verharre quasi in meiner Position und hör nur zu. Vielleicht reicht das ja. Mit ein bisschen Glück.

»Jede Minute erscheint mir so kostbar«, erzählt er weiter, »ich würde ihm so gerne jeden Wunsch erfüllen. Wenn er sich doch nur etwas wünschen würde! Oh Gott, was kann ich nur tun? Was würden Sie tun?«

Und peng, das war's. Vom Zaungast macht er mich zum Hauptakteur. Einfach so. Als würde mein Marionettenspieler an der mittleren Strippe ziehen, richtet sich mein Kopf langsam wieder auf. Bis meine Augen von der Deckenbeleuchtung, die angeblich nicht blendet, geblendet werden. Mit zusammengekniffenen Sehschlitzen, den Kopf im Nacken, überlege ich: Tja, was würde ich wohl tun? Was würde ich tun? Was? Ich würd mir meine Knarre schnappen und alle zusammentrommeln, die ihn jemals verletzt oder auch nur geärgert haben. Auf dass sie sich einzeln bei ihm entschuldigen mögen. Alle! Bis alle Rechnungen beglichen sind. Dann würde ich von Trampolin bis Miniachterbahn alles in sein Zimmer wuchten, was ich reinkriege, und selbst vor dem lebenden Silberrücken oder Elefantenbaby würde ich nicht haltmachen, weil er von den beiden so fasziniert ist. Danach würde ich seine kleine Hand nehmen und sie nicht wieder loslassen, bis es zu Ende geht, um ihn dann zu begleiten, wo auch immer die Reise hingeht. Das würde ich tun.

Als mir diese Scheiße durch den Kopf geht, habe ich meinen kleinen blonden Falken vor Augen, der genau im gleichen Alter ist wie Mäxchen, und fang unvermittelt an zu flennen. Fuck, was ist das für 'n mieses Spiel, in dem kleine Männer auf der Strecke bleiben, lange bevor sie auch nur die Chance kriegen, irgendwas falsch zu machen, denke ich und versuche mich einzukriegen. Der Papa am anderen Ende der Leitung bekommt mit, dass ich auf seinem Level bin, was alles andere als beruhigend auf ihn wirkt.

»Weinen Sie?«, fragt er mich schniefend.

»Nein«, sage ich, tue so, als ob ich mir die Schuhe zubinde, und wisch mir die Fratze trocken. »Bei ihm bleiben ...«, versuche ich mir betont sachlich abzuringen. »Ich würde bei ihm bleiben und mit ihm reden, so viel ich kann. Mir jeden kleinen Augenblick genau einprägen und ihm jeden Wunsch von den Augen ablesen.«

»Jeden Wunsch«, sinniert er. »Wenn er sich doch bloß etwas wünschen würde!«

»Hören Sie«, polter ich los, »ich hab allerbeste Kontakte zur Feuerwehr oder auch zur Polizeihundestaffel. Wenn Sie wollen, lass ich 'ne Drehleiter zu seinem Zimmer raufkurbeln oder schick ihm den knuddeligsten und liebsten Polizeihund vorbei, den wir haben. Verdammt, ich hätte sogar die zugegebenermaßen wohl einmalige Macht, irgendwo im Stadtgebiet den Polizeihubschrauber landen zu lassen. Dann holen wir ihn ab und bringen ihn gemeinsam in den Himmel! Sagen Sie was!«

Während mein Blick über die Statusmeldung – Hubschrauber in der Luft – auf dem oberen linken Rand meines mittleren Monitors streift und ich darüber nachdenke, wie lange und gern ich an diesem Hubschraubereinsatz plus Sicherungsmaßnahmen wohl abbezahlen würde, schmunzelt er hörbar: »Der müsste dann direkt vor dem Sonnenhof landen, aber nein, nein, lassen Sie mal.«

»Dem Sonnenhof?«, frage ich.

»Ja. Das ist ein Kinderhospiz in Berlin-Pankow. Das ist ein wunderschöner und doch schrecklicher Ort zugleich«, setzt er mich fast poetisch ins Bild.

Ein Hospiz, denke ich, während mein Kopf mit geschlossenen Augen wieder nach vorne fällt. Oh Mann! Und dann treffe ich eine egoistische Entscheidung. »Hören Sie, ich würde Ihnen gern helfen, doch ich weiß nicht, wie«, versuche ich ihn loszuwerden, aber er lässt mich nicht feige sein. Ein Feuerzeug klickt, und einen scharfen, zittrigen Zug später wird mir klar: Er ist noch nicht so weit. Er kann noch nicht zurück ins Zimmer zu seinem Jungen. Denn das ist es, so vermute ich, wofür er versucht, Kraft zu finden. Durch die Tür zu gehen, mit einem Lächeln, und zu sagen: »Hallo, da bin ich wieder, lass uns was spielen.« Ausgerechnet bei mir, oder von mir, hat er gehofft, dafür Unterstützung zu finden. Na, wenn das mal kein Notfall ist. Aber sogar wenn ich nicht selbst völlig platt auf der Bereifung wäre, hätte ich keine Ahnung, wie ich das anstellen sollte. Nicht bei diesem Thema. Etwas Schlimmeres kann ich mir überhaupt nicht vorstellen und habe ich hier auch noch nicht gehabt. So oft habe ich schon überheblich behauptet, dass mir alles schon einmal untergekommen ist. Dass mir zu allem irgendetwas einfällt. Diesmal nicht. Wirklich nicht! Zu Mitgefühl und solidarischem Geflenne bin ich fähig, oh ja. Aber was hilft das schon? Nichts! Im Gegenteil. Wahrscheinlich zieht's ihn noch mehr runter. Falls das überhaupt geht. Doch wie will man einem Menschen in so einer Situation Mut zusprechen? Mit was? Außerdem bekomme ich nicht einmal meine eigenen Bilder aus dem Kopf, und das blockiert mich noch zusätzlich. Irgendetwas muss mir aber einfallen. Allein schon, um ihn wieder hinzukriegen, für seinen Kleinen und zu seinem Kleinen. Denn der braucht jetzt seinen Papa, so viel steht fest. So sitze ich da und ringe um eine Idee so wie nach Luft, weil es mir irgendwie die Kehle zuschnürt. Lasse Menschen, Gespräche, Szenarien wie in einem Zeitraffer Revue passieren und fühle mich doch nur ausgebrannt.

Ein leises Räuspern meines Anrufers lässt meinen Film bei einem ganz bestimmten Bild einfrieren. Fast so, als hätte eine Stimme aus dem Hintergrund »Stopp« gerufen. Eine seltsame Szene nimmt vor meinem geistigen Auge Konturen an: Ich sehe Hermann, mit freiem Oberkörper, die Ärmel des Overalls lässig in Hüfthöhe verknotet, auf einer olivfarbenen Bundeswehrtransportkiste vor mir sitzen, als wäre es gestern gewesen. Ein Bier in der riesigen linken Hand, fast kahlgeschoren und mit feuchten Augen. »Herman the German«, wie wir ihn nannten, war ein Muskelberg und Vorzeigesoldat, und trotzdem hatte er wie wir alle eine schwache Stelle. Seine Ex trug den Rosenkrieg mit ihm auf dem Rücken seines kleinen Jungen aus, den er abgöttisch liebte. So sehr liebte, dass er den Kleinen immer und überall bei sich haben wollte. Was der stumpfe Riese umgesetzt hatte, indem er sich das fotorealistische lachende Konterfei des Knaben auf seinem linken Brustmuskel, direkt über dem Herzen, tätowieren ließ.

Wann immer Hermann nun mit diesem riesigen Muskel zu zucken begann, schien dieses Kindergesicht zum Leben zu erwachen, was ich faszinierend und gruselig zugleich fand. Ich möchte nicht wissen, wie viele Stunden »Herman the German« auf diese Art und Weise vor dem Spiegel verbrachte.

Liebe, Einsamkeit und Trauer treiben bisweilen seltsame Blüten.

Manchmal muss man nehmen, was man hat. Und ich habe einfach nichts Besseres. Also frage ich kleinlaut: »Haben Sie eine gute Kamera?«

»Ja, wieso?«, antwortet er höflich, aber nicht wirklich interessiert.

»Weil ich Ihnen jetzt etwas vorschlagen möchte, was einem Freund von mir einmal ein Trost war.«

Fast sarkastisch und müde, was irgendwie ja auch sein gutes Recht ist, lässt er daraufhin hören: »Na, da bin ich aber mal gespannt.«

Und ich mache den einzigen Versuch, der mir möglich ist: »Sie nehmen diese Kamera und machen ein paar Dutzend schöne Fotos vom möglichst lachenden Gesicht Ihres Jungen. Meinetwegen kitzeln Sie ihn ruhig oder erzählen ihm eine lustige Geschichte, wenn Sie es schaffen. Die Fotos, die Sie beide am besten finden, nehmen Sie und gehen damit zu einem Tätowierer, der eines davon so realistisch wie möglich, und nicht zu klein, unter Ihrer Haut und direkt über Ihrem Herzen für immer ablegt. Glauben Sie mir, es gibt inzwischen wahre Künstler auf diesem Gebiet. Wenn Sie möchten, stelle ich einen Kontakt her. Diese Leute sind in der Regel auf Monate hin ausgebucht, aber ich bin sicher, dass Sie schon morgen einen Termin bekommen, wenn Sie es wollen.«

»So etwas würden Sie an meiner Stelle tun?«, will er da unerwarteterweise von mir wissen, und ich antworte, nachdem ich einen Augenblick nachgedacht habe, so ausführlich und auch ehrlich, wie ich nur kann: »Ja, das würde ich tun! Und ich will Ihnen auch ganz genau erklären, warum. Weil das Gesicht meines Jungen fortan das Erste und Letzte wäre, was ich jeden Tag im Badezimmerspiegel sehen würde. Weil ich auch weiterhin ›Guten Morgen, mein Schatz‹ und ›Schlaf gut‹ sagen könnte und würde. Weil ich glaube, dass mir sein Lachen helfen würde, wenn ich denke, dass ich nicht mehr weiterkann, und weil jedes Mal, wenn ich meine Frau fest in den Arm nehme, wir beide irgendwie auch immer ihn in unsere Arme schließen würden. Aber am wichtigsten ist, und deshalb würde ich mich sehr beeilen, dass ich glauben würde, meinem Kind damit den Abschied zu erleichtern.«

Genauso brutal, wie dieses Gespräch begann, lässt der große Regisseur, der kleine Jungen sterben lässt, es auch abrupt enden. Mit einem Klick.

Wieso und weshalb, weiß ich bis heute nicht. So sehr hätte ich mir gewünscht, ein Ja, ein Nein oder wenigstens ein abwägendes Vielleicht von ihm zu hören. Letztlich habe ich mir in meiner naiven Welt zurechtgelegt, dass der kleine Max den Papa in sein Zimmer rief und dies einfach wichtiger war, als sich von mir zu verabschieden.

Und dass jetzt vielleicht ein Vater seinen lachenden Sohn für immer bei sich trägt, bis die beiden sich einmal wiedersehen.

Nachtrag: Keine Ahnung, ob es schön oder grausam ist, jeden Morgen in das Gesicht seines toten Kindes zu starren. Was ich aber weiß, ist, dass dieses Gespräch so gut wie nichts Positives hatte und ich deshalb versuchen will, wenigstens im Nachtrag etwas

draus zu machen. Deshalb möchte ich all jene, die diese Zeilen lesen und glauben, etwas erübrigen zu können, egal wie wenig, bitten, den »Sonnenhof« zu unterstützen. Berliner Sparkasse, Bankleitzahl: 100 500 00, Spendenkonto: 780 008 006.
 Danke.

# Diktatur der Minderheiten

**Die Engländer haben's drauf. Die** Deutschen nicht. Nicht mal mehr die Ostdeutschen.

Das Schlangestehen meine ich.

Ob wir nun zu aggressiv oder schlicht unkultiviert sind, weiß der Teufel. Aber der scheint es wirklich zu wissen, denn Tag für Tag geht der Punk ab in den Schlangen der Republik. Und da macht Berlin keine Ausnahme. Zwar sollte man meinen, der stetig um Coolness und liberales Flair bemühte Hauptstädter stehe lässig über den Dingen, aber Pustekuchen! In der Schlange steht man immer nur davor oder dahinter. Niemals darüber. Über dem Problem natürlich. Und man selbst ist schon mal gar nicht das Problem. Verstehste? Der Durchschnittsteutone, der ja immerhin dem edlen Volk der Dichter und Denker entspringen soll, mutiert ratzfatz zum HB-Männchen auf Testosteron, wenn das Abstandshölzchen an der Supermarktkasse falsch platziert wird. Oder am Flughafen der Koffer auf dem Gepäckband eine unnötige Ehrenrunde drehen muss. Irgendwann hört der Spaß ja schließlich mal auf! Oder wie oder was?!

Apropos Spaß: Vielleicht mischt mir meine Frau irgendwas Illegales ins Essen, oder es liegt doch nur an meinen schmutzigen Genen, aber ich selber komme beim Schlangestehen oft voll auf meine Kosten. Nach durchschnittlich drei Minuten dumpfen Wartens im geschlossenen Familienverband springt mich meist schon die erste schräge Idee an. Meine Frau hasst das. Meine Kinder lieben es. Gut, meiner ältesten Tochter, zumindest seit sie der

Pubertät frönt, bin ich wohl auch tendenziell eher peinlich. Aber, hey, man kann sich seinen Vater halt nicht aussuchen. Pech gehabt.

Also müssen sie eben durch, wenn ich zum Beispiel an der Supermarktkasse plötzlich und unerwartet zu meinem Sohn sage: »Johann-Sebastian, hast du gestern deinen Klavierunterricht genossen?« Das reicht meistens schon, damit der Bürger vor uns in der Schlange einen scheelen Schulterblick wagt, von der Neugier getrieben, herauszufinden, was denn da wohl für ein Spinner hinter ihm stehen mag. Wenn dann der Kopf unseres Opfers nach dem ersten diskreten, meist bemüht beiläufigen Blick gleich noch mal nach hinten schnellt, weil hinter ihm ein unrasiertes, im Sommer blankärmeliges Schätzchen mit Tätowierungen und Cowboystiefeln steht, fangen meine Mittlere, mein Junge und ich meistens schon an zu prusten. Bei ganz hartnäckigen Aspiranten mit abgewetzten Ledertaschen, Cordhosen oder südamerikanischen Ponchos sondert mein Kleiner nach einem Augenzwinkern zum Nachfüttern dann gern noch etwas ab wie: »Ja, Vater, aber du hättest mich nicht wieder vorher schlagen dürfen.«

Das ist dann spätestens der Moment, wo meine Große damit beginnt, total unbeteiligt wichtige Nachrichten in ihr Handy zu tippen, falls sie das nicht ohnehin schon getan hat. By the way, ich hätte da noch einen völlig innovativen und pädagogisch extrem wertvollen Tipp für alle Eltern, die es nicht schaffen, ihren meist weiblichen Nachwuchs vom ununterbrochenen Simsen und Whatsappen abzuhalten. Sehr öffentlichkeitswirksam: Denn ein kurzer Blick aufs Handy, gefolgt von einer wohldosierten und gänzlich verlogenen Indiskretion wie »Schatz, ich habe dir schon tausendmal gesagt, du sollst dir keine Nacktbilder auf dem Handy angucken«, führt mit großer Sicherheit dazu, dass das Ding blitzschnell in der Tasche verschwindet.

Wie auch immer, schwuppdiwupp ist man an der Kasse dran,

und gefühlte Wartezeit oder gar Langeweile kommt beim Schlangestehen in unserer Familie höchst selten auf. Wenn längere Zeiten zu überbrücken sind wie an Bahnhöfen, Flughäfen oder in den von mir besonders gehassten Schlangen in Freizeitparks, wo ich als angeblich seriöse Begleitperson für die kleinen Mistkäfer drei Stunden warten muss, damit mir in drei Minuten schlecht wird, gehe ich gelegentlich sogar mit Equipment in den Kampf. Damit meine ich nicht Wasserflasche, Traubenzucker oder Bemme, falls ein Familienmitglied schwächelt. Nein, nein, das ist das Ressort meiner Frau. Ich rede von den wirklich wichtigen Dingen wie Wasserpistolen, Knallerbsen oder Stinkbomben beispielsweise.

»Ich habe diese verdammte Diktatur der Minderheiten satt, es ist zum Kotzen«, zetert es.

»Richtig!«, gieße ich einen Schluck Öl ins Feuer.

»Und überhaupt, was bilden die sich alle überhaupt ein, unfassbar!«, motzt es munter weiter, und ich lasse es motzen.

Manchmal hilft Motzen. Oder sogar Fluchen. Wer flucht, haut nicht gegen die Wand oder wirft sein Handy aus dem Fenster. Oder macht noch Schlimmeres. Also lasse ich mit einem munteren »Genau!« die Flammen noch einen Moment lodern. In dieser Phase registriert es erfahrungsgemäß sowieso nicht, was ich gerade sage, jedenfalls nicht auf der Vernunftebene. Ich könnte auch Hundekuchen sagen oder Dosenbier, und die Wirkung hinge allein vom Tonfall ab. Also motzt es noch ein bisschen. »Es« ist übrigens männlich, ungefähr vierzig, so schätze ich zumindest, und eine wirkliche Gefahr liegt irgendwie auch nicht in der Luft. So schätze ich zumindest.

»Glauben die denn eigentlich alle, man hat den ganzen Tag Zeit, oder was?«, denkt es laut, und ich denke leise zurück: *So, jetzt hast du dreimal Dampf abgelassen, es reicht.*

»Wie kann ich helfen?«, flöte ich in den Hörer. Mich noch mal mit »Polizei« und meinem Namen zu melden, dazu habe ich keine Lust.

»Sie könnten mal etwas dagegen unternehmen, dass einem die Freaks und Krüppel hier ständig auf der Nase rumtanzen, das würde helfen!«

»Was ist denn los?«, will ich wissen, im vollen Bewusstsein, dass diese Art der Fragestellung ihn nicht unbedingt beschwichtigt. Aber das Wort »Krüppel« gefiel mir nicht.

»So ein Rollstuhlfahrer mit seinem Betreuer hat sich hier gerade derartig dreist vorgedrängelt, unglaublich! Mal ehrlich, haben Sie es nicht auch satt, dass wir uns alle ständig von irgendwelchen Zwergen, Behinderten, Ausländern, Schwulen, Ökos oder durchgeknallten Weibern sagen lassen müssen, wo's langgeht? Das ist doch alles Scheiße!«

Okay. Unzufrieden mit der Gesamtsituation. Volkskrankheit. Gibt es sogar schon als T-Shirt-Aufdruck. Meine Frau hat auch eins. Aber wohl aus anderen Gründen. Trägt sie immer dann, wenn sie mich ärgern will. Alles aber kein Grund, um die 110 anzurufen oder auszuflippen. Schon gar nicht in Berlin. Es lebe das Salz in der Suppe. Also werde ich dem mutmaßlich zugereisten Neuberliner mal eine Lektion verpassen in »Berlin für Anfänger« – und hole aus: »Was wäre, wenn ich Ihnen sage, dass ich ein transsexueller Polizeibeamter mit einem jüdischen Namen bin, der auf Grund seiner Körpergröße nur knapp die Einstellungsanforderungen der Behörde erfüllt hat?«, spinne ich los und freu mich auf die Antwort.

»Dann würde ich sagen: alles gelogen«, kontert er treffsicher.

»Na ja«, gebe ich klein bei, »das mit dem Namen stimmt, und die Einstellungskriterien habe ich auch nur knapp erfüllt, allerdings nicht wegen der Körpergröße. Aber hey, das ist Berlin, sorry.

Wenn Sie damit nicht klarkommen, wofür ich Verständnis habe, ziehen Sie nach Bayern. Oder Texas.«

»Ja, danke für den Ratschlag«, lässt er missmutig ab.

Ich habe keine Zeit mehr und fasse deshalb noch einmal abschließend zusammen: »Sie stehen irgendwo in der Warteschlange, und ein Rollstuhlfahrer hat sich vorgedrängelt. Das ist alles. Richtig? Deshalb haben Sie die Polizei gerufen?«

»Das ist nicht alles«, verblüfft er mich, »es kam hier zum Handgemenge, der Rollstuhlfahrer ist umgekippt, und die Menge droht mich hier zu lynchen, wenn ich mich nicht entschuldige!«

»Uijuijui, warum sagen Sie das denn nicht gleich? Wie brenzlig ist es denn, und wo sind Sie?«, schalte ich sofort um auf Standardjob.

»Ach, brenzlig, scheiß drauf! Hier passiert gleich ein Unglück, wenn die mich nicht sofort gehen lassen«, setzt er mich ins Bild, und ich entspanne mich wieder ein wenig. »Tja, der Berliner ist im Kleinen gern solidarisch«, quatsch ich schon wieder altklug und lege sogar nach: »Was vergeben Sie sich, wenn Sie dem ›Krüppel‹ eine simple Entschuldigung zukommen lassen? Nichts. Er fühlt sich für einen Moment wie jeder andere, und Sie sparen Steuergelder, weil wir dann nämlich nicht kommen müssen.«

»Ach, was muss der hier zur Hauptbetriebszeit rumeiern und dann auch noch vor allen anderen an die Supermarktkasse!«, schimpft es immer noch unversöhnlich. Da ich keinen Bock drauf habe, dass es verprügelt wird, aber trotzdem keinen Einsatz aus der Sache machen will, wenn es nicht sein muss, gebe ich mir noch mal Mühe: »Ach, all das kann tausend Gründe haben. Vielleicht hat er es eilig, weil er sich wundgesessen hat oder inkontinent ist oder was weiß ich. Und vielleicht ist er mit seinem Betreuer im Supermarkt, weil das, was für Sie unangenehme Pflicht bedeutet, für ihn der Höhepunkt des Tages oder gar der Woche ist. Kann doch alles sein, oder? Kommen Sie, geben Sie sich einen Ruck. Schnappen Sie sich von der Kindersüßigkeitenfalle an der Kasse 'nen Lolli, und geben Sie dem Chopperfahrer und vor allem seinem Betreuer auch einen. Sie werden sehen, wie schnell Berlin Ihr Freund sein kann. Na los.«

*Wat bist du für 'ne schleimige Friedenstaube, und wat hat dich diese Stadt im Griff*, denke ich bei mir und lass meinen Vortrag auf mich selber wirken.

Und dann geht tatsächlich die Sonne auf. »Die Polizei sagt, dass ich gehen darf, wenn ich einen Lolli ausgebe«, höre ich ihn rufen und muss unwillkürlich lächeln.

»Die nicken alle«, sagt er dann wieder an mich gerichtet.

Ich lehne mich zurück, verschränke die Hände, tippe mir mit den Zeigefingern an die Nasenflügel und sage: »Na, dann mal los! Und das nächste Mal stecken Sie sich einfach schon viel früher einen Lolli in den Mund und schauen mal, was um Sie herum so alles passiert. Einen schönen Tag noch und willkommen in dieser Stadt!«

# Der ehrliche Mann

**Es befindet sich in meinem** spärlichen Besitz ein Spiel, das ich hüte wie einen Schatz – weil es ein Schatz ist. Dieses Gesellschaftsspiel, so nennt man es wohl heutzutage, schleppe ich seit fast dreißig Jahren mit mir herum. Es lagert sicher und trocken in einer Aluminiumkiste auf dem Dachboden. In jener Kiste, die ständig gepackt ist, für den Fall, dass ich von jetzt auf gleich das Land verlassen, auf See oder in den Knast muss. Es heißt »Skrupel« und ist meines Wissens schon lange nicht mehr im Handel. Aus gutem Grund, wie ich vermute. Ähnlich wie bei »Jumanji« entführt es in eine für manche völlig fremde und aufregende Welt. In die Welt der Moral. Und wenn man nicht aufpasst, hält es einen darin für immer gefangen, ganz genau wie bei »Jumanji«. Nur dass es in diesem Spiel eine gute und eine böse Welt gibt, die den Spieler für immer in Beschlag nehmen können. Deshalb sind auf der Rückseite der meisten Spielkarten auch entweder ein Heiligenschein oder die Hörner des Teufels zu sehen. Meine Frau spielt es schon lange nicht mehr mit mir, weil es für »Unfrieden sorgt«, wie sie sagt. Und in der Tat steht schon in der Spielanleitung der gutgemeinte Rat, dass man sich duzen sollte während des Spiels, weil man sich am Ende wahrscheinlich ohnehin wieder das Sie anbietet. Doch führt es nicht zwangsläufig zu Zwist und Zerwürfnis. Es hat mir im Gegenteil über die Jahrzehnte oft geholfen, Menschen und auch Freunde zu erkennen, wie sie wirklich sind, und das führt naturgemäß nicht immer nur zu Enttäuschungen. Nicht immer. Grob erklärt, geht es um Gewissensfragen, die ehrlich zu beantworten man aber keineswegs gezwungen ist. Man muss lediglich die Mitspieler von der vermeintlichen oder tatsächlichen Ehrlichkeit überzeugen. Eine Art Lügendetektor, ganz altmodisch und ohne Strom.

Ekelhaft, was? Fast wie im richtigen Leben. Jeder darf jeden in Frage stellen, so wie er möchte. Wenn er sich traut. Ich gebe Ihnen mal zwei einfache Beispiele von, sagen wir, »Mittelklassefragen«, damit wir die Falten der Verwunderung auf Ihrer Stirn ein wenig glätten, die ich gerade in Ihrem vertrauten Gesicht sehr gut erkennen kann.

»Sie haben im Rahmen eines Ausfluges anlässlich eines Kindergeburtstages einen Sicherheitsgurt zu wenig in den Fahrzeugen für die kleine Geburtstagsgesellschaft. Schnallen Sie Ihr eigenes Kind an?«

Die Zeit läuft ...

Oder: »Ein Arbeitskollege und Freund, den Sie sehr schätzen und von dem Sie wissen, dass er homosexuell ist, lädt Ihren sechzehnjährigen Sohn zu einem großzügigen Angelausflug plus Übernachtung ein. Darf Ihr Sohn angeln gehen?«

Na, läuft Ihnen die Zeit davon, oder konnten Sie spontan antworten? Jetzt, denke ich, verstehen Sie auf jeden Fall, warum ich jedes Mal das Gefühl habe, den Deckel gegen einen leichten Widerstand herunterdrücken zu müssen, wenn ich die kleine silberne Schachtel schließe, in der das Spiel aufbewahrt wird. Oder mir einbilde, ein minimales Vibrieren – oder besser Zittern – zu verspüren. Es gibt nämlich noch ganz andere Fragen. Außerdem ist es sehr interessant, mit wem Sie spielen. Anders ausgedrückt: Die Menschen, mit denen Sie das Spiel beginnen, sind vielleicht nicht immer die gleichen, mit denen Sie das Spiel beenden. Wie auch immer, ich habe die Schachtel seit Jahren nicht geöffnet.

Warum ich Ihnen nun von »Skrupel« erzählt habe, hat einen

einfachen Grund. Ein Anruf bei der 110 brachte mir folgende Anfängerfrage aus diesem Spiel in Erinnerung: »Sie beobachten, wie ein Bankräuber bei der Flucht unbemerkt einen Geldschein von hohem Wert verliert. Stecken Sie ihn ein?«

»Notruf der Berliner Polizei, Gutenrath, guten Tag.«
»Guten Tag, guten Tag?«
»Nein. Gutenrath, guten Tag!«
»Guten Rat, guten Tag?«
»Gutenrath ist mein Name, und ich wünsche Ihnen einen guten Tag. Jetzt verstanden?
»Ach so, ja. Tut mir leid.«
»Macht nix, Sie können ja nichts für meinen dusseligen Namen. Was kann ich tun?«
»Tja, ich habe da ein Probleeeem …«
»Das will ich hoffen.«
»Wie, das wollen Sie hoffen? Dass ich ein Problem habe?«
»Nein, natürlich nicht! Dass Sie nicht grundlos den Notruf angerufen haben, meine ich.«
»Ach so. Verstehe.«
»Oha, wir zwei haben aber keinen allzu guten Start. Ich will hoffen, dass neben Ihnen nicht gerade jemand liegt und verblutet oder so.«
»Nein, nein, nein.«
»Na, Gott sei Dank! Erzählen Sie, ich höre zu.«
»Aaalsoooooo …«
»Mhhh.«
»Alles okay, Herr Polizist?«
»Ja. Aber wir beide sollten jetzt langsam loslegen. Es geht hier nämlich zu wie in der Fischbratküche. Die Leute stehen quasi hinter Ihnen an, um mit mir zu reden. Also bitte.«

»Wie in der Fischbratküche?«

»Vergessen Sie's. Was gibt es? Los, zack, zack!«

»Ich habe Geld gefunden. Krieg ich ein Problem, wenn ich das behalte?«

»Jo. Fundunterschlagung. Is 'n Straftatbestand. Geht also nich'. Viel?«

»Wie viel ist für Sie denn viel?«

»Fünf Millionen.«

»Nein, nein, nein, so viel ist es nicht!«

»Ist eigentlich auch schnuppe, denn wenn man Kohldampf schiebt, sind fünf Euro auch viel Geld. Und unser Gesetz macht da ohnehin keinen Unterschied.«

»So, so.«

»Genau. So, so! Wie viel ist es denn nun?«

»860 Euro.«

»Oha!«

»Ja, ganz schön, ne?«

»Kein Kleingeld jedenfalls. Gut, war's das? Bitte abgeben, und gut is'.«

»Würden Sie's abgeben?«

»Ha. Um mich geht's hier nicht.«

»Nein, ich weiß. Aber würden Sie's abgeben?«

»Hören Sie, wenn Sie es nicht abgeben, begehen Sie eine Straftat. Ich denke, damit ist alles gesagt, oder?«

»Nee.«

»Wie, nee? Sprech ich Chinesisch?«

»Nein, nein, aber würden Sie's abgeben?«

»Hey, bitte was genau wollen Sie von mir?«

»Wissen, ob Sie's abgeben würden. Sie sind doch schließlich so etwas wie eine moralische Instanz, oder?«

»Haha, der war gut. Stimmt, Sie haben recht. Sollte so sein.«

»Sollte so sein?«

»Passen Sie auf, der Anrufer vor Ihnen wollte wissen, ob er seine Frau aus der Wohnung schmeißen darf, weil sie ihn betrogen hat, und der Anrufer nach Ihnen möchte vielleicht mit einem Baseballschläger die Karre von dem demolieren, der ihm den Parkplatz geklaut hat. Ich will damit sagen, es mag sein, dass ich eine moralische Instanz bin, aber ich hab wirklich zu tun, und ich bin nicht Ihr Papa, verstanden?!«

»Aber ich habe ein wirkliches, wirkliches Problem, und Sie sind doch für Probleme da.«

»Mhhhh. Gewissensnot, ja? Okay, verstehe. Aber bevor wir auf privat und ernsthaft umschalten oder Sie mir vorher vielleicht noch halbe-halbe anbieten, sei Folgendes gesagt: Wenn Sie es einstecken wollen, war es schon mal ein schwerer taktischer Fehler von Ihnen, mich mit einer nicht unterdrückten Handynummer anzurufen.«

»Wieso?«

»Weil ich anhand Ihrer Nummer ratzfatz rausfinden kann, wer Sie sind.«

»Und dann recherchieren Sie in diesem schwerwiegenden Fall, um mich anschließend der Justiz auszuliefern, oder wie?«

»Hören Sie, wenn Sie mir doof kommen oder mich ärgern wollen, krieg ich Sie dran, garantiert. Ob nun wegen Fundunterschlagung oder Missbrauchs von Notrufen, Sie legen 'ne Bruchlandung hin, glauben Sie mir. Aber das ist ja gar nicht der Punkt. Wir wollen hier mal gar keine Disharmonien aufkommen lassen. Schließlich haben Sie mich ja aus einem ganz anderen Grund angerufen. Und das sagt mir, dass Sie kein schlechter Kerl sind. Also bitte, was kann ich für Sie tun?«

»860 Euro ist sehr viel Geld für mich. Sagen Sie mir bitte ehrlich, ob Sie es einstecken würden!«

»Na, Sie sind mir ein Spaßvogel. Okay, ehrlich, ja? Gut. Ich bin nicht der Musterknabe, für den Sie mich halten, und ich bin auch nicht als Polizist auf die Welt gekommen. Andererseits hatte ich schon fast immer so etwas wie ein gesundes Gerechtigkeitsempfinden. Für mich würde es zum Beispiel einen großen Unterschied machen, ob Sie es im Puff, im Spielkasino oder bei Aldi gefunden haben. Also bitte, wo haben Sie es gefunden?«

»Auf einer öffentlichen Toilette.«

»Wo genau?«

»Auf einer öffentlichen Toilette in einem Shopping-Center.«

»In einem Shopping-Center, okayyy … Gibt es sonst noch irgendetwas, das uns weiterhilft. Haben Sie sonst noch irgendwas bemerkt?«

»Na ja, der Einzige, der mir entgegenkam aus der Toilette, war ein alter Mann. Ich weiß nicht, ob er in der Kabine war, die ich benutzt habe und in der ich das Geld gefunden habe, aber er war der Einzige, der mir entgegenkam.«

»Portemonnaie oder lose? Wie haben Sie es gefunden?«

»In einem Briefumschlag.«

»Okay. Wir haben Anfang des Monats. Und der Betrag weist eventuell auf eine Rente hin. Und zwar auf eine miserable. Ein alter Mann, der mit bargeldlosem Zahlungsverkehr nicht unbedingt auf Du und Du ist, hat sich nach einem mühsamen Stuhlgang vielleicht seine Hose hochgeschraubt, dabei seinen Umschlag fallen lassen und steht jetzt unter Umständen böse auf dem Schlauch. Muss nicht so sein, aber könnte so sein. Und dass es so sein könnte, würde für mich allemal ausreichen, dass ich das Geld abgeben würde. Was halten Sie davon?«

»Ich denke, Sie haben recht.«

»Fein. Dass Sie das sagen, in Verbindung mit der Tatsache, dass Sie mich überhaupt angerufen haben, veranlasst mich, Ihnen auch zu vertrauen. Ich werde unser Gespräch hier komplett löschen, und Sie sagen im Servicecenter der Shoppingmall Bescheid, dass Sie den Briefumschlag im nächsten Polizeirevier hinterlegt haben. Einverstanden?«

»Einverstanden. Sie können sich auf mich verlassen!«

»Das weiß ich. Verraten Sie mir jetzt Ihren Namen, damit ich mich verabschieden kann?«

»Sebastian, ich heiße Sebastian Schimmelpfennig!«

»Neiiin!«

»Doch! Sie heißen ja schließlich auch Gutenrath, obwohl das wahrscheinlich keiner glaubt.«

»Stimmt. Okay. Danke, Sebastian, dass Sie mich angerufen haben. Stellen Sie sich mal die leuchtenden Augen von dem alten Sack vor, wenn er erfährt, dass sein Geld abgegeben wurde!! Danke, dass Sie ein ehrlicher Mann sind. Denn die wenigsten Menschen sind auch ehrlich zu sich selbst.«

»Gilt das auch für Polizisten?«

»Erst recht! Auf Wiederhören, Herr Schimmelpfennig.«

»Auf Wiederhören, Herr Gutenrath!«

Sebastian und Jonas sind gefangen im Spiel. Jumanji!

# Der Opa ist eingeschlafen

»**Bist du die Polizei?**«, **piepst** der kleine Mensch am Ende der Leitung, und ich muss lächeln.

»Ja, ich bin die Polizei«, sag ich, »und wer bist du?«

»Lilu, aber das is' jetzt nich' wichtig. Du musst mir jetzt mal helfen!«

»Okay. Was gibt's denn, nichts im Fernsehen?«, stichele ich ein bisschen. Und dann kommt einer dieser Sätze, nach denen alles klar ist, obwohl man eigentlich gar nichts verstehen möchte.

»Der Opa ist eingeschlafen, und ich krieg ihn nich' wieder wach«, sagt sie aufgeregt. Und als ob das noch nicht reichen würde, quasi so, als wenn jemand verhindern möchte, dass Hoffnung bleibt, schiebt sie hastig hinterher: »Und er fühlt sich so komisch an … ganich warm.«

Wie gern hätte ich erklärt, wie man eine Schleife bindet oder warum das Nutellabrot immer auf die falsche Seite fällt. Aber ich soll Opa wieder aufwecken. Und ich fürchte, das schaff ich nicht.

»Kannst du mir sagen, wo du bist?«, frage ich sie, und sie entrüstet sich:

»Ja, aber das is' doch jetzt ganich wichtig!«

»Stimmt, meine Kleine, das ist jetzt gar nicht wichtig«, gebe ich ihr recht und muss wieder lächeln. Aber diesmal bitter. »Sagst du's mir trotzdem?«

Sauber spult sie die wohl gut einstudierte Adresse ab, und ich setze alles in Bewegung, was ich habe. Es wird gleich voll in Opas kleiner Wohnung, denke ich traurig und überlege, wie das wohl auf Lilu wirken wird. Dann trage ich nach, dass auf dem Funkwagen, der zu ihr fährt, bitte eine Kollegin dabei sein soll. Es wird mir quittiert.

Da sie mich selber angerufen hat, gehe ich davon aus, dass es keine Oma oder sonst wen in erreichbarer Nähe gibt. Trotzdem versuche ich mein Glück. »Ist die Oma nicht da?«, frage ich.

»Nein, die wohnt hier nicht mehr. Aber das ist gar nicht so schlimm, sagt Opa immer«, verblüfft sie mich da.

»Wieso?«, rutscht es mir raus, und sie erzählt begeistert:

»Na, weil wir sie jede Woche besuchen gehen und sie ganz in der Nähe von Mama und Papa liegt und sie sich jederzeit unterhalten können, sagt Opa!«

Na klasse, das wird ja immer besser, schießt es mir durch den Kopf, während meine Augen glasig werden. »Alter! Und jetzt nimmst du ihr auch noch den Opa weg«, sage ich laut, schaue zur Decke und flüstere dann: »Langsam kotzt dieser Job mich an...«

Lilu hat das alles mitgehört, aber natürlich nicht verstanden, und deshalb fragt sie artig: »Was hast du gesagt?«

»Das tut mir leid, habe ich gesagt«, lüge ich hastig, ohne nachzudenken, und sie piepst, immer noch fröhlich:

»Muss ganich, da is' 'ne riesengroße Eisdiele, wo Opa und ich dann immer hingehen. Opa is' toll!«

»Ja, das glaube ich dir, mein Schatz«, ist alles, was mir dazu einfällt.

»Aber was mach ich denn jetzt?«, fordert sie unerbittlich von mir ein. Tja, was machst du jetzt, meine Kleine, wiederhole ich im Geiste.

Vielleicht sollten wir versuchen, die zwei oder drei Minuten, die noch bleiben, zu nutzen, zum Verabschieden, denke ich und sage zu ihr: »Pass mal auf, Lilu, nimm mal Opas Hand, wenn du kannst, gib ihm ein ganz liebes Küsschen auf die Stirn und sag laut: ›Danke schön, Opa‹, vielleicht hört er dich ja.«

Ohne zu antworten, legt sie offenbar das Telefon beiseite, schließlich braucht sie wohl ihre beiden kleinen Hände, ich höre sie deutlich »Danke schön, Opa« sagen und fang an zu flennen. Alter, das nehm ich dir übel, murmele ich in meinen Bart, als ich plötzlich ein lauter werdendes Rascheln höre. Dann knackt es, dann knackt es noch mal, und dann brummt es auf einmal tief in mein Ohr:

»Hallo? Hallo, wer ist denn da?«

»Ahhhhhhh!«, brüll ich in den Saal, und alle gucken mich entgeistert an.

»Die Polizei spricht hier, geht es Ihnen gut«, rufe ich laut in mein Minimikrophon, und der Brummbär antwortet mir erstaunt:

»Ja … ja, natürlich geht es mir gut. Polizei? Bitte verzeihen Sie, wenn meine Enkelin Sie belästigt hat!«

»Lilu hat mich nicht belästigt, und Mann, Sie glauben gar nicht, wie es mich freut, Ihre Stimme zu hören«, platzt es aus mir heraus.

»Aha. Wieso das?«, fragt er berechtigterweise, und ich setze ihn kurz und kryptisch ins Bild:

»Weil das bedeutet, dass Sie noch nicht Ihrer Frau und Lilus Eltern Gesellschaft leisten werden in Mariendorf, denn dort sind die drei, richtig?«

»Richtig. Wissen Sie sonst noch irgendetwas über mich?«, fragt er verdattert, und ich beruhige ihn:

»Nein. Und wenn es Ihnen gutgeht, dann trennen wir uns jetzt auch. Passen Sie bitte gut auf sich auf, denn ich denke, Sie haben einen wichtigen Auftrag. Ach ja, und grüßen Sie bitte Lilu noch mal von mir! Tschüss!«

»Werd ich machen, tschüss«, sagt er und legt auf.

Da sich immer noch einige Kollegen verdutzt zu mir umdrehen, reck ich die linke Faust in die Höhe und rufe: »Gewonnen!«

Keiner weiß, worum es geht, aber drei rufen: »Gut!«, und alle drehen sich wieder um.

Dann storniere ich den Einsatz, lehne mich zurück, verschränke die Arme vor der Brust, schau zur Decke und murmele in meinen Bart: »Das war knapp, Alter! Hast du noch mal Glück gehabt!«

Und dann putz ich mir die Nase.

# Der Flaschensammler

**Manche Menschen haben alles verloren** außer ihren Stolz. Und selbst um den kämpfen sie, manchmal verzweifelt, Tag für Tag. Es ist eine besondere Spezies, meist älteren Jahrgangs, die, durch Erziehung und Lebensweg geprägt, nicht akzeptieren will oder kann, dass sie oder er nur von Almosen leben soll. Ich nenne sie menschliche Chamäleons, denn sie sind überall, fallen aber kaum auf. Bescheiden und scheinbar unbeteiligt warten sie beispielsweise am Rande von Großveranstaltungen wie Fußballspielen, ob die meist betrunkenen Leute, denen es besser geht als ihnen, ihre Pfandflaschen an den Straßenrand stellen oder einfach wegwerfen. Nicht selten trotzdem von Pöbeleien und Zudringlichkeiten betroffen, suchen sie oft die Nähe der Polizei. Weil es Menschen gibt, die sich vor dem Spiel einen Spaß daraus machen, ihre Taschen und Fahrräder umzutreten, nur so zum Zeitvertreib. Auch wenn so etwas ihren Tageslohn von acht auf drei Euro reduzieren kann, glaube ich, dass ihnen die Demütigungen noch viel mehr zu schaffen machen.

Oft habe ich aus dem Einsatzwagen heraus beobachtet, wie ihnen jemand Flaschen reichte, diese dann aber doch festhielt oder im letzten Moment fallen und auf dem Asphalt zerbersten ließ. Das bittere Lächeln dieser Menschen ist ein Gesichtsausdruck, der sich mir eingeprägt hat. Mehr als einmal habe ich darüber nachgedacht, mir einen Fußballfan mit miesem Charakter auf Basis des Ordnungswidrigkeitengesetzes zur Brust zu nehmen, um die Würde des Verhöhnten wiederherzustellen. Man darf in Deutschland hochoffiziell nicht mal ein Stück Papier achtlos auf die Straße werfen, und Alkoholverzehr in der Öffentlichkeit, außerhalb von »Schankstellen«, ist eigentlich auch nicht gestattet.

Wo aber der US-Amerikaner eine Papiertüte um seinen Fusel hüllt, lacht dir hierzulande der Typ mit der Pulle in der Hand nur frech ins Gesicht. Pragmatismus und Lethargie bestimmen das Tagesgeschäft, nur dass unsere Vorschriften dafür ein anderes Wort haben, es nennt sich »Verhältnismäßigkeit«.

Interessant jedoch zu wissen, dass jene, die erst dreckig lachen, oftmals dumm genug sind, ihre Flasche auch jähzornig als Antwort auf das pure gesprochene Wort und als Waffe einzusetzen. Detailliert möchte ich darauf nicht eingehen, sonst krieg ich wieder Abzug in der B-Note. Auf jeden Fall sind wir dann nicht mehr im Ordnungswidrigkeitengesetz, sondern in der Mitte des Strafgesetzbuches: im Bereich einer gefährlichen Körperverletzung. Nix mehr Peanuts. Und eine potentiell tödliche Waffe wie eine Glasflasche, unter Umständen sogar noch scharfkantig, führt am Ende des Tages bei dem, der zuerst dreckig gelacht hat, dann schon mal zu einem Lächeln, wie es schöner nur in Säuglingstagen war. Beim falschen Bullen, am falschen Tag, am falschen Ort. Aber ich will Sie nicht mit Fachchinesisch langweilen. Sondern eher ein wenig sensibilisieren für die bescheidenen, meist ordentlich und unauffällig gekleideten Menschen mit dem flüchtigen Blick in den Mülleimer. Und sei es nur zu dem Zweck, dass der eine oder andere Leser zukünftig kurz in eine andere Richtung schaut, wenn ein Arm im Abfall nach etwas greift, was ein paar Cent bringt. Denn Schämen tut manchmal noch mehr weh als Hunger.

Wir nennen meinen Anrufer mal Peter, er könnte aber auch Manfred oder Günther heißen, wie viele seiner Generation.

»Ich hab nichts Falsches gemacht«, sagt er, »bitte helfen Sie mir.« Nein, kein Ausrufezeichen hinter dem letzten Satz. Weil er eigentlich gar nicht damit rechnet, dass ich ihm helfen kann oder will und sein Anliegen mut- und kraftlos klingt. Mein System sagt mir, dass der Anruf von einem öffentlichen Fernsprecher eingeht. Ja, die gibt es noch. Manchmal. Früher hießen sie Telefonzellen. Heute sehen sie aus, als hätte sie ein Raumschiff abgeworfen. Und wenn man nach langem Suchen tatsächlich so ein Ding findet und als solches auch erkennt, wird man verblüfft feststellen, dass man damit immer noch die Polizei anrufen kann, auch wenn man kein Geld hat. Deshalb wird Peter mich wahrscheinlich auch von dort aus anrufen.

»Ich bin ein Flaschensammler«, sagt er, und ich spüre, wie schwer ihm das fällt. Mehr als ein ruhiges und geduldiges »Okay« antworte ich ihm darauf nicht, um ihm seinen Vortrag zu erleichtern und den Anschein zu erwecken, dass ich das akzeptiere.

»Ich belästige niemanden und nehme auch niemandem etwas weg, das möchte ich gern zunächst feststellen«, führt er aus.

*Möchte ich gern zunächst feststellen*, wiederhole ich im Geiste und ordne ihn, vielleicht etwas vorschnell, als gebildeten Menschen mit geschliffenen Umgangsformen ein. Auf jeden Fall nehme ich mir vor, ihn und sein Anliegen mit der gleichen Sachlichkeit zu behandeln, die ich auch einem Banker hätte zuteilwerden lassen. Weil ich glaube, dass es das ist, was er möchte.

»Ich habe hier ein Problem mit dem Filialleiter eines Supermarktes und möchte Sie bitten, dass Sie mir beistehen«, kommt er so ungefragt und präzise zur Sache, wie ich es schon lange nicht mehr gewohnt bin.

Wie es der Zufall will, kann ich dem Standort des Münzfernsprechers einen Supermarkt zuordnen, was nicht selbstverständlich ist. Weil selbst nach knapp zwei Jahrzehnten noch meine Berliner Ortskenntnisse erbärmlich sind, erst recht für einen

Polizisten. Gediegener Stadtteil, gutsituierte Menschen, kein Discounter, sondern obere Mittelklasse, und da liegt vielleicht auch das Problem.

»Was kann ich für Sie tun?«, frage ich, und er scheint ein wenig aufzuatmen, weil er begreift, dass ich es ehrlich meine.

»Der Filialleiter hat mir gerade Hausverbot erteilt, obwohl ich genau weiß, dass er mein Leergut in seinem Sortiment führt. Außerdem bin ich so gut wie jeder andere. Ich bin sauber und trage auch keine Lumpen. Das ist nicht in Ordnung, darf der das?«, fragt er, und ich merke deutlich, dass es meinem Anrufer um mehr geht als nur um den Leergutbon.

»Gab es eine körperliche Auseinandersetzung?«, will ich wissen. »Sind Sie verletzt?«

»Nein, nein, ich habe mich selbstverständlich nicht widersetzt. Ich bin äußerlich unversehrt. Aber er hat mich höchstpersönlich vor die Tür gebracht, und dort steht er jetzt, mit verschränkten Armen, keine zehn Meter von mir entfernt«, sagt er ohne Zorn, aber mit einem seltsamen Maß an Traurigkeit oder eher Resignation.

»Tja, er hat das Hausrecht«, sage ich leise und direkt, weil ich nicht weiß, wie ich das netter verpacken kann. »Aber gehen Sie doch einfach ein paar Häuser weiter, wo Sie nicht behelligt werden«, schlage ich vor, und zu spät fällt mir auf, dass dies wie eine weitere Ohrfeige auf ihn wirken muss.

Er atmet aus und macht eine Pause, um mir dann zu erklären: »Das würde ich ja tun, so wie ich es immer tue, aber es geht mir nicht so gut. Ich habe Kreislaufprobleme, und mein Blutzuckerspiegel ist im Keller. Ich wollte mir dort von meinem Geld eine Schokolade kaufen. Warum darf ich das nicht?«

»Kreislaufprobleme?«, frage ich, »soll ich Ihnen einen Krankenwagen schicken?«

»Ich will keinen Krankenwagen«, beginnt er da leise zu weinen, »ich will mich nur in die Schlange vor den Pfandautomaten stellen dürfen so wie alle anderen Menschen auch. Wieso darf ich das nicht?«

Beschämt und auch ein wenig zornig, antworte ich bockig wie ein kleiner Junge: »Sie dürfen das!«, und fasse einen Plan. »Steht dieser Mensch noch in Ihrer Nähe?«, frage ich Peter und grübele darüber nach, wie ich meine Emotionen in etwas Konstruktives verwandele. Mein erster Reflex ist, den Mann im weißen Kittel gehörig zusammenzuscheißen, aber damit ist niemandem, schon gar nicht dem verletzten Peter, geholfen. Denn das ist er, verletzt. Für mich ist das wieder mal ein Notruf, der eine glasklare Legitimation hat, obwohl es mir schwerfallen dürfte, mich gegen Skeptiker zu rechtfertigen. Aber warum nur? Selbst Leute, die ihre Welt und Mitmenschen nur in Zahlen wahrnehmen und katalogisieren, was schlimm genug ist, müssten doch eigentlich begreifen, dass es sich sogar in ihrem Sinne lohnt, hier zu helfen. Wenn wir das gebrochene Bein eines Briefträgers schienen und verarzten, damit er wieder ein selbstbestimmtes Leben führt, warum können wir dann nicht das gebrochene Herz eines Flaschensammlers stabilisieren, damit er auch morgen früh um vier wieder die Kraft findet, unbemerkt nach den Resten der Nacht Ausschau zu halten? Wir alle werden Peters Alkoholsucht, seine Krankenhausaufenthalte und letztlich sein Begräbnis finanzieren müssen, wenn wir ihm verwehren, was ihm zusteht: ein kleines bisschen Würde! Und das Ganze ließe sich vielleicht eindämmen für den Preis von drei Minuten der kostbaren Zeit eines deutschen Beamten.

»Wenn er Ihnen immer noch gegenübersteht, dann winken Sie ihn bitte mal ans Telefon«, weise ich Peter an, in der Hoffnung, dass ihm das auch gelingt. Ohne weiteren Kommentar von Peter höre ich keine halbe Minute später eine unerwartet dunkle und sympathische Männerstimme. »Schmidt, guten Tag, wer spricht denn da bitte?«

Mit »guten Tag« und »bitte« hatte ich nicht gerechnet, und mit der reibungslosen Übergabe des Telefonhörers erst recht nicht. Etwas verdutzt, bin ich deshalb auch nur knapp damit fertig, mich zu sortieren. Ich habe drei Pfeile im Köcher. Sie heißen Menschlichkeit, Vernunft und Schmeichelei. Sortiert sind sie nicht in der Reihenfolge ihrer Wirksamkeit, sondern entgegen jeder Erfahrung nach meinem persönlichen Geschmack. Ich habe infantile Freude daran, wenn ein schlichter oder meinetwegen auch theatralischer Appell an die Menschlichkeit ausreicht, um ein Problem aus der Welt zu schaffen. Es ist fast, als würde mein Akku aufgeladen. Leider läuft es aber meist wie beim realen Bogenschießen. Du liegst einmal darunter, einmal darüber, und der dritte Schuss geht dann oft ins Ziel. So ist der letzte Pfeil, der Giftpfeil der Schmeichelei, denn auch meist mein Joker.

»Hier spricht die Berliner Polizei, Gutenrath mein Name, bitte nicht erschrecken, Herr Schmidt.«

»Warum sollte ich erschrecken? Ich habe nichts falsch gemacht.«

Seine spontane Reaktion gibt mir eine schöne Vorlage für meine Einleitung. Griff in den Köcher, Pfeil in die Sehne, ziehen, visieren, Spannung halten und los: »Sonderbar, genau mit diesem Satz hat der Mann, der Sie gerade ans Telefon gebeten hat, sein Gespräch mit mir eben auch begonnen. Nur dass er trotzdem ein Problem zu haben scheint, obwohl er nichts falsch gemacht hat. Sie haben ihn des Marktes verwiesen, dabei ist er doch eigentlich nur ein Kunde, der nichts falsch gemacht hat, oder?«

»Hören Sie, ich weiß genau, worauf Sie hinauswollen«, diktiert er im Tonfall des Vorgesetzten, der es gewohnt ist, dass man ihm zuhört und seinen Aufforderungen Folge leistet, »aber ich kann mir hier so was nicht leisten. Der steht hier mit zwei vollen IKEA-tüten Pfandgut vor meinem Automaten und hält den gesamten Betrieb auf. Ich habe hier Kundschaft, die hat nicht den ganzen Tag Zeit. Und Kunde ist er auch nicht, denn kaufen wird er bei mir sicherlich nichts.«

»Ich habe drei Kinder, die allesamt Schluckspechte sind wie ihr Papa«, fange ich an zu sülzen, »wenn meine Frau mich zum Flaschenabgeben verdonnert, kann das auch schon mal eine Weile dauern. Trotzdem denke ich nicht, dass Sie mich dafür rausschmeißen würden, oder? Außerdem weiß ich zufällig genau, dass der Herr bei Ihnen etwas kaufen wird, glauben Sie mir.«

»Der Herr«, wiederholt er verächtlich, »kauft hier sicher nichts.«

»Schauen Sie ihn sich mal an«, schlage ich in ruhigem Kindergärtnerinnenton vor, »er wird blass sein, etwas zitterig und vielleicht sogar kalten Schweiß auf der Stirn haben, schätze ich. Er ist nämlich unterzuckert. Das ist der Hauptgrund, weshalb er nicht einfach weitergeht zum nächsten Supermarkt. Und deshalb wird er auch eine Schokolade oder etwas Ähnliches bei Ihnen kaufen. Ganz sicher. Das Geld dafür hat er übrigens auch, wenn er an Ihren Pfandautomaten darf, oder?!« Mehr als ein nachdenkliches »Hmm« lässt der Einzelhandelskaufmann mit der tiefen Stimme daraufhin nicht hören. Macht aber nichts. Ich bin zufrieden mit »Hmm«, auch wenn ich noch nicht weiß, ob Mitgefühl oder Kalkül in dem Gebrumme stecken, weil er beispielsweise keinen Bock darauf hat, dass Peter vor seinem Laden zusammenbricht. Da ich langsam zum Ende kommen will und muss, schieße ich gleich noch hinterher, was ich an Munition habe: »Schauen Sie, er hätte sich seine Schokolade auch stehlen oder Ihnen vor Ihrer Kundschaft eine peinliche Szene machen können. Hat er aber nicht. Ich denke, Sie tun gut daran, sich über diesen Menschen als

Kunden zu freuen. Abschließend sage ich Ihnen verbindlich, dass Ihre Supermarktkette mir und meiner Familie eigentlich die sympathischste ist. Wir lachen über Ihre Fernsehwerbung, meine Frau freut sich über Ihr umfangreiches Sortiment und ich mich über einen Tisch, an dem ich Zeitung lesen und Mineralwasser süffeln kann, während meine nervigen Kinder, vom Personal toleriert, durch die Gänge toben. Wir mögen Ihre Kette sehr. Bitte ändern Sie das nicht. Lassen Sie ihn rein!«

»Na gut«, brummt er da, und ich muss lächeln, weil ich mich frage, welcher Pfeil ihn wohl getroffen haben mag. Scheißegal, ich muss weitermachen. Und weil ich möchte, dass auch er lächelt, wenn er Peter sagt, dass alles wieder gut ist, reiße ich zum Abschluss noch einen flachen Witz. Irgendwie hat er sich den auch verdient, finde ich. »Danke, Herr Schmidt«, sage ich, »und übrigens leben wir zwei genaugenommen mit denselben großen fünf Buchstaben. Was bei Ihnen allerdings für ›Einkaufsgenossenschaft der Kolonialwarenhändler‹ steht, bedeutet bei mir schlicht und schon lange ›Ende der Karriere‹.«

Das Ding verfehlt seine Wirkung nicht. Lachend merkt er an: »Na, wir wollen doch beide mit unserem Schicksal nicht hadern, oder?«

Spätestens jetzt ist er mir wieder sympathisch, und deshalb bedanke ich mich zum Abschluss artig: »Nein, wollen wir nicht. Aber der Mann, dem Sie gleich seine Selbstachtung zurückgeben, der hadert. Deshalb vielen Dank dafür, Herr Schmidt, und auf Wiederhören!«

»Auf Wiederhören, Herr Gutenrath, bis zum nächsten Mal in einem unserer Märkte«, antwortet er und legt dann einfach auf. Doch es ist gar nicht schlimm, dass ich nicht noch einmal mit Peter reden kann. Meine Phantasie reicht völlig aus, um mir vorzustellen, wie stolz und gerade er gleich in der Reihe zwischen den anderen Kunden stehen wird, um kurz danach der Kassiererin ein kleines Stück Papier zu überreichen für eine Tafel Schokolade, ein Lächeln und eine Portion Respekt.

# Bratwurst

»**Der will hier am Alex** 2,30 für das verfickte Stück Brikett, der Penner«, pöbelt er ungebremst los, statt sich zu melden. Ich hatte heute schon ein paar von dieser Sorte. Die sind wie Sodbrennen. Irgendwann reicht's!

Plötzlich höre ich im Hintergrund die Stimme eines anderen Mannes: »Geben Sie mir bitte das Geld oder die Wurst zurück.« Am Alexanderplatz, dem neuen und alten Herzen von Berlin, der aktuell ein recht gefährliches Pflaster sein kann, hat irgendein findiger Geschäftsmann die tolle Idee gehabt, Menschen hinzustellen, denen er einen kompletten Würstchengrill an den Hals gehängt hat. Inklusive Sonnenschirm, Serviettenspender und allem, was sonst noch so dazugehört. Genial. Immer wenn ich so eine Würstchenbude auf zwei Beinen sehe, erinnere ich mich an die Rucksäcke meiner Soldatenzeit und denke darüber nach, wie lange ich die Nummer wohl durchhalten würde. Nicht allzu lange, fürchte ich. Ähnlich wie die Rikschafahrer, die in Berlin auch gerade eine Renaissance erfahren, aber wenigstens eine stilvolle, sind die Männer und die wenigen Frauen mit dem gequälten Lächeln und dem Kopf im Bratendunst fast eine »Sehenswürdigkeit«. Umsäumt von Bayern, Japanern und sonstigem Volk aus aller Herren Länder, gehören gelegentlich auch Leute zu ihrer Kundschaft, die sich daran zu erfreuen scheinen, dass es immer noch jemanden gibt, der einen mieseren Job hat als man selbst. Oder überhaupt so dämlich ist, für seinen Lebensunterhalt zu arbeiten.

»Was willst du denn machen, wenn nich'? Willst du hinter mir herrennen, du Wichser?!«, tönt es aus der Leitung, und ich spüre, wie sich meine Nackenhaare aufstellen.

»Polizei Berlin, Gutenrath, bitte, mit wem spreche ich?«, melde ich mich erneut voll tiefgründiger Hinterlist, nachdem mein Monitor mir gesagt hat, dass seine Handynummer unterdrückt reinkommt.

Statt meine Frage zu beantworten, spult er lieber seine geniale Taktik ab, die er sich zurechtgelegt hat, und fängt an, mich vollzutexten: »Die Rotzfresse will mir hier 'n Stück Kohle als Wurst verkaufen, das is' was fürs Gesundheitsamt. Und Gewerbeamt könnt ihr auch gleich mitbringen, der hat für den Scheiß hier garantiert keine Genehmigung!«

So viel geballte Fachkompetenz sollte mich eigentlich aufhorchen und vorsichtig werden lassen, verfehlt aber ihre Wirkung trotzdem komplett. Ich köchle auf kleiner Flamme vor mich hin und versuche mir vorzustellen, wie der Unsympath wohl aussehen mag.

Bevor ich etwas sagen kann, meldet sich der junge Mann wieder zu Wort. Immer noch ruhig und höflich schlägt er vor: »Ich gebe Ihnen eine andere Wurst, wenn Sie einen Augenblick warten. Machen Sie bitte keinen Ärger.«

Das beruhigt aber leider den Kompetenzbolzen keineswegs, und er poltert los: »Ärger?! Wer macht denn hier Ärger, du Scheißer. Und überhaupt, glaubst du, ich hab den ganzen Tag Zeit?!«

Mickrig stelle ich ihn mir vor. Klein, mickrig, vergrätzt und trotzdem ein wenig gefährlich wird er sein. Pfui. Und überhaupt, wo sind die beiden Rocker, oder meinetwegen Muskel-Murat und Kraft-Ali, die sich den Kacker zur Brust nehmen und sagen: »Halt die Füße still, Alter! Pack die Wurst zurück, oder drück die Kohle ab!« Keiner da, wenn man einen braucht, immer das Gleiche.

»Mehr kann ich Ihnen nicht anbieten«, sagt der junge Mann da, den ich inzwischen auf Grund seiner Umgangsformen und der Formulierungen für einen Studenten halte, der nicht das Glück hat, dass ihm seine Eltern Puderzucker in den Hintern blasen.

Da nimmt der Unsympath volle Fahrt auf und nähert sich bedenklich meiner Toleranzgrenze: »Anbieten? Ich kann dir mal anbieten, dir die Eier abzuschneiden, du Milchbrötchen, pass mal auf!«

Was jetzt passiert, weiß ich nicht genau, aber ich nehme an, dass die Wurst auf den Boden fliegt oder irgendwas anderes Fieses abgeht, denn der Junge fleht fast: »Machen Sie das bitte nicht, das muss ich alles von meinem eigenen Geld bezahlen. Bitte nicht!«

Ich bin gerade dabei, Luft zu holen, um ihm im Bassbariton durch den hohlen Schädel zu brüllen, dass er sofort aufhören soll, da kommt er mir frech und in diesem Moment sogar fast zweckdienlich, weil ich mich knapp beherrsche, mit der Ansage: »So, ihr nehmt euch den jetzt hier vor, oder ihr kriegt auch noch euer Fett weg!«

Für eine Sekunde klappere ich mit den Zähnen und sage dann: »Mäßigen Sie Ihren Ton.«

Damit erreiche ich, obwohl moderat vorgetragen, genau das, was ich will. Seine Aggression verlagert sich von dem Jungen auf mich. »Was war das?!«, hat der Typ da die Stirn, mich anzuherrschen, und ich krempele mir in Gedanken die nicht vorhandenen Hemdsärmel hoch.

»Mäßigen Sie Ihren Ton, sagte ich, und das war keine Bitte!«, wiederhole ich mich roboterartig.

»Jetzt passen Sie mal auf ...«, holt der Knaller da aus, und ich falle ihm ins Wort: »Nein, Sie passen jetzt mal auf! Sie geben jetzt dem Kleinen seine 2,30 plus Trinkgeld und Entschädigung für alle anderen Schäden, die Sie da gerade verursacht haben, sonst ...«

Und da fällt er mir wieder ins Wort: »Sonst muss ich ohne Socken ins Bett, oder was?!«

»Sonst mach ich Sie zu meinem persönlichen Polizeieinsatz des Tages und sorge dafür, dass Sie mich nicht wieder vergessen werden, kapiert?!«

»Ach, was war das denn jetzt. Klingt wie glasklare Nötigung. Prima, du bist auch fällig!«, jubiliert es da selbstzufrieden und siegessicher.

»Penner, Wichser und Scheißer hast du den Kleinen genannt, ist alles auf Tonband, du Superhirn. Außerdem hast du ihm gedroht, ihm die Eier abzuschneiden«, zähle ich auf. »Und genau deshalb läuft auch schon ein Eileinsatz, der zum Ziel hat, einen mutmaßlich mit einem Messer bewaffneten und gewaltbereiten Straftäter zu überwältigen. Wenn du Glück hast, schaffst du es in die Zeitung, du Widerling. Mal sehen, wie bunt dein Bild wird!«

»Das meinen Sie nicht ernst«, stottert er da verdutzt und siezt mich plötzlich wieder.

»Das meine ich todernst. Und Calle vom 34er, ein lieber Freund und Kollege in Zivil, ist mit seinem Passmann schon auf Sichtweite bei euch, wie ich gerade höre. Ich zähle jetzt von fünf runter, und wenn ich dann nichts Versöhnliches gehört habe, greift Plan B!«

Bei »vier« erklingt da ein deutliches »Stimmt so« und bei »zwei« ein höfliches »Danke, und beehren Sie uns bald wieder«, und ich gönne dem jungen Mann von ganzem Herzen seinen Triumph!

Heute sind die Rückenschmerzen bestimmt ein wenig erträglicher.

Nachtrag: Knapp eine Stunde später ging über unser »Bürgertelefon« ein Anruf ein, der zunächst nicht zugeordnet werden konnte. Ein junger Mann sagte, er habe mit seinem Chef telefoniert, und die gesamte Schicht des Abschnitts 34 wäre zu einer Bratwust eingeladen. Was natürlich nicht angenommen wurde. Denn, lieber Freund, du schuldest uns gar nichts, und wir dürfen von dir auch nichts annehmen.

Aber gefreut haben wir uns trotzdem über deinen Anruf.

# Nur durch den Zaun

**Aufenthaltsbestimmungsrecht. Schon wieder so ein** Wort, das kalt, unnahbar und scheinbar neutral daherkommt, mit dem aber vielleicht genauso viel Schmerz und Tränen in Verbindung stehen wie bei Mord und Totschlag. Beim Letzteren ist es zumindest möglich, wenn auch nicht sehr wahrscheinlich, dass irgendwann einmal die Trauerarbeit bewältigt werden kann. Wenn einem aber das Kind weggenommen, entzogen oder ... – verzeihen Sie mir, ich finde nicht das richtige Wort und schon gar nicht das korrekte – ... wird, ist das mit Sicherheit etwas, mit dem man sich niemals abfinden kann.

Neun von zehn Vätern verlieren vor Gericht. Ein Umstand, den ich nicht zu bewerten vermag. Ich möchte mir auch nicht anmaßen, es zu versuchen. Gut, ich bin selbst Papa, kenne mich also bestenfalls, wenn überhaupt, in meiner eigenen Gefühlswelt aus. Beim bloßen Gedanken daran, dass mir irgendwer oder irgendwas den »Umgang« mit meinen Kindern verbieten würde, spielen sich Dinge in meinem Innern ab, für die ich kaum Worte finde. Allerdings kann ich mir trotzdem vorstellen, dass eine Frau die Trennung von einem Menschen, der in Gänze und bildlich gesprochen »aus ihrem Körper kam«, physisch und psychisch noch schlechter verkraftet. Vielleicht deshalb die hohe Rate der männlichen »Verlierer«. Wobei die wirklichen Verlierer ohnehin immer nur die Zwerge sind. Um die geht es aber selten, so hat man den Eindruck ...

»Ich kenne mein Kind nur durch den Zaun«, sagt er traurig

und danach gleich noch einen Satz, der in seiner Kürze, Formulierung und Betonung wie ein Schnitt in dieselbe Wunde wirkt: »Ich kann nicht mehr.«

Jugendamt, pro familia oder meinetwegen Pastor Meier, aber nich' ich, schießt mir spontan durch den Kopf. Aber es ist wie immer. Ich kann es mir nicht aussuchen.

»Ich war immer dabei«, zählt er auf, »bei den ersten Schritten im Freien, beim ersten Tag im Kindergarten, bei der Einschulung, immer! Unzählige Male habe ich andere seinen Namen rufen hören und mir so sehr gewünscht, ich sei derjenige, der rief und auf den er schreiend und lachend zugerannt kommt. Aber ich war immer nur hinter dem Zaun. Ich kann nicht mehr.«

Ich weiß nicht, was ich dazu sagen soll, also halte ich die Fresse. Ich sehe ihn im Geiste schweigend vor mir stehen, mit einer Hand im mannshohen Maschendrahtzaun und mit gebrochenem Auge und Herzen, weit weg vom Geschehen.

»Sie hat mir damals vorgeworfen, ich hätte mich an ihm vergangen, das müssen Sie sich mal vorstellen, an meinem eigenen Jungen«, erzählt er, und der Zorn wird über die Jahre Traurigkeit und Verzweiflung gewichen sein. So hört er sich jedenfalls an. Gebrochen.

»Sie hat das natürlich nicht beweisen können. Man kann nicht beweisen, was nicht passiert ist. Aber schwimmen Sie sich von so etwas mal frei«, spricht er scheinbar mit sich selbst, »das schaffen Sie nicht. Da bleibt immer etwas. Und das reicht in diesem Land aus, dass man sich seinem eigenen Kind nicht mehr nähern darf. Oh Gott, ich hasse diese Frau so sehr ... so sehr.«

Ich lasse ihn reden, obwohl ich eigentlich, wie immer, zur Eile drängen müsste. Aber ich will keiner »von denen« sein. Von denen, die ihm sein Kind weggenommen haben. Deshalb dränge ich ihn weder, auf den Punkt zu kommen, noch mache ich schlaue

Bemerkungen darüber, dass er die Frau, die er so hasst, doch mal geliebt haben muss. Er wird schon noch raushauen, was er von mir will. Denn dass sein Anruf einen bestimmten Grund hat, da bin ich mir fast sicher.

»Fünfzig Meter! Das ist meine magische Zahl. Damit lebe ich seitdem. Obwohl, leben ist eigentlich das falsche Wort. Ich mach mich sicher lächerlich, wenn ich Ihnen erzähle, dass ich schon versucht habe, mich in den Wind zu stellen, um den Duft meines Jungen zu erhaschen. Er ist nämlich ein Schwitzer wie sein Papa. Aber es reicht nicht. Es reicht nicht. Fünfzig Meter. Mehr haben sie mir nicht gegönnt, die Sadisten! Es reicht gerade mal aus, um den Schmerz am Leben zu erhalten und hin und wieder etwas auf seinen Weg zu legen, was er findet und dann doch nicht behalten darf ... Gott, ich hasse sie so sehr.«

Schweigend lasse ich auf mich wirken, was er mir schildert. Mit zusammengekniffenen Augen versuche ich mir vorzustellen, wie er sich fühlen muss. Wie ich mich wohl fühlen würde. Es gelingt mir nicht. Aber ein positiver Gedanke kommt mir, den ich wirklich schön finde. Der kleine Mensch, um den es hier geht, hat, wie es scheint, bisher sein Leben lang einen Bodyguard gehabt. Einen guten Geist, der aus der Ferne über ihn wacht. Das ist vielleicht mehr, als so mancher Vater für sein Kind gewesen ist oder jemals sein wird. Wenn es notwendig wird, ist das mein einziger Baustein, den ich als Fundament setzen könnte. Unbewusst scheine ich damit auch mitten im Thema zu sein. Denn er hat mich nicht angerufen, um sich einfach nur auszuheulen oder weil er denkt, ich könnte etwas an seiner Situation ändern. Dazu ist er schon zu lange stark gewesen, und dazu wirkt er auch zu intelligent. Nein, er hat einen handfesten Grund. Und vor allem viel mehr Disziplin und Leidensfähigkeit, als ich jemals aufbringen könnte.

»Seit meine Frau einen neuen Lebenspartner hat, geht es meinem Jungen nicht gut«, führt er aus. »Er liebt den Kleinen nicht. Wie könnte er auch. Es ist ja mein Junge. Ich liebe ihn! Aber der Punkt ist, dass der Mann nicht nur lieblos und gleichgültig ist, sondern auch ungerecht und unbeherrscht. Dass er ihn vor der Schule einfach abkippt und dergleichen, das fange ich auf, dafür bin ich da. Aber eben hat er ihn geohrfeigt, und bei Gott, Herr Polizist, helfen Sie mir, ich gehe gleich rüber und mach den Kerl fertig.«

»Wowowo, ganz ruhig, ich helfe Ihnen, versprochen«, versuche ich abzupuffern und mache gleich darauf einen schweren taktischen Fehler, indem ich ihn frage: »Ist der Kleine verletzt?«

Der bloße Gedanke bringt den Vater dermaßen in Rage, dass er zischt: »Das will ich nicht hoffen!« Dann beruhigt er sich jedoch zum Glück gleich wieder und fleht mich fast an: »Herr Polizist, wenn ich da rübergehe, verbieten sie mir für immer, mich auch nur auf Sichtweite meinem Jungen zu nähern, die herzlosen Bürokraten. Das stehe ich nicht durch! Sie müssen das verstehen, er ist das Licht meines Lebens!«

»Gut, gut, ich bin bei Ihnen. Im doppelten Sinn. Wir werden jetzt nichts Unbeherrschtes machen. Nebenbei, ich find's toll, dass Sie mich angerufen haben.«

»Warum?«, fragt er leicht irritiert. Die Wahrheit kann ich ihm schlecht sagen. Dass der Typ nämlich bei mir wohl längst Zähne spucken würde, wenn er meinen Jungen prügelte, und ich wahrscheinlich Probleme hätte, so besonnen und zivilisiert mit der Situation umzugehen. Nicht sehr zweckdienlich. Schreiben dürfte ich so ein Zeug eigentlich auch nicht. Schließlich bin ich ja Polizist und so weiter. Aber lügen soll ich ja auch nicht.

So viel zu meinem Grad an Konfliktfreudigkeit und Fähigkeit auf diesem Gebiet. Ehrt mich nicht, ist mir aber auch schnurz. Der Papa am Telefon ist also wohl nicht nur in meinen Augen ein friedlicher und sympathischer Mensch und hat alle Hilfe verdient, denke ich.

»Weil Sie genau das Richtige gemacht haben, indem Sie mich anriefen«, formuliere ich um, was mir gerade durch den Kopf ging. Und dann werde ich konstruktiv. »Ist das Problem da drüben jetzt abgeebbt, oder haben wir noch Handlungsbedarf?«, will ich wissen.

»Ich weiß nicht«, sagt er unschlüssig, macht eine kleine Pause und ruft dann: »Hey, jetzt hat er es wieder gemacht! Ich halte das nicht aus, ich muss was tun, bitte helfen Sie mir!«

»Alles klar. Rüber da, gehen Sie dazwischen. Sagen Sie dem Kerl, er soll das unterlassen, und wenn er's nicht tut, gehen Sie dazwischen, aber konsequent! Kleine Jungs müssen beschützt werden vor großen Idioten. Aber nicht gleich Nase oder Kiefer zerdreschen, okay? Nur den Jungen in Sicherheit bringen! Ich lass inzwischen eine Streife anfahren.«

»Wenn ich das mache, verbieten die mir auf ewig alles«, jammert er da in einer Mischung aus Zorn und Verzweiflung, und ich merke, er braucht wirklich Hilfe.

»Wenn Sie es nicht machen, platzt Ihrem Kleinen bei der nächsten Ohrfeige vielleicht das Trommelfell! Machen Sie sich keine Sorgen. Ist rechtlich abgedeckt. Schimpft sich Nothilfe, und wir machen die Sache schon glatt, wenn Sie den Typ nicht gerade komplett zerlegen. Außerdem wird unser Gespräch hier aufgezeichnet. Sie können also immer sagen und auch beweisen, dass der komische Polizist Sie angewiesen hat, dazwischenzugehen, und ich werde nicht behaupten, dass Sie mich missverstanden haben. Mein Wort drauf. Los, rüber! Aber nicht gleich draufhauen. Sagen Sie ihm, er soll die Füße stillhalten, bis die Polizei da ist. Wenn das nicht klappt, schalten wir um auf Plan B, okay?«

»Okay!«, quittiert er knapp, und dann höre ich ihn auch schon lauter atmen, weil er wohl rennt.

»Aber nicht auflegen, mich immer schön am Ohr lassen«, weise ich ihn noch an, doch er ruft schon:

»Hey, lass meinen Jungen in Ruhe!«

Eine andere Männerstimme höre ich höhnisch antworten: »Was willst du denn, du Kasper! Sieh bloß zu, dass du verschwindest!«

»Hallo, hören Sie mich ...«, schalte ich mich wieder ein, um zu verhindern, dass er auf die Provokation reagiert.

»Ja«, schnaubt er vor Wut zitternd, und ich muss aufpassen, dass ich jetzt die richtigen Knöpfe drücke. Denn was nun passiert, kann weitreichende Folgen haben. Im Negativen wie im Positiven, und das sage ich ihm auch:

»Ruhig Blut, behalten Sie die Nerven! Lassen Sie sich nicht provozieren, denn das will der Typ ja nur. Was jetzt gleich geschieht, kann Ihnen und Ihrem Jungen sehr helfen oder auch furchtbar schaden, also machen Sie bitte nichts Unüberlegtes. Wir sind zu zweit, und der Blödmann ist allein. Sie haben das Herz und ich den Sachverstand, wir sind ein Spitzenteam. Wie weit sind Sie weg, und was sehen Sie gerade?«

»Ich bin fünf Meter weg, und er hält den Kleinen am Oberarm fest, und ich denke, er tut ihm weeeh!«, zischt der wütende Papa durch die Zähne, und ich merke, wie sehr er mit sich kämpft.

»Okay, okay. Sagen Sie ihm, er soll den Jungen loslassen«, formuliere ich vorsichtig und hoffe, dass es auch so umgesetzt wird.

»Lass meinen Kleinen los, du tust ihm weh«, fordert er daraufhin bestimmt, aber nicht gefährlich im Ton. Gefällt mir gut.

»Verzieh dich, du Witzfigur, oder ich hetze dir meine Anwälte auf den Hals«, überzieht der Stiefvater ihn daraufhin erneut mit Spott.

»Du tust ihm weh!«, wiederholt der Papa da, jetzt aber sehr

wohl in einem gefährlichen Ton. In einem sehr gefährlichen Ton! Ich muss was machen, sonst kann ich meinem Streifenwagen gleich einen Notarztwagen hinterherschicken, das spüre ich sehr deutlich. Zuweilen ist meine Naivität mein treuester, aber auch bester Wegbegleiter. Manche Dinge, die mir in den Kopf kommen, erscheinen auf den ersten Blick so absurd oder unwahrscheinlich, dass vernünftige Menschen sie gar nicht in Erwägung ziehen würden. Ich aber schon.

»Wie heißt Ihr Sohn?«, frage ich schnell und bekomme genauso schnell und knapp »Patrick« zur Antwort.

»Rufen Sie rüber: ›PATRICK, REISS DICH LOS! KOMM, MEIN JUNGE, KOMM ZU PAPA!‹«, sage ich, ohne lange nachzudenken und doch in dem Bewusstsein, dass der Junge seinen Papa vielleicht gar nicht mehr kennt oder kennen darf. Und dann ist er wieder einmal da, einer jener Momente, für die ich diesen Job doch irgendwie liebe, weil er mir immer wieder aufs Neue beweist, dass große und kleine Wunder erst dann aufhören stattzufinden, wenn wir aufhören, an sie zu glauben. Denn er wiederholt tatsächlich, was ich ihm aufgetragen habe, und dann höre ich die Worte: »Ja … ja, mein Kleiner, komm her, stell dich hinter Papa«, und ich kriege eine Gänsehaut. Voilà! Blut ist dicker als Wasser. Über alle Manipulationsversuche oder vielleicht sogar Einschüchterungen hinweg findet der kleine Mann intuitiv den Weg zu seinem Vater. Ist das nicht klasse?

»Er ist bei mir, oh Gott, mein Junge steht hinter mir«, meldet mir da ein Vater, dessen Stimme und Herz sich vor Glück und Stolz fast überschlagen.

»Und genau da bleibt er jetzt auch, bis wir da sind«, rufe ich, weil ich Angst habe, sonst kein Gehör zu finden.

»Worauf Sie sich verlassen können!«, schluchzt er fast, und ich habe das gute und sichere Gefühl, dass Patrick in Sicherheit ist. Da sage mal einer, Geduld, Beharrlichkeit und Liebe würden am Ende nie belohnt. Der Stiefvater ergießt sich, wie zu erwarten war, in Pöbeleien, verstummt dann aber abrupt, was für mich das Zeichen ist: Wir sind da.

»So, mein Lieber, jetzt werden die Karten neu gemischt. Alles Weitere klären Sie bitte mit unserer Funkwagenbesatzung vor Ort, und wenn Sie es möchten, steht Ihnen die Aufzeichnung dieses Gesprächs jederzeit als Beweismittel zur Verfügung. Viel Glück!« Das ist das Letzte, was ich dem geduldigen Papa noch mit auf den Weg geben wollte, bevor ich aus der Leitung gehe, doch er ruft:

»Halt, halt, halt, wie war noch mal gleich Ihr Name?«

Ich muss lächeln. »Mein Name ist nicht wichtig. Ich bin der Mann, der sich mit Ihnen freut, das reicht völlig. Und wenn Sie tatsächlich dieses Gespräch bei einem weiteren Gerichtsverfahren verwenden, werden Sie eh noch einmal hören, wie ich mich melde. Ich denke, das reicht. Wie gesagt: Viel Glück und Grüße an Patrick.«

»Danke, Mann-der-sich-mit-mir-freut! Ich werde den Tag heute nie vergessen!«

Tja, ich wohl auch nicht so schnell, denke ich und streichele zärtlich über meine Kaffeetasse, auf der in kritzeligen Buchstaben steht: OHNE PAPA IST ALLES DOOF!

# Positiv

**Mein Hausarzt ist ein schwarzer** Mann. Er führt seit drei oder vier Jahrzehnten eine Praxis im tiefsten Berlin-Neukölln. Und zwar eine, die man inklusive aller gängigen Klischees als echte Kiezpraxis bezeichnen kann. Das Wartezimmer ist verschlissen und trotzdem so knallbunt wie ein Bild von Andy Warhol. Das liegt allerdings mehr an den Patienten, die mich in ihrer Vielfalt manchmal an eine Weltraumbar in einem *Star Wars*-Film erinnern. Durch meine Beamtentour bin ich Privatpatient und damit, wenn man den Gerüchten glaubt, privilegiert und komme immer als Erster dran. Aber nicht in dieser Praxis. Mit an Sicherheit grenzender Wahrscheinlichkeit kann ich davon ausgehen, dass der Pinguin, der in tiefschwarzer Burka vor mir ins Wartezimmer schlappt, auch vor mir ins Behandlungszimmer schlurft. Es sei denn, ich hätte meinen Kopf unter dem Arm. Die Uhren ticken dort nicht nur anders, es gibt überhaupt keine. Und um Geld geht es wohl auch nicht. Er teilt sich die Praxis mit seinem Sohn, der in den Vierzigern und auch Arzt ist, und wahrscheinlich teilen sich die beiden sogar morgens mit ihren Patienten denselben Bus in die Hermannstraße, wo man »residiert«. Er selbst stammt aus Ghana und hat einen Nachnamen, den ich zwar buchstabieren, aber nicht aussprechen kann. Aussehen tut er allerdings eher wie ein Äthiopier, mit dem man die Windrichtung bestimmen kann, wenn man ihn hochwirft. Ein Hutzelmännchen, inzwischen 75 Jahre alt, einen Kopf kleiner und doch so viel größer als ich. Wenn er vor mir steht, tiefschwarz, topfit und meist mit einem breiten Grinsen, habe ich stets das Gefühl, dass er jeden Moment eine Handvoll Hühnerknochen aus seinem weißen Kittel zaubert und sie auf den Boden wirft, um seine Diagnose zu untermauern. Das ist wahrscheinlich auch der Grund, warum ich zu ihm gehe. Über die Schulmedizin hinaus schwingt eine jahrtausendealte Weisheit in diesem Mann, die mich glauben macht, dass er mir helfen kann, wenn ich denn mal so im Eimer bin, dass nichts mehr geht. Das letzte Mal war's vor sechs Jahren so schlimm. Mal wieder in grenzenloser Selbstüberschätzung schwelgend, dachte ich, ein Mann wie ein Baum, sie nannten ihn Bonsai, mal eben ganz allein eine Mauer hochziehen zu können. Mit dem Ergebnis, dass ich mir in den Ellenbogen ein so massives Problem zuzog, dass beide Arme mich wissen ließen: »Jetzt kannst du erst mal 'ne Weile ohne uns klarkommen, Idiot!« Ich konnte vor Schmerzen nicht mal mehr 'ne Kaffeetasse anheben, geschweige denn mir den Popo saubermachen. Doch der Unaussprechliche hat's geschafft, mich flottzukriegen.

Na ja, und gestern war's halt wieder mal so weit. Meine Regierung hat mir verbal in den Arsch getreten und bestimmt: »Du gehst jetzt zum Arzt! Ich guck mir das nicht länger mit an!« Mit »das« war gemeint, dass ich schon wochenlang übellaunig rumlief, ständig das Gesicht zur Faust geballt hatte und am liebsten jeden zweiten Mitmenschen ohne Senf gefressen hätte. Zur Erklärung und als zaghaften Versuch der Entschuldigung muss ich anführen, dass ich, bedingt durch, sagen wir mal: »einen unseriösen Lebenswandel und einige verschleißträchtige Jobs in meiner Vergangenheit«, genaugenommen ständig mit diversen Wehwehchen und Baustellen rumlaufe. Kurz gesagt: Irgendwas tut mir eigentlich immer weh. Das ist aber gar nicht so schlimm, und mit Sport und ein paar anderen meditativen Strategien kann ich ganz gut damit leben. Wenn es allerdings so schlimm wird, dass ich

Sport komplett knicken kann, mutiere ich von der zauberhaften Elfe zum unausstehlichen Arschloch. So geschehen vorgestern. Beim Waldlauf habe ich mir das Fahrgestell durch irgendeine Unachtsamkeit so versaut, dass nur noch Humpeln angesagt war und keine Position oder Körperhaltung mehr erträglich. Also ab zum Medizinmann.

Und nun dringen wir langsam zum Kern der Sache vor. Wie ich da so sitze, als halbnackter, wabbeliger Haufen weißes Fleisch, schleicht er sich erst mal scheinheilig hinter mich, um mir, gefühlt, in beide Richtungen je einmal das Genick zu brechen. Die hinterlistige Attacke war notwendig, weil er mich kennt. Erstens hätte ich ihm die Nummer niemals freiwillig gestattet, und zweitens weiß er, dass ich instinktiv versucht hätte, jeden, der nach meinem Genick greift, durchs geschlossene Fenster zu werfen. Na ja, keine Chance! Knack, knirsch! Und schon konnte ich auf jeden Fall den Kopf erst mal wieder gerade halten. Danach gab es dann, unter anderem, zwei Pferdespritzen. Die kurze Erläuterung – »musssein, Jung, hassu ensündend Nerv, geht durch deine ganze Köpe unmach alle Bobleme« – ließ über diese Maßnahme keinerlei Diskussion aufkommen. Ich weiß nicht, ob der Cocktail legal war, den er mir da verpasst hat, oder ob geriebener Rattenschwanz mit drin war, und ich will's auch gar nicht wissen, denn, und jetzt kommt's, Leute: Ich bin heute Morgen ohne Schmerzen aufgewacht! Wow! Zum ersten Mal seit bestimmt zwei Jahren hab ich mich beim Aufstehen nicht auf meinen Ellenbogen gestützt und die ersten paar Schritte zum Bad wie ein alter Mann zurückgelegt, sondern bin wie ein junger Gott aus der Kiste gehüpft. Selbst meine Frau sah sich müde blinzelnd veranlasst, mich zu fragen: »Was hat dich denn gestochen?«, was ich gut gelaunt mit einem »Dreh dich um und schlaf weiter oder ich mach dir 'n Baby« quittierte. Ein gemurmeltes »Sprücheklopfer« war alles, was ich dafür erntete, aber ich hatte auch gar keine Zeit. Ich musste nämlich erst mal im Spiegel checken, ob ich es wirklich bin, der mich da erstaunt und leicht debil angrinst. Und was soll ich sagen, mein Spiegelbild hat den Test bestanden! Zumindest diesen.

Keine Ahnung, wie lange die Wirkung der Drogen anhält, aber eins steht fest: Heut ist ein guter Tag! Ein schöner Tag! Ein positiver. Vor allem aber auch ein Tag für eine schöne oder wenigstens positive Geschichte. Mir fließen aus welchen Gründen auch immer in letzter Zeit irgendwie immer nur die mehr oder weniger traurigen Dinger aus der Hand. Es steckt keine Absicht dahinter und ist umso seltsamer, als die Menschen sich doch eigentlich viel besser an Schönes erinnern. Ich nicht. Obwohl es doch so vieles gab.

Aber heute ist alles anders. Also drehen wir einmal kräftig am Glücksrad, krempeln die Ärmel hoch, greifen tief in die Lostrommel und ziehen – Hussein!

Ganz sicher bin ich kein Schönredner und weiß selber nur zu gut, dass es Statistiken gibt, die besagen, dass achtzig Prozent aller Gewaltverbrechen angeblich von Ausländern verübt werden. Aber erstens sind Statistiken für die Wurst, und zweitens geht mir diese ewige Gleichmacherei auf den Keks. Ganz egal auf welchem Gebiet. Es ertrinken Menschen in diesen Klischees, die es einfach nicht verdient haben.

Haben Sie sich schon mal gefragt, warum auf dem Berliner Fruchthof am Beusselmarkt im Morgengrauen fast ausschließlich Türkisch oder Arabisch zu hören ist? Nein, haben Sie natürlich nicht, weil Sie wahrscheinlich in Kiel oder Augsburg wohnen und Ihr Wecker, wie meiner, normalerweise erst dann klingelt, wenn dort schon geschäftiges Treiben herrscht. Aber die banale Antwort auf die Eingangsfrage lautet: Weil wir Deutschen in der Masse gar keinen Bock drauf haben, uns die Nacht um die Ohren zu schlagen oder andere gemeine Jobs zu machen, es sei denn, sie werden wirklich gut bezahlt. Jaaa, locker bleiben, nix Pauschalisierung. Ich will damit nicht sagen, dass wir uns alle zu fein sind und unsere Migranten alle emsige Arbeitsbienen. Aber viele von ihnen reißen sich tatsächlich den Arsch auf und sind den ganzen Tag über emsig bis fleißig. Und das können lange Tage sein. Tage, die in den frühen Morgenstunden, ja eigentlich noch nachts, am Fruchthof beginnen, wo man versucht, das Frischeste und Beste für möglichst schmales Geld zu erstehen, um es dann aufzuladen, durch die halbe Stadt zu kutschieren, abzuladen, liebevoll und appetitlich zu drapieren, um dann bei Sonnenaufgang die erste Kundschaft zu erwarten, die man den ganzen Tag, notfalls und illegal auch noch über die gesetzlichen Ladenöffnungszeiten hinaus, bedient. Denn an einem solchen Geschäft wird man selten abgewiesen, wenn man zu spät noch einmal anklopft, solange noch jemand da ist. Und dabei sind diese Menschen meist den ganzen Tag über auch noch gut gelaunt und freundlich, lassen in alles hineinbeißen und werden nicht mal pissig, wenn man es dann wieder weglegt, weil die Tropenfrucht dann doch zu tropisch war. Vergleichen Sie das mal mit der Bedienung in so einem Spielzeuggeschäft für Erwachsene, also einem Elektronikmarkt wie Jupiter oder Media Muff, wenn Sie eine finden. Oder öffnen Sie dort mal eine Verpackung ... Oh, oh! Na ja, auf jeden Fall mag auch das wieder ein Klischee sein, der klassische südländische Gemüsehändler um die Ecke. Aber es gibt sie. Die Fleißigen, Sympathischen, durchaus Geschäftstüchtigen, weil ihnen nämlich irgendwann einmal ein Hotel in Antalya gehören soll oder sie zumindest davon träumen, Menschen, die unseren Respekt verdienen und deren Läden die Straßen bunter und schöner machen. Es sei denn, die Straßen ersaufen in südländischem Flair.

Und genau so ein Typ ist Hussein.

Er hat nicht *ein* Problem, nein, er ruft an, weil er gleich ein ganzes Dutzend Probleme hat. Was er allerdings humorvoll, ja fast charmant und wahrscheinlich nicht einmal ganz ernst gemeint vorträgt.

»Guten Tag, mein Name ist Hussein, und nein, ich bin nicht der amerikanische Präsident.«

»Schade! Nicht einmal verwandt oder verschwägert?«

»Nnnein!«

»Okay. Mein Name ist Gutenrath, und ich bin auch nicht verwandt mit dem Typ, der die Bibel gedruckt hat.«

»Der hieß ja auch Gutenberg.«

»Kompliment. Ist Hussein Ihr Vor- oder Ihr Nachname?«

»Beides.«

»Wie, beides?«

»Ich heiße Hussein Hussein, aber Sie dürfen Hussein zu mir sagen.«

»Ha, haha ... In diesem Fall dürfen Sie mich Jonas nennen.«

»In Ordnung.«

»Hussein, was kann ich denn für Sie tun?«

»Alsooo ...«

»Oha, es dauert länger.«

»Das will ich meinen, ich hab hier 'ne Liste, so dick wie der Koran.«

»Na, dann mal los, die Sonne geht bald unter.«

»Also erstens: Wenn ich hier morgens zwei Kisten auf die Straße vor meine Laden stelle, damit ich meine Transporter, wenn ich komme, dort parken kann, um zu entladen, und einer die Kisten wegnimmt und sein Auto dann da abstellt, kann ich den dann abschleppen lassen?«

»Nein. Nächste Frage.«

»Was, wie, wieso nicht?«

»Nicht erlaubt. Weiter.«

»Wieso nicht erlaubt?«

»Weil man Parkplätze nicht reservieren kann, der Typ da zu Recht steht und Sie ihn deshalb nicht abschleppen lassen können.«

»Wieso?«

»Hussein, ich hab 'ne Tochter, die mir auch ständig auf alles, was ich ihr erkläre, mit ›Wieso?‹ antwortet. Nach drei bis vier Versuchen antworte ich dann meistens mit ›Wieso wieso‹. Wenn Sie darauf aus sind, kann ich Ihnen jetzt schon sagen, das wird 'n verdammt langweiliges Gespräch.«

»Verstehe. Wenn der aber nun eine meine Kiste kaputtmacht – was dann?«

»Dann hätten wir 'ne Sachbeschädigung. Wiegt aber lange nicht den gefährlichen Eingriff in den Straßenverkehr auf, den Sie vielleicht an den Latz kriegen, wenn einer 'nen Unfall baut, weil er Ihrer Kiste ausweicht, oder sich die Karre beschädigt. Klar? Weiter!«

»Und wenn nun eine Kiste weg wäre, wäre das doch Diebstahl, oder?«

»Hussein?!«

»Na, Sie haben gut reden, Sie müssen ja nicht jeden Morgen fünfzig Kiste hundert Meter weit schleppen!«

»Parken Sie zum Entladen in zweiter Reihe.«

»Ach, dann kommt Polizei, und ich krieg Ticket!«

»Stimmt. Ist mir nur so rausgerutscht. Versuchen Sie eine Parkzone zum Entladen zu beantragen, klappt vielleicht.«

»Wie geht das?«

»Hussein, ich bin der Notruf, ich hab keine Zeit für so was!«

»Haha, Sie wissen's auch nicht, stimmt's?«

»Wir haben extra ein Bürgertelefon für solche Fragen wie Ihre eingerichtet. Den Kollegen können Sie mit so was belöffeln, und richtig, ich hab auch keine Ahnung.«

»Kostet es was, da anzurufen?«

»Jaaa, das ist kostenpflichtig, wiesoo?«

»Egal, egal ... Jetzt wird's spannender: Ist ›Schweinefresser‹ ein Schimpfwort?«

»Ist Kümmeltürke ein Schimpfwort?«

»Jaaaa!«

»Dann ist Schweinefresser auch eins.«

»Wieso?«

»Hussein?!«

»Ach, kompliziertes Deutschland.«

»Tja, Hussein, is' Ihre Wahlheimat. Und meine auch. Müssen wir durch.«

»Aber ihr esst doch Schweine!«

»Stimmt. Aber erstens essen wir, und wir fressen nicht, und zweitens kommt's darauf an, in welcher Absicht du so ein Wort sagst. Wenn du damit jemanden beleidigen willst, und das steht ja wohl außer Frage, ist es halt eine Beleidigung. Is' gar nicht so kompliziert.«

»Haben Sie mich gerade geduzt?«

»Nein, nur allgemein erklärt, warum?«

»Finde, wir sollten du sagen. Wo wir schon Vornamen sagen, oder?«

»Gut. Aber ich hab keine Zeit mehr, Hussein, auch wenn ich mich noch stundenlang mit dir unterhalten könnte. Wenn du jetzt also nichts Wichtiges mehr hast, muss ich hier weitermachen.«

»Doch doch doch doch doch doch doch, wichtigste Frage, Grund für Anruf!«

»Ich höre.«

»Also, neben mir ist deutsche Geschäftsmann. Hat Seife und so was. Riecht gut. An sich auch gute Mann. Nie Ärger und so ...«

»Hussein?!«

»Ja ja ja ja ja, passe auf: Aber heute hat kleine Junge geklaut bei ihn. Nix Schlimmes, nur Zahnpasta. Eine Zahnpasta! Macht er große Drama draus. Wegen eine Zahnpasta!«

»Geklaut ist geklaut.«

»Ja, aber musst du sehen positiv! Junge hat geklaut Zahnpasta. Junge will Zähne putzen! Junge ist gute Junge!«

»Ja, aber Junge hat geklaut ... ah, Quatsch ... Der Junge hat die Zahnpasta gestohlen. Und eigentlich ist es wurscht, ob Zahnpasta oder LKW, geklaut ist geklaut.«

»Wurst, ob Zahnpasta oder LKW ...?«

»Ach, egal. War das alles, Hussein, kann ich jetzt weitermachen?«

»Nein, nein. Passe auf. Ich gehe zu Nachbar und sage: ›Herr Müller‹ – heißt Herr Müller, weißu –, ich sage also: ›Herr Müller, was hat gekostet Zahnpasta? Ich zahle Zahnpasta, Junge sagt Entschuldigung und alles wieder gut. Okay?‹ Aber Nachbar sagt: ›Nein, nix gut!‹ Nachbar sagt: ›Was, wenn er bei dir geklaut hätte? 'nen Apfel oder irgend so was. Würde dir auch nicht gefallen, oder?‹ Ich sag: ›Kein Problem.‹ Er sagt: ›Blödsinn!‹ Ich sag: ›Passe auf, ich gebe dir Apfel und Tüte Maroni für dein Frau und zahle Zahnpasta! Dann alles wieder gut?‹ Er sagt: ›Nein!‹ Ich verstehe nicht. Ich sage: ›Aber warum? Junge wollte nur Zähne putzen, Junge gute Junge!‹ Aber Herr Müller weiter böse. Ich frage dich: Warum?«

»Hussein, war das ein deutscher oder ein türkischer Junge?«

»Weiß nicht. Ist wichtig? Blonde Junge. Vielleicht Pole. Wieso?«

»Ach, nur so. Was genau soll ich jetzt tun? Ist da immer noch Streit bei euch?«

»Nein, nein, nix Streit. Herr Müller hat Junge gehen lassen.

Aber sag mir, deutsche Polizist, warum immer alles so kompliziert?! Warum nicht positiv?!«

»Tja, Hussein, das wüsste ich auch gern. Kann ich dir leider auch nicht erklären. Manchmal sind Regeln halt ganz gut. Aber manchmal wäre ich auch gerne wie du.«

»Du, deutsche Polizist, wie ich? Gut, kommst du morgen früh zu mir und hilfst mir ausladen Kisten!«

»Nein, aber ich stell dich mal durch zu unserem Bürgertelefon. Da erklärt dir mein Kollege bestimmt, was du machen kannst, damit du mich nicht brauchst. Bleib dran, nicht auflegen. Grüß Herrn Müller mal von mir. Mach's gut, Hussein, und bleib, wie du bist!«

»Bis nächste Mal, deutsche Polizist, und darfst du nicht vergessen: Immer positiv!«

# Ratten

**Es ist wieder mal Zeit,** mich zu outen. Ich hab jetzt schon Spaß, wenn ich daran denke, wie die nächsten Zeilen wohl auf meine Schwiegermutter wirken werden. Hihi. Sie wird wahrscheinlich wieder das Gesicht zur Faust ballen und durch leises Knurren ihr Missfallen äußern. Genau wie immer, wenn das Gespräch »rein zufällig« in Richtung meines Vollbartes, abgeschnittener Hemdsärmel oder ähnlicher Reizthemen abdriftet. Sie schaut dann jedes Mal aus der Wäsche, als ob sie auf dem Trottoir einen frischen Hundehaufen entdeckt hätte.

Ich steh auf Ratten! Genau, die kleinen Mistbiester mit den gelben Zähnen, den leuchtend grünen Augen und dem struppig dreckigen Fell, die an allen Krankheiten und Katastrophen, die die Menschheit bisher heimgesucht haben, einzig und alleine schuld sind. Genau die!

Nein, natürlich nicht.

Sie hieß Maxi, war eine meiner wenigen großen Lieben und kam zu mir, als sie fast noch ein Baby war. Zweimal habe ich sie operieren lassen, bevor sie endgültig an genetisch verankertem Krebs gestorben ist. Schade, aber dass der Krebs irgendwann kommt, wusste ich schon, als ich sie damals im Pappkarton nach Hause trug. Klingt alles ein wenig albern, ich weiß, doch so ein Fellbeutel kann einem näherkommen, als man es für möglich hält. Vielleicht lag es auch einfach nur daran, dass ich als beziehungsunfähiger Soldat ständig auf Reisen war und die kleine Dame mit ihrer rosa Nase und den filigranen Menschenhänden, bedingt durch ihre

Handlichkeit, meistens dabei war. Sie gab auf jeden Fall in ihrem kurzen Leben weit mehr an Zuneigung und Zärtlichkeit zurück, als sie empfing. Gebracht hat mich auf diesen Trip ausgerechnet ein Leutnant vom Heer, der bei der Bundeswehr Psychologie studierte. Ein junger, sportlicher Typ, den ich im Rahmen einer zivilen und vom Berufsförderungsdienst der Bundeswehr finanzierten Personenschutzausbildung in Hamburg-St. Georg kennengelernt hatte. Pikanterweise hab ich den Laden neulich in einem Buch über internationales Söldnertum wiedergefunden, aber das ist eine andere Geschichte. Auf jeden Fall war Herr Leutnant in einer Hamburger Kasernenanlage untergebracht, in die er mich eines Tages mit den Worten einlud: »Musst mich unbedingt mal besuchen kommen. Da kann man klasse trainieren, und außerdem hab ich ein Haustier, das dich bestimmt interessiert.« Hab ich gemacht, und er hat mir stolz »Henry« vorgeführt, einen Rattenbock, den ich genaugenommen recht eklig fand. Es waren nicht nur sein freches Gesicht und die unansehnlichen Riesenglocken zwischen seinen kurzen Beinen, sondern vor allem die Tatsache, dass Henry durchschnittlich alle vier Wochen mit Vehemenz versuchte, die Rangfolge zwischen sich und seinem Leutnant zu verändern. Auf so etwas hatte ich ja nun gar keinen »Bock«, und so reizte es mich eigentlich erheblich mehr, Henry zu ärgern, als ihn zu streicheln. Eine Antipathie, die übrigens auf Gegenseitigkeit beruhte, wie ich spätestens nach einem herzhaften Biss in meinen rechten Zeigefinger feststellen musste. Na ja, er war halt 'ne Heeresratte ...

Ganz losgelassen hat mich das Thema dennoch nicht. Unter anderem, weil mich Herr Leutnant und Psychologiestudent, was für 'ne Mischung, dauernd mit Sozialverhalten, Familiensinn, Intelligenz und Mut der kleinen Kackfrösche vollgequatscht hat. Erschwerend kam hinzu, dass der Weg zum Café in unserer Mittagspause uns täglich am Schaufenster eines Zoogeschäftes vorbeiführte. Dort hatte eine Rattenmama gerade werbewirksam Nachwuchs zur Welt gebracht und kümmerte sich liebevoll und stolz um die kleinen Spaddel. Wir großen Jungs, die wir vormittags versuchten, uns gegenseitig die Arme auszukugeln, und nachmittags Gesetzestexte paukten, drückten also mit unseren Nasen mittags Fettflecken an die Scheiben und waren schon damit beschäftigt, Patenschaften zu verteilen. Bis auf Bastian. Das Arschloch stand auf Schlangen. Und später dann mal kurzfristig, quasi als Folge seiner blöden Sprüche, auf ausgekugelte Arme. Na egal, irgendwann ist es dann auf jeden Fall passiert. Ich hab mich verliebt und die letzten paar Tage vor Ablauf der nötigen sechs Wochen, bevor »meine Maxi« zuteilungsreif war, regelmäßig die Mittagspause überzogen. So nahm das Schicksal seinen Lauf. Ich erinnere mich noch genau, dass die Tube Multivitaminpaste, die ich im Rahmen einer umfangreichen Rattenerstausstattung erstand, fast doppelt so teuer war wie das kleine Mädchen selbst. Gott, war das süß, wenn die Lütte ihre winzigen Hände um das Gewinde der Tube legte und mit ihrer rosa Miniaturzunge an dem Ding rumleckte und nuckelte! Zitat Rizzo, Fallschirmjäger mit fünffach gebrochener Nase, den Papieren nach Deutscher, aber im Herzen Perser, nicht Iraner(!): »Voll süß, Alter, wie Baby, ich schwöre!« Fortan machte ich kaum noch einen Schritt ohne mein »Mädchen«, das übrigens sauberer und hygienischer war als jede zweibeinige Geschlechtsgenossin. So oft wie sie putzte sich kein Mensch! Nun, Sie mögen mich belächeln, aber wenn Maxi in meinem Arm, Schoß oder Pullover einschlief, nachdem sie sich ausgiebig gestreckt und gegähnt hatte, fühlte ich mich gut, gleichgültig, wo ich mich befand oder was für Schmerzen ich grad hatte ...

»Det Viehzeuch muss hier raus«, sagt sie, und ich weiß nicht mal genau, ob sie nur die Tiere meint oder gleich auch die Besitzer. Eine

Concierge habe ich in der Leitung. Modell »Classic«. Tiefergelegt, verbreiterte Kotflügel, Mehrfachlackierung sowie steinschlagsicheres Hardtop mittels halber Dose Haarspray. Zumindest stelle ich sie mir so vor. Gemein, ich weiß. Aber solche gutgepflegten Evergreens sind nicht nur Stammkunde im Café Keese, sondern auch auf der 110. Leider nur meist kein angenehmer. Dominant, fordernd, machtbewusst. Nicht dass ich mit diesen Attributen bei Frauen ein Problem hätte. Ganz im Gegenteil. Ich finde das unterhaltsam bis anziehend, aber es muss ein nachvollziehbarer oder wenigstens sympathischer Hintergrund vorliegen. Beispiele: »Unsere Feuerwehrzufahrt is zujepaakt, machense ma watt«, oder: »Junger Mann, hättense nich Lust, mit mir meene Rente durchzubringen, Sie hamja soone schöne Stimme?!« Das wären zwei Anträge, mit denen ich gut klarkäme oder vielleicht sogar meinen Spaß hätte. Obwohl, ein bisschen was geht immer ...

»Was denn für Viehzeug?«, frage ich und bin gespannt auf den nun folgenden Monolog.

»Im zweeten Stock is vor eenen Monat so 'n junget Pärchen einjezochen. Und wat soll ick Sie sagen, da ham die mir doch eben hochjeholt wegen die Heizung, die anjeblich kaputt is, und da ham die doch im Wohnzimmer 'nen riesjen Papajeienkäfig stehen, aber da is keen Papajei drin! Sie glooben nich, wat da drin is, da kommse nie druff ... Ratten sind da drin! Richtje Ratten!«

Ich amüsier mich. Köstlich. Nicht nur über ihre zauberhafte Empörung, sondern auch über ihren krampfhaften und erfolglosen Versuch, möglichst nicht zu berlinern und die Grammatik in den Griff zu kriegen. Weil ich an der Nummer Freude habe, und zwar in jeglicher Beziehung, befeuer ich ihre Stimmung nach guter alter Louis-de-Funès-Manier mit einem:

»Neiiin!«

Sie: »Doch!«

Ich wieder: »Neiiin!«

Sie wieder: »Doch!«, und ich bin gespannt, wie viele Runden wir so noch drehen können. Aber es ist schon vorbei. Sie wird stutzig und fragt:

»Sachen Se ma, wolln Se mir verkackeiern?«

Ich wieder: »Neiiin, äh, nein, selbstverständlich nicht«, korrigiere ich mich kleinlaut. Doch es ist zu spät, die Korvette ist schon auf Gefechtsstation.

»Pass ma uff, Kleener ...«, kommt sie mir bedrohlich, »ick hör mir vielleicht doof an, bin ick aba nich! Und du haust jetzt ma fix die Hacken in 'n Teer, sonst setzt et wat! Hab ick mir klar ausjedrückt?«

»Glasklar«, quittiere ich kleinlaut, doch sie ist offensichtlich noch nicht ganz zufrieden mit ihrer kurzen Autoritätseinlage und schiebt nach:

»Klar wie Kloßbrühe oder wat?! Wat jetze hier passieren tut, det will ick wissen, und zwar zackich!«

Nun gänzlich devot und völlig eingeschüchtert, biete ich ihr an: »Was schwebt Ihnen denn so vor, wenn ich fragen darf?«

»Wat mir vorschwebt, wat mir vorschwebt«, äfft sie mich genervt nach, »'n Kammerjächer, oder wat weeß icke. Det Viehzeuch muss hier raus!«

»Ein Kammerjäger, gute Idee«, greife ich ihren Vorschlag auf und schmücke ihn noch ordentlich aus: »Der kommt dann und hüllt das ganze Haus in Plastikfolie ein wie Christo damals den Reichstag, nebelt innen drin mit giftigen Dämpfen alles ordentlich aus, und in zwei, drei Wochen können Sie dann alle wieder in Ihre Wohnungen einziehen. Hört sich gut an, oder?«

»Wat?«, ist alles, was ihr daraufhin fassungslos entweicht. Und nach einmal schlucken kommt dann noch zaghaft: »Giftje Dämpfe?«

»Jo«, gieß ich weiter Öl ins Feuer, »und als angenehmer Nebeneffekt geht auch jedes noch so kleine Silberfischchen über die Wupper. Da is' die Bude keimfrei!«

Pause. Sie sammelt sich und überlegt. So schätze ich zumindest. Und einem leichten Grummeln glaube ich dann zu entnehmen, dass sie fertig ist und sich bei ihr gerade was zusammenbraut. Und richtig, das Gewitter entlädt sich prompt: »Jetz reicht mir det, du Pappnäse, verarschen kann ick mir selber! Ick wende mir an den Bezirksbürjermeester wegen die Schweinerei hier mit det Viehzeuch! Und wejen deiner Frechheiten ooch!«

Auweia. Jetzt muss ich vorsichtig sein. Denn was immer sie auch anstellt, eins steht fest: Die lässt nicht locker. Deshalb schwenke ich auf Schmusekurs und überlege, mit welcher Art Charme man das rüstige Mädchen wohl erobern kann. Also versuche ich's mit: »Ach, nun seien Sie doch nicht so«, und sie quittiert voller Genugtuung:

»Ach nee, jetz schiebste Muffe, wat?«

»Ja, auch ...«, leite ich meinen Hofknicks ein und versuche sie mir vorzustellen, mit Kittelschürze, leichtem Oberlippenbart, und phantasiere, dass sie bestimmt einen exzellenten Apfelkuchen macht. »Aber in erster Linie bin ich ganz sicher, dass das ganz saubere Farbratten sind, aus der Zoohandlung, die die Leute da haben. Das sind angenehme Haustiere, zahm und possierlich.«

»Possierlich! Unjeziefer is det, mehr nich!«, ist alles, was ich auf meine Charmeoffensive ernte, und ich glaube zu verstehen. Vielleicht ist sie noch ein Kriegskind. Die haben berechtigte, tiefsitzende Probleme mit diesen Tieren. So etwas wird man nicht so einfach los. Auf niedlich zu machen kann ich also wohl vergessen. Es muss folglich eine andere Strategie her, um den Hausfrieden in ihrem »Reich« wiederherzustellen. Und ich hab auch schon eine Idee.

»Schau'n Sie«, setze ich an und blicke auf die Uhr. Denn sie ist die Letzte, die mich heut belöffelt, und ich hab Magenknurren. »Ich weiß aus eigener Erfahrung, dass das ganz diskrete Käfigtiere sind, von denen im Normalfall die Nachbarn gar nichts mitbekommen, genau wie Hamster oder Meerschweinchen. Und von denen auch überhaupt keine Gefahr ausgeht. Das geht auch anders. Glauben Sie mir, ich hab hier ständig mit solchen Fällen zu tun! Stellen Sie sich mal vor, die würden sich 'ne Vogelspinne halten, die Sie im Sommer über den Balkon besuchen kommt, oder 'ne Schlange, die beim Saubermachen durch den Abfluss ausbüxt und bei Ihnen aus dem Klo wieder herauskommt! Das wär doch gar nicht fein, oder?«

Sie schluckt schon wieder. Ich merke, dass der Vortrag bei ihr in der Zentrale schön bildlich angekommen ist und jetzt wohl erst einmal verarbeitet werden muss. War ja auch eklig. Besonders die Nummer mit dem Klo. Und während auch mein Kopfkino mir lustige Bilder einspielt und mir das hübsche Kurzgedicht einfällt: »Wer andern in die Muschi beißt, ist böse meist«, meldet sie sich wieder zu Wort. Für mehr als ein »Nein!« reicht es aber bei ihr noch nicht. Was trotzdem die Antwort auf meine letzte Frage ist. Also klinken wir da wieder ein und nähern uns mit Riesenschritten der Ziellinie. Und meinem Abendbrot.

»Na, sehen Sie. Ist doch alles gar nicht so schlimm, so wie es ist, finden Sie nicht auch?«

»Aus ... eijener Erfahrung? Wie meinen Sie dette?« Die Neugier lässt ihr dann doch keine Ruhe, und an der langsamen Art, wie sie fragt, merke ich, dass sie noch in ihrer Gedankenwelt gefangen ist.

»Na ja, ich hatte auch mal eine«, lass ich die Katze, nein, Ratte aus dem Sack. Worauf ein kurzer Schlagabtausch folgt:

»Sie?«

»Icke!«

»Det gloob ick nich!«

»Det gloob ick für Sie mit!«

»Nee, ne?!«

»Doch. Und die süße Maus war toll! ›Maxi‹, hieß sie und war für mich so etwas wie eine Mischung aus Kapuzineräffchen und Chihuahua«, lasse ich sie dann doch ein Stück weit in mein Herz blicken. Aber es kommt bei ihr nicht viel davon an.

»Kapu… wat?«, ist alles, was ihr dazu einfällt, und ich entschließe mich, den Sack jetzt zuzumachen:

»Ach, egal. Wenn irgendwann bei Ihren Nachbarn die Heizung wieder geht, Sie zu Kaffee und Kuchen eingeladen sind und Ihnen so ein kleines Wesen die Hand mit winzigen Fingern daran reicht, weil es ein Leckerli möchte, werden Sie in den süßen Knopfaugen erkennen, was ich meine. Oder auch nicht.«

»Na jut. Vielleicht hamse ja recht. Ick muss mer jetzt um de Heizung kümmern«, lenkt sie daraufhin ein wenig ein, und ich denke, bei ihr war das schon fast so was wie ein Gefühlsausbruch.

»Genau! Und ich mich um mein Abendbrot«, stelle ich fest und verabschiede mich. »Auf Wiederhören – und Grüße an Ihren Mann.«

»Der is' schon lange tot, du Vochel«, knurrt sie da, und obwohl mir eine Boshaftigkeit auf den Lippen liegt, sage ich: »Na, trotzdem, vielleicht kommt's ja an …«

Ich muss leise lachen und weiß auch ganz genau, warum!

Nachtrag: Kurz ein, zwei Sätze für all die Popeldreher, die sich schon wieder fragen: »Was quatscht der mit der Alten so lange, hat der nichts Besseres zu tun?«

Erstens hatte ich schon lange Feierabend, aber das ist gar nicht der Punkt. Der Punkt ist, dass ich der Firma durch das bisschen

Labern und Zurechtrücken des Hausfriedens vielleicht ein halbes Dutzend Einsätze erspart habe, von STK über UL bis hin zu KV oder gar TP. Was für »**T**ote **P**erson« steht, weil das Herz des alten Mädchens den **St**reitig**k**eiten mit den jungen Nachbarn, dem damit verbundenen **u**nzulässigen **L**ärm sowie der einen oder anderen **K**örper**v**erletzung durch Schubsereien oder Backpfeifen auf Dauer vielleicht nicht gewachsen gewesen wäre. Außerdem ist es immer einen Versuch wert, auch ein noch so verhärtetes und altes Herz ein wenig aufzuweichen. Nein? Na, dann eben nicht.

Ich würd ja sagen: »Popeldreher an die Macht«, aber da seid ihr ja schon ...

# ÖPNV

**Die vier Buchstaben im Titel** stehen für »öffentlicher Personennahverkehr«. Obwohl, in Berlin eigentlich mehr für Chaos. Ich will und darf meine Wahlheimat ja nicht schlechtmachen, aber wer hier im Winter zum Beispiel mit der S-Bahn unterwegs ist, sollte ein echter Zocker sein. Weil man nie genau wissen kann, wann man wo ankommt. Und ob dann auch die Türen aufgehen. Sofern man überhaupt einen Zug erwischt hat, bevor man auf dem Bahnsteig festgefroren ist. Mit den übrigen Massentransportmitteln verhält es sich nicht viel anders. Unabhängig von der Jahres- oder Tageszeit. Aber mal ehrlich: Wie könnte es auch anders sein, in dieser verhuschten und aufgewühlten Stadt? Eigentlich sollte es sogar einen gewissen Charme haben. Hat es aber nicht. Wer mal in Paris oder Rom mit den Öffentlichen unterwegs war, wird wissen, was ich meine. Dort ist auch jedem klar, dass nichts funktioniert. Aber dort wird geflirtet, man unterhält sich, frühstückt, oder vertreibt sich sonst wie die Zeit.

Hier wird man aggressiv. Sicher, Berlin stellt in Bezug auf die Fahrgäste, wenn sie denn aus den angesagten Stadtteilen kommen, schon eine gewisse Ausnahme dar im Vergleich zu anderen deutschen Metropolen. Aber eigentlich geht es denen auch nur darum, ihr Apple-Equipment zu zeigen, oder durch dezente Budapester zu signalisieren, dass sie auch mit dem Land Rover unterwegs sein könnten.

Scheißt schon wieder ganz schön klug, der Bulle, was? Na ja, ich hab da halt so meine Erfahrungen.

Die Berliner Polizei stellt seit Jahr und Tag sogenannte »ÖPNV-Streifen«. Simpel ausgedrückt: Wir fahren mit, weil es allzu oft nicht so friedlich und harmonisch zugeht, wie wir uns alle das wünschen. Will heißen: Uniformierte wie Zivis fahren auf den prekärsten Strecken spazieren. Entweder um abzuschrecken oder um zuzugreifen. Habe ich beides schon gemacht. Und man lese und staune, mach ich zurzeit sogar wieder. Gelegentlich zumindest.

Wir fahren mit unseren vierbeinigen Kollegen im gesamten Stadtgebiet relativ autark und mit diversen zivilen und offiziellen Spezialfahrzeugen Unterstützungs- und Schwerpunktstreife und mischen uns auch zu Fuß unters Volk. Und wenn ich ehrlich bin, habe ich meinen Spaß daran, dass die Drecksäcke, die Omas und Opas durch die Gegend schubsen und Sekretärinnen in den Hintern kneifen, die Hacken zusammenknallen, wenn der Wolf und ich den Waggon betreten. Denn mit mir könnte man vielleicht noch diskutieren, aber für den Wolf gibt es nur Richtig oder Falsch. Ein wirklich erfrischendes Polizeikonzept angesichts unglaublicher Frechheiten, die sich unfassbar viele Menschen erlauben, nur weil sie anderen physisch überlegen sind.

Auf die allermeisten Fahrgäste wirken wir zwei übrigens keineswegs aggressiv oder gar provozierend. Das weiß ich, weil wir beide schon hundertfach und so gut wie immer auf sympathische Weise angesprochen wurden. Wahrscheinlich liegt das aber hauptsächlich an meinem Wolf, der für angenehme Menschen eher so etwas wie ein Teddy ist.

Fakt ist: Die öffentlichen Verkehrsmittel sind ein gefährliches Terrain. Nicht nur, weil Menschen der unterschiedlichsten Gesellschaftsschichten, Religionen und Kulturen hautnah aufeinanderprallen, sondern weil es schlicht von Ecken, Kanten, beweglichen und unterschiedlich hohen Objekten nur so wimmelt. Selbst wenn alle friedlich und stoned durch die Gegend schlurfen würden, gäbe es genug Leute, die die Rolltreppe oder den Ausstieg hinunterstolpern, aus Versehen ins Gleisbett fallen oder nicht rechtzeitig die Rübe aus der zuknallenden Tür ziehen. Und es sind eben ganz und gar nicht alle friedlich. Leider. Wenn die Aggressionen sich aufgestaut haben, weil der Chef wieder mal ein ungerechtes Arschloch war, die Freundin Schluss gemacht hat oder die Gesellschaft dich gar nicht erst mitspielen und teilhaben lässt am großen Wohlstands- und Konsumrummel, aus welchen Gründen auch immer, reicht vielleicht schon ein Funken, um dich explodieren zu lassen.

Warum man deshalb brutal und unbarmherzig auf einen fremden Menschen einschlägt und ihn tritt, kapiere ich aber nicht. Anders ausgedrückt: Es kotzt mich an, wenn zumeist jugendliche Aggressoren ihre wehrlosen Mitmenschen terrorisieren, die es weder verdient haben noch ertragen können, was ihnen widerfährt. Und das nur, weil ihnen niemand Einhalt gebietet oder weil die Bestrafung, selbst bei grausamstem Mord, maximal zehn Jahre Knast bedeutet. Sofern nicht irgendein Rechtsverdreher oder Seelenklempner geschickt die Tatsachen verwischt. Also wird munter belästigt, bedrängt, beleidigt, beklaut und beinhart gegen Rippen und Kopf getreten, auch wenn das Opfer schon lange am Boden liegt und nicht mehr zuckt. Wenn dann wieder mal ein videodokumentiertes Opfer zu beklagen ist, geht ein kurzer Aufschrei der Entrüstung durch die Massen und die Politik, und als einzig nachweisbare Folge setzen sich die Datenschützer durch mit ihren Bemühungen für weniger Videoüberwachung. Voilà. Solange der demokratische Wille der Menschen für Verhältnisse sorgt, in denen so etwas Realität ist, müssen wir uns damit arrangieren.

Aus die Maus. Das Ganze geht mir nicht nur deshalb so leicht von der Hand, weil ich rein dienstlich eine Menge Spaß hatte mit

»ÖPNV«, sondern auch die zweitschlimmste Dresche meines Lebens in einem Hamburger U-Bahn-Waggon kassiert habe, also höchstselbst schon mit dem blutenden Gesicht auf dem Boden lag, in einer Mischung aus Urin und Bierresten. Genaugenommen hätte es aber auch überall passieren können und ich war, wie immer, eigentlich selbst schuld. Ich saß an einem Sonntagmorgen in der Linie U3 mit meinem Seesack zwischen den Beinen hinten rechts auf der langen Bank, als sie einstiegen.

Meine Jungs hatten mich am Berliner Tor, witzigerweise gegenüber vom Polizeipräsidium, rausgeschmissen, weil sie selber müde waren und nach Hause wollten. Der Kleine kann den Rest ruhig mit der U-Bahn fahren, meinten sie, sonst verweichlicht er uns noch. Wir kamen gerade aus Antwerpen, wo wir relativ erfolgreich ein Turnier bestritten hatten und anschließend noch ein befreundetes Kyokushinkai-Dojo besuchten, wo man mir sehr erfolgreich aufs Maul gehauen hatte. Beinharte Kerle sind das, in deren Sprachgebrauch die Worte »Schutzausrüstung« und »Semi-Contact« gar nicht erst vorkommen. So saß ich also müde auf besagter U-Bahn-Bank. Es war morgens um kurz vor sechs, und die Bahn spülte die mehr oder weniger Überlebenden der Hamburger Samstagnacht aus der Innenstadt heraus, als sie an der rotgekachelten Station Burgstraße ausgerechnet in meinen Waggon zustiegen. Zu dritt waren sie, allesamt mit schwarzen, schulterlangen Haaren, grünen Bomberjacken, dünnen Beinen, die im krassen Gegensatz zu ihren breiten Oberkörpern standen und mit den unvermeidlichen Boxerstiefeln an den Füßen. Drei kleine Rocky Balboas.

Na klar, ich war müde, aber so müde konnte ich gar nicht sein, dass ich nicht sofort das Gesicht des Typen erkannte, der mit seinen Kumpels keine zwei Wochen zuvor im Bahnhofsviertel um St. Georg versuchte, meinen Freund Jörg Duschner und mich umzuklatschen, um danach in puncto Armbanduhren und Portemonnaies eine schlichte Eigentumsübertragung vorzunehmen. Und das, obwohl ihnen klar sein musste, wen sie da erleichtern wollten. Dazu muss man wissen, dass in Hamburg-St. Georg die Straßenhoheit, damals wie heute, tja wie soll ich's korrekt ausdrücken …, eher so den jungen Männern mit Migrationshintergrund gehörte. Will heißen, wir haben ordentlich Federn gelassen. Aus jedem dunklen Kellerloch kamen nämlich plötzlich Unterstützer, als sich der Job der drei schwieriger gestaltete als geplant. Was zwar nicht dazu führte, dass das Trio große Beute machte, bis auf einen Ring, den ich an einer Kette um den Hals trug und der mir weggerissen wurde, aber wir mit geschwollenen Glocken, diversen Prellungen und zerrissenen Klamotten vor der Wahl standen: feige Flucht, oder ein paar Wochen Krankenhaus. Wir haben uns für die feige Flucht entschieden.

Just diese sympathischen Straßenarbeiter traten an jenem schicksalhaften Morgen durch die zugigen Schiebetüren der U3 und kamen ahnungslos in meine Richtung. Chef vorneweg. Ohne lange nachzudenken stand ich auf, ging im Mittelgang langsam und unauffällig in ihre Richtung, zischte »Wo ist mein Ring?«, holte Schwung, indem ich mein linkes Bein seitlich versetzt vor mein vorderes Bein stellte, um dann zauberhaft-präzise einen Sidekick auf den Brustkorb des Anführers zu platzieren, dass dieser gute drei Meter durch die Luft flog, um dann krachend in der übernächsten Vierersitzgruppe zu landen, wo er in sich zusammensackte, wie eine Luftmatratze, der man den Stöpsel gezogen hat. Strike.

Wer in dieser Aktion nun Grausamkeit und Hinterlistigkeit findet, darf sie gerne behalten. Aber nur die Hinterlistigkeit. Denn besonders grausam fand ich das gewählte Ziel nun wirklich nicht. Mit der gleichen Präzision und Technik hätte ich ihm auch meine Hacke aufs Jochbein setzen können, was mit ziemlicher Sicherheit zum Bruch desselben geführt hätte und ihn, nach einem halben Dutzend Gesichtsoperationen, rein optisch durchaus in die Nähe seines Idols, Ölauge Sylvester gebracht hätte. Das wäre grausam gewesen. Aber keine Angst, all jene, die meinen, ich hätt 'ne ordentliche Abreibung verdient, kommen gleich voll auf ihre Kosten. Denn wie so oft in jenen Tagen, fehlte dem kleinen Jonas der nötige Weitblick. Denn beseelt und begeistert von dem wunderschönen Flug, den der erste Fiesling da gerade hingelegt hatte, verharrte ich kurz in meiner Position und vergaß für den Bruchteil einer Sekunde, dass die lieben Jungs ja als gut eingespieltes Trio unterwegs waren. Seitlich und viel zu breit stand ich da, als mich der erste Tritt traf. Voll in die Glocken. Zwar hab ich's noch halb kommen sehen und versucht, mit abgewinkeltem Knie zu blocken, hatte damit aber nur den Erfolg, dass das rechte Knie auch ordentlich was abbekam. Also knickte ich sauber über rechts ein und die laufende Nummer Drei der Combo trat mir knackig gegen den Schädel. Wozu auch keine große Kunstfertigkeit mehr notwendig war, schließlich war mein Köpfchen schon fast auf Dackelhöhe. Meine Wahrnehmung trübte sich ein und ich sah Sterne. So kreisrund und symmetrisch angeordnet, dass die Eurovisionshymne dazu gepasst hätte. Dann kam der nächste Einschlag. In die Rippen. Da ich seitlich auf dem Boden lag und irgendetwas in mir die Arme um den Kopf legen ließ, das leichteste Ziel. Es knackte. Und man trat weiter auf mich ein. Ich erinnere mich an den gleichmäßigen Rhythmus der vibrierenden Bahn, die von mir wegzufahren schien, unterlegt vom unregelmäßigen Rhythmus der Tritte. Das Letzte, was ich noch weiß, ist, dass ich keine Luft mehr bekam, weil Mund und Rachenraum mit Blut gefüllt waren. Und seitdem kann ich leider nicht mehr rechnen. Und Wäsche aufhängen oder den Geschirrspüler einräumen geht auch nicht. Quatsch! Eigentlich hab ich's ganz gut überstanden. Unterm Strich muss ich wohl froh sein, dass die drei Lutscher kein festes Schuhwerk trugen, oder einen chirurgischen Eingriff an mir versucht haben, mit ihren Butterflymessern, die sie garantiert dabeihatten. Meine These ist ja, dass sie gestört wurden, sonst wäre mein Geist jetzt wohl auf ewig in der Hamburger U-Bahn-Linie U3 unterwegs. Billstedt war auf jeden Fall die Endstation. Und nach ein paar Wochen Pause war ich mit mehr Eifer und Feuer im Training als jemals zuvor. Und auf der Jagd. Bis die Rechnung beglichen war. Zauberhafte Geschichte, oder? ÖPNV halt. Keiner griff ein, keiner half. Zumindest habe ich davon nichts mitbekommen. Kann ich auch niemandem verdenken. Seit jenen Tagen aber habe ich unvermittelt diesen speziellen Geruch in der Nase, Sie wissen schon, Laternenpfahl ganz unten, oder meinetwegen Torbogen hinten links, plus Billigfusel, und ein leichtes Gefühl aufkommender Gefahr, wenn es ÖPNV-mäßig zur Sache geht. Kurz und gewählt ausgedrückt: Ich bin sensibilisiert, wenn es um Sachverhalte mit ÖPNV-Bezug geht. Manchmal vielleicht zu sensibel, vielleicht ...

»Ich sitze hier in der S-Bahn, und mir schräg gegenüber sitzt so ein Lümmel mit seinen dreckigen Füßen auf der Bank. Was kann ich dagegen tun?«, fragt ein Mann, den ich der Stimme und Ausdrucksweise nach irgendwo in den Sechzigern verordne.

»Das nächste Mal, wenn es zur Wahlurne geht, das Kreuz an der richtigen Stelle machen«, antworte ich lakonisch und wundere mich selbst ein wenig über den Scheiß, den ich da von mir gebe.

»Wie bitte? Wie meinen Sie das?«, kommt denn auch verdutzt und wie erwartet. *Jetzt mal schön Linie halten, wenn du mit dem Quark schon mal angefangen hast*, sage ich mir und führe aus:

»Na ja, wenn die Masse der Berliner für Politiker votiert, die massive Einsparungen, beispielsweise bei der Polizei, ganz toll finden, dann muss die Masse der Berliner auch mit Typen leben, die machen, was sie wollen, weil sie niemand daran hindert, sorry.«

»Ach so, verstehe«, antwortet er entgeistert, und selbst darauf hab ich einen dummen Spruch:

»Ach ja, Sie verstehen das? Na, ich nicht. Aber egal, verzeihen Sie bitte, ich bin gerade nicht in Bestform. Dafür können Sie jedoch nichts. Was kann ich für Sie tun?«

»Ich wüsste gerne, was ich gegen diesen jungen Mann mit seinen dreckigen Schuhen unternehmen kann.«

»Also, die offizielle Version ist: Halten Sie nach privaten Sicherheitskräften oder einem anderen Uniformierten Ausschau, der den Rüpel in seine Schranken weist.«

»Und die inoffizielle?«, will er wissen, und ich schäme mich fast ein wenig, als ich mich sagen höre:

»Strafen Sie ihn mit Nichtachtung. Schlagen Sie Ihre Zeitung auf, wechseln Sie den Waggon, oder beachten Sie ihn schlichtweg nicht, denn das will er ja nur.«

»Das mach ich nicht, das kommt ja einer Kapitulation gleich«, empört er sich da, und ich kann ihn nur zu gut verstehen. Gleichzeitig keimt in mir die Sorge auf, dass der ältere, sicherlich couragierte Herr von altem Schlag die Sache selber in die Hände nimmt. Und richtig, noch ehe ich beschwichtigend eine andere Variante vorschlagen kann, höre ich ihn sagen:

»Nehmen Sie gefälligst Ihre Füße runter, junger Mann, der nächste Fahrgast, der dort sitzt, wird sich seine Kleider verschmutzen!«

Was danach kommt, kenne ich nur zu gut, weil ich es schon öfter miterleben musste. Doch Zorn und Ohnmacht machen mir trotzdem jedes Mal zu schaffen.

»Wat willste, Opa? Gibt gleich wat uff die Fresse!«, höre ich den Angesprochenen sagen, und mir schwant Böses.

»Hallo, hallo, hören Sie mich? Bitte sprechen Sie mit mir!«, rufe ich verzweifelt, um doch noch Einfluss zu nehmen auf das, von dem ich glaube, dass es als Nächstes passiert. Aber der alte Herr ist viel zu aufgeregt. Und ich weiß nichts! Ich habe keine Beschreibung, keine S-Bahn-Linie, keine noch so kleine Information, die weiterhelfen könnte. Ich habe einen schlechten Job gemacht. Mehr noch, ich bin eigentlich verantwortlich für das, was jetzt kommt. Und verdammt zum Zuhören.

»Was erlauben Sie sich!«, sagt mein Anrufer und spürt nicht die Gefahr, in der er schwebt.

Ansatzlos und ohne weitere Vorwarnung höre ich einen dumpfen Knall. Dann ein kurzes Röcheln und eine Hasstirade, wie sie übler nicht sein könnte:

»Wat ick mir erlaube, Wichser? Ick erlaube mir, dir die Scheiße rauszuprüjeln, du alter, verschissener Drecksack, det erlaub ick mir!«

Dann folgen weitere dumpfe Aufprallgeräusche, und meine linke Hand verkrampft sich an der Stuhllehne.

»Hör auf, du Schwein!«, schreie ich in mein Mikrophon und weiß doch, dass das überhaupt nichts bringt. Dann hör ich noch einmal ein lautes Röcheln, und danach ist die Verbindung weg.

*Verzeih mir, alter Mann! Verzeih mir, dass ich keinen besseren Job gemacht habe. Dass ich nicht in diesem Waggon war, dass dir keiner geholfen hat und dass so etwas überhaupt möglich war! Und hoffentlich wirst du wieder gesund!*

# Haftbefehl

**Sie kamen in den frühen** Morgenstunden. Wir kommen immer in den Morgenstunden. Nur diesmal kamen sie, um einen Menschen zu holen, den ich liebte. Ich war sechzehn und im wahrsten Sinne des Wortes gefährlich. Zwei oder drei von ihnen hätte ich sicher mit ins Krankenhaus genommen, aber so weit kam es nicht. Denn obwohl die kleine Wohnung in Hamburg-Kirchsteinbek strategisch günstig im Erdgeschoss lag und mit mindestens drei Fluchtmöglichkeiten ideal war, um der Schmiere ein Schnippchen zu schlagen, stand fest, diesmal gab es kein Gewinnen. Doch unser Motto lautete zu dieser Zeit: »Gewinnen oder disqualifiziert werden«, und so hätte ich nur zu gern einige der feigen Schergen zur Ader gelassen, bevor sie mir den einzigen Menschen wegnahmen, den ich noch hatte. Doch ein kurzer Blickkontakt und ein ruhiges Kopfschütteln stellten die Weichen für mein weiteres Leben.

Als die Tür aufflog, waren meine Hände schon hinterm Kopf. Mit zusammengekniffenen Augen und aufgestellten Nackenhaaren ließ ich über mich ergehen, was unvermeidlich war. Und doch empfand ich ein Stück weit Genugtuung. Denn nur Tage zuvor hatte ich zum wiederholten Male Sex mit der Tochter eines Polizeioffiziers gehabt, der in Hamburg-Billstedt seinen Dienst versah und seine Finger in dieser Aktion im Morgengrauen hatte. Und ich wusste, er hasste mich dafür. Noch mehr als ich ihn.

Sie war älter als ich, und wahrscheinlich wollte sie ihren Vater damit treffen, dass sie sich mit so etwas wie mir einließ, und doch hatte sie keine Ahnung davon, wie sehr sie ihn wirklich traf. Einige Zeit später hatte er auf der Straße noch einmal versucht, mich zu demütigen, indem er mir erzählte, dass meine Zukunftsaussichten rabenschwarz seien. Wenn ich ehrlich bin, habe ich meinen Spaß daran, mir vorzustellen, dass er in seinem Reihenhaus in Hamburg-Bergedorf sitzt und diese Zeilen liest. Du hast dich schlecht benommen, alter Mann, sowohl als Mensch wie auch als Polizist, und trotzdem will ich dir ein Fragezeichen nehmen: Liebe Grüße an Silke, und nein, von ihrer Schwester habe ich die Finger gelassen.

Wir fuhren also ein, die Zielperson und ich. Nach wenigen Stunden war ich zumindest wieder auf freiem Fuß und damit beschäftigt, die Scherben meines Lebens aufzulesen. Für gut drei Jahre machte ich daraufhin einmal im Monat einen Besuch im Lübecker Lauerhof, um ein kleines Paket abzugeben und ein wenig Mut zuzusprechen. Nicht selten bin ich mit dem Fahrrad von Hamburg dorthin gefahren, weil mir die Kohle fehlte für eine komfortablere Anreise. Aber wie heißt es so schön? Was dich nicht kaputtmacht, macht dich härter, und so fade der Beigeschmack dieser oft bemühten Plattitüde auch sein mag: Es ist eine verfluchte Wahrheit!

Was ich aber niemals wirklich vergessen und verzeihen konnte, war die Art und Weise der Polizisten, die an jenem Morgen diesen Haftbefehl vollstreckt haben, und ich schwor mir, dass ich so niemals sein wollte.

Jetzt bin ich selber einer der feigen Schergen. Ist der große Drehbuchautor nicht ein lustiger Mann? Dutzende Male habe ich seitdem Haftbefehle vollstreckt und dabei stets an dieses eine spezielle Gefühl in der Magengrube gedacht, das die Ehefrau, die Tochter, oder wer auch immer sich in der Wohnung befindet, haben muss, wenn wir in den Privatbereich eindringen, um jemanden »zu holen«. Nun, ich habe gerade noch rechtzeitig begriffen, dass wir alle für unsere Fehler zahlen müssen. Aber dies von einem Angehörigen oder gar dem Kind einer Zielperson zu verlangen ist schlichtweg nicht fair. So kommt es, dass eine einzige Geste oder ein Wort eine Situation zum Kippen bringen kann, die kein Drama hätte werden müssen, wenn man nur etwas mehr Fingerspitzengefühl gezeigt oder Würde zugelassen hätte.

»Was seid ihr bloß für Menschen!«, schreit sie weinend, und mir schwant nichts Gutes.

»Ihr Schweine, ihr verfluchten Schwei-hei-ne, das könnt ihr doch nicht mahahachen ...«, brüllt sie noch hinterher.

Na klasse. Die Party ist in vollem Gange, und wir sind offensichtlich auch schon da. Eigentlich könnte ich es mir leichtmachen und einfach auflegen. Die Versuchung ist groß. Schließlich ist mein Job ja eigentlich zu Ende, wenn wir bereits vor Ort sind. Uneigentlich bin ich aber wieder mal der Arsch, wenn ich von der Sache morgen was in der Zeitung lese. Vor Gericht, vor der Firma und schlimmer noch: vor mir selbst! Also blubber ich unmotiviert Luft durch die Lippen wie durch ein Flatterventil und frage:

»Was ist denn los?«

Die Antwort erübrigt sich, denn im Hintergrund läuft ein Hörspiel ab, wie es deutlicher kaum sein könnte, und lässt mich mit Hilfe meines Kopfkinos direkt in die Szene blicken:

»Hören Sie, machen Sie doch keine Schwierigkeiten, das hat doch alles keinen Zweck, seien Sie doch vernünftig!«, höre ich beispielsweise eine hohe Männerstimme quäken, die sich fast überschlägt. Dann ertönt eine Kinderstimme nach einem schrillen Schrei:

»Was wollt ihr denn von Papa, geht weg!«

Yeah, pimp my Feierabend, denk ich und schau auf die Uhr. Dann hol ich meinen Knetgummiball wieder aus dem Rucksack, fahr den Drehstuhl erneut hoch und frage:

»Können Sie mir mal einen der Polizisten ans Telefon geben?«

Statt einer Antwort höre ich direkt den jungen Kollegen von eben, der offensichtlich ziemlich unter Stress steht:
»Kinsche, Streifendienst VB, wer ist da, verdammt?!«
»Leitzentrale, Gutenrath, hallo. Was macht ihr, Haftbefehl?«
»Ja, versuchen wir, aber is' vielleicht ganz gut, dass du dran bist, wir brauchen hier wahrscheinlich Unterstützung.«
»Ganz schöner Ochse, oder wie?«
»Aber so was von! Ein Riesending. Wenn der vor dir steht, verdunkelt sich die Sonne.«
»Wie viele seid ihr?«
»Drei, aber das reicht nich'. Wenn der durchgeht, raucht der uns hier auf. Und im Badezimmer hat er auch noch 'n Amstaff.«
»Verstehe. Was hat er auf der Uhr?«
»Gef. KV und die drei Buchstaben, der Typ ist kein Chorknabe.«
Gefährliche Körperverletzung bedeutet, er hat bereits einen anderen Menschen mit einer Waffe oder einem Gegenstand angegriffen und verletzt. Die drei Buchstaben stehen für BTM, also Verstoß gegen das Betäubungsmittelgesetz. Der Herr konsumiert oder vertickt also mutmaßlich Drogen. Und der »Amstaff« im Badezimmer dürfte ein Amerikanischer Stafford Bullterrier sein, der als eigenständige Rasse bisher nicht anerkannt wird, weil seine Zuchtkriterien sich auf groß, schmerzunempfindlich und unwiderstehlich beschränken. Bingo! Langeweile ist heute Morgen kein Thema mehr.
»Und was war das gerade für 'ne Kinderstimme?«
»Ein fünfjähriges Mädchen und seine Frau sind noch in der Wohnung, hängen beide an ihm wie die Kletten. Sie is' 'ne Jugoslawin oder so und schielt schon zu den Küchenmessern. Wenn er uns nicht glattmacht, dann seine Alte bestimmt!«
»Hihi, geht doch nichts über Berufszufriedenheit und 'nen sicheren Job, oder?«

»Das kannst du laut sagen, Alter. So, und jetzt schick mal die Kavallerie, ich glaub, ohne geht hier nix.«

Die »Kavallerie« bedeutet, dass ich von Gruppenstreife über Hundespezialisten bis zu SEK-Einsatz die ganze Palette der polizeilichen Betriebsamkeiten in Betracht ziehen kann oder besser muss, sofern mein Kollege vor Ort keine dezidierten eigenen Wünsche äußert. Was so viel heißt wie Krach, Bumm, Peng, Zisch und Jaul sowie ein weiteres, nicht unbeträchtliches Sümmchen verballertes Steuergeld. Von den physischen und psychischen Folgen für alle Beteiligten mal ganz abgesehen. Schau'n wir mal.

Für den leicht verwunderten Leser hier ein paar kurze Erläuterungen: Meine drei Kollegen vor Ort sind weder Angsthasen noch schlecht ausgebildet oder ausgerüstet. Jeder von ihnen hat langjährige Erfahrung als Polizist. Jeder von ihnen trägt eine Sicherheitsweste, eine Schusswaffe und genug Reizgas am Mann, um die ganze Wohnung für immer von jedem Silberfischchen zu befreien. Aber jeder von ihnen ist dienstlich und ganz privat auch bemüht, die Risiken für alle Beteiligten möglichst gering zu halten. Und allein Hund sowie kleines Kind bergen so viele Faktoren, die nicht kalkulierbar sind, dass man in einer solchen Situation eben nicht wie in jedem lächerlichen deutschen Fernsehkrimi lässig die Pistole ziehen und den Delinquenten damit durch die Gegend zitieren kann.

»Fünfjähriges Mädchen durch Streifschuss bei Polizeieinsatz schwer verletzt« oder »Polizeibeamter nach Messerattacke an Halsschlagader tödlich getroffen« könnten Schlagzeilen sein, die man am nächsten Tag in der Boulevardpresse findet. Genau wie: »Kampfhund ließ sich durch acht Pistolenkugeln nicht stoppen und verbiss sich in Oberschenkel von Hausfrau«. Deshalb favorisieren wir streng geheime Polizeitaktiken wie »Fleischdecke« zum Beispiel. Heißt im Klartext, dass wir uns mit unseren dicken, untrainierten Körpern auf den Zappelphilipp legen, in der Hoffnung, dass wir genug sind, um ihn damit bewegungsunfähig zu machen, und er nicht wie in einem Dick-und-Doof-Film unten wieder rauskriecht. Genial, was? Birgt auch Risiken. Aber nur für uns.

So, nach diesem kleinen Exkurs gehen wir mal wieder zurück in die Wohnung, in der Geräuschpegel und Adrenalinpegel sich gegenseitig in die Höhe zu schrauben drohen.

»Warte mal, was meinst du, redet der mit mir?«, frage ich meinen wohl leicht transpirierenden Kollegen, der mir mit seiner Antwort beweist, dass er sehr wohl ein routinierter und guter Polizist ist und auch noch über eine wunderbar ungesunde Portion schwarzen Humor verfügt.

»Weiß nich'. Is' auf jeden Fall 'nen Versuch wert, denke ich. Wieso, bist du Kevin Spacey, oder was?«

»Genau, ich bin der Verhandler mit dem schmierigen Grinsen, weil er selber nicht vor Ort ist. Wie alt ist der Typ, und versteht der mich, oder muss ich versuchen, Englisch zu quatschen?«

»Nee, nee, wird wohl klappen. Irgendwie halb Deutscher. Hier auf jeden Fall aufgewachsen. Sechsunddreißig Jahre alt.«

»Okay. Dann versuch ihm mal das Telefon zu geben. Und haltet euch ein bisschen zurück, wenn's geht. Nur so 'n bisschen Abstand, dass er sich nich' bedrängt fühlt. Okay?«

»Okay.«

Im nächsten Moment höre ich ... nichts. Nach einem zaghaften »Hallo« von mir brummt es dann plötzlich: »Hm!«

»Ganz schöner Stress bei Ihnen, oder?«

»Hm.«

»Schau'n Sie, ich bin vom Notruf der Polizei. Ihre Frau hat mich angerufen, damit ich Ihnen helfe, und ich denke, ich krieg das hin. Können Sie mich verstehen?«

»Hm.«

»Okay, gut. Also, ich weiß, worum es geht. Sie haben 'ne Rechnung offen. So weit keine große Sache, denke ich. In Deutschland schon gar nicht. Ein paar gute Bücher, zwei, drei Fernkurse, Sport, genügend Schlaf, und Sie sind ratzfatz wieder für Ihre Familie da. Und zwar in Topform. So bei 150 Kilo Bankdrücken, schätze ich.«

»Hm.«

»Bis jetzt zumindest.«

»Hm.«

»Können Sie mal was anderes sagen als ›Hm‹?«

»Was willst du denn hören, du Pappnase?«

»Hehehe. Schon besser! Da du mich duzt, duz ich ma' zurück: Ich will hören, dass du dein Gehirn nich' ausgeschaltet hast. Bis jetzt hast du nichts auf der Uhr, was dich für immer im Knast verrotten lässt …«

»Woher willst du das denn wissen, du Pflaumenschmeißer?«

»Ganz einfach: Ich bin schlauer, als ich mich anhör. Also noch mal: Bis jetzt hast du nichts auf der Uhr, was sich dramatisch anhört. Will heißen, du bist wieder bei deiner Tochter, bevor du 'n Vollbart hast. Is' doch deine Tochter, oder?«

»Jo.«

»Na siehste, hört sich doch gut an für die Kleine, oder?«

»Ich hätt gut Lust, deine drei Hansels hier durch'n Fleischwolf zu drehen!«

»Und das schaffst du wahrscheinlich auch. Trau ich dir zu. Aber denk mal nach, halt mal die Rübe kühl. Was hab ich eben gesagt? Gehirn nich' ausschalten, und dass ich schlauer bin, als ich mich anhör. Während wir hier quatschen, gehen unten vorm Haus schon die Jungs mit den schwarzen Kapuzen in Stellung. Is 'n bisschen wie bei Mao Tse-tung: Wenn du die erste Million meiner Leute plattmachst, schick ich dir die nächste Million.«

»Linke Fotze!«

»Hahaha, nee, nee, nee, bin ich nich'. Echt nich'. Denn das is' doch gar nich' der Punkt ...«

»Was is' denn der Punkt?«

»Der Punkt ist, ob du das wirklich deiner Familie und deiner kleinen Tochter geben willst. Und deinem Schnuffi. Denn ich weiß zufällig genau, dass die Sekis neuerdings gern mal vorbeugend auf Hunde schießen, was ich übrigens selber ganz schön kacke finde.«

»Wie meinst du das?«

»Damit meine ich, dass ich selber drei Gören habe, und ich finde, dass wir deiner Tochter so einen Scheiß ersparen sollten. Pass auf, Butter bei die Fische: Ich garantier dir 'nen 5-Sterne-Abgang. Du kriegst alle Zeit der Welt, um deine Lieblingszahnbürste rauszusuchen, deinen Pyjama auf Kante zu falten und dein Hebammenköfferchen zu packen. Außerdem wird's 'ne Knuddelrunde geben für deine Kleine und deine Frau. Niemand wird dich dabei stören, versprochen. Meinetwegen kannst du dir auch noch mal übers Gesicht schlabbern lassen von deinem Kumpel im Bad. Aber nur, wenn du mir dein Wort gibst, dass wir voreinander keine Angst zu haben brauchen. Und dann gehen wir ganz diskret und zivil aus dem Haus, deine Nachbarn werden denken, wir sind Kumpels. Okay?«

»Kumpels! Du Arschloch.«

»Ach, stell dich nich' so an! Wir zwei sind gar nich' so verschieden. Wenn wir in der Schule besser aufgepasst hätten, würden wir beide 'nen anderen Job machen.«

»Hehe, Komiker.«

»Also was jetzt, könn wa ...?«

»Ttt, hast du schon mal im Knast gesessen?«

»Hach ... ja, Mann ... hab ich.«

»Märchenonkel!«

»Meine Herren ... okay, gut ... unser Gespräch wird aufgezeichnet, aber drauf geschissen, is' eh alles verjährt: Geschlossenes Kinderheim, Jugendknast und ein wenig Militärarrest hab ich auch genossen. Zufrieden?«

»Hehe, und? Gefickt worden?«

»Das, mein Häschen, liegt ja wohl immer auch 'n büschen an dir selbst. Und wie du dich anhörst, wirst du schon als Jungfrau wieder rauskommen. Hast du bis jetzt ja wohl auch geschafft. So, aber hier steht jetzt 'ne Entscheidung an. Was mach ma jetzt: Dritter Weltkrieg oder Kinderlandverschickung? Sach an!«

»Kinderlandverschickung.«

»Na, das is' doch 'n Wort! Spar'n wa uns den Krieg auf für den Moment, wo's sich wirklich lohnt. Heute ist weder der Tag noch die Szene. Was ich jetzt brauch, is' dein Wort, dass wir 'nen Deal haben und ich mich auf dich verlassen kann.«

»Mein Wort drauf, dass ich hier und heute die Füße still halte. Hier und heute!«

»In Ordnung. Das reicht. Gut. Bevor du mir einen unserer Jungs wieder ans Telefon gibst, verrätst du mir bitte noch, wie deine Tochter heißt.«

»Miranda.«

»Schöner Name! Und dein Hund?«

»Hehe ... Lennox!«

»Cool.«

»Garantierst du mir, dass deine Leute Lenny unversehrt lassen?«

»Hört er auf deine Frau?«

»Eins a!«

»Gut, dann sag ihr, sie hat die Verantwortung. Schön weghalten von meinen Leuten, und dann wird er auch noch mit dem Schwanz wedeln, wenn du nach Hause kommst. Okay?«

»Okay.«

»Gut, dann geht's los. Gibst du mir meinen Helden wieder an die Strippe?«

»Eins noch ...«

»Wat?«

»Irgendwann sehn wir uns, Alter!«

»Is' das 'n Versprechen oder 'ne Drohung?«

»Das kannst du halten wie 'n Dachdecker.«

»Na gut, aber du wirst enttäuscht sein. Ich bin nur eins sechzig groß und schlapp wie 'n gebrauchtes Präser.«

»Glaub ich nicht, Märchenonkel.«

»Egal. Los, komm, wir müssen. Aber weißt du, was ich klasse finde?«

»Na?«

»Dass Miranda den Tag heute wieder vergessen wird. Was immer du verbockt hast, ein schlechter Vater bist du nicht! Mach's gut.«

»Wir sehn uns, Märchenonkel.«


»Kinsche. Na, was is', hast du 'n Lämmchen aus ihm gemacht?«

»Glaub ich nich'. Aber ich denke, er wird mitspielen, zumindest solange er in der Wohnung ist. Draußen garantiere ich für nix. Ich hab ihm vorgesponnen, dass unten schon SEK is'. Es wär also gut, wenn ihr die Karre dicht an den Ausgang fahrt, damit er sich nich' so lange umgucken kann. Ansonsten habe ich ihm 'ne zartfühlende und diskrete Abschiedsnummer versprochen, und ich denke, wir sind gut beraten, wenn wir mein Wort halten. Dann wird er seines auch halten, glaube ich. Sein Schnuffi im Bad heißt übrigens Lennox, aber sie nennen ihn Lenny. So wie ich ihn einschätze, nich' ohne das Tierchen, hört aber angeblich gut auf seine Madame. Ich hab ihm versprochen, dass er sich auch von ihm verabschieden kann. Müsst ihr mal sehen, wie ihr's macht. Vielleicht im Rahmen vom letzten Pullern im verschlossenen Badezimmer. Wenn nich', dann an der Leine von Mama und mit schönem Sicherheitsabstand. Ich glaub nich', dass er 'n Typ is', der seinen Hund vorschickt, aber möglich is' alles. So, das war's. Mehr kann ich nicht für euch tun. Soll ich trotzdem vorsorglich 'ne Gruppe und 'nen RTW in eure Richtung schicken?«

»Nee, lass ma, wird schon hinhauen, is' ja schließlich kein Topterrorist oder Massenmörder. Na, da sag ich mal fein danke, Stubenfliege, schönes Arbeiten. Und wenn dich die Feigheit jemals wieder auf die Straße lassen sollte, bist du herzlich eingeladen, bei unseren nächsten Gigs live dabei zu sein!«

»Ja, ja, du mich auch. Seine Tochter heißt übrigens Miranda. Wenn's irgendwie kippt, mach was über sie. Rhetorisch mein ich, und immer schön mit Fingerspitzengefühl, okay?«

»Okay.«

»Ass klaa. Seid schön vorsichtig und 'nen schönen Feierabend nachher.«

»Dir auch, Alter. Vielen Dank.«

Kein Krach, Bumm, Peng, Zisch oder Jaul. Nur ein Schmatz und ein Winsel!
Feierabend!

# Das Loch in der Brust

**Sascha hat eine Taube gefunden.** Es geht ihr nicht gut. Sascha geht es auch nicht gut. Er ist vierzehn Jahre alt, damit knapp strafmündig, lebt im Berliner Stadtteil Neukölln und hat sich ganz im Sinne des dortigen Bezirksbürgermeisters integriert. Denn er gehört einer Minderheit an. Zumindest in seiner Schule und seiner Klasse. Der Minderheit der Deutschen. Pardon, der Minderheit der Deutschen ohne Migrationshintergrund. »Voll krass« und »Ich schwöre« baut er in jeden zweiten Satz ein. Nun sollte man meinen, er wäre roh, brutal und gefühllos. Ist er aber nicht. Oder doch, vielleicht manchmal, gegenüber Menschen. Wenn sie ihn zu oft Schweinefresser oder Opfer genannt haben. Eigentlich aber nur, wenn er es nach Schulschluss nicht schnell genug geschafft hat zu verschwinden und mit dem Rücken zur Wand steht. Heute aber ist alles anders. Heute hat er die Bullen angerufen. Nicht für sich, weil ihm ein Butterflymesser vor der Nase surrt oder er sein eisern zusammengespartes Handy rausrücken soll. Nein, für jemand anderen. Heute hat ihn das Schicksal in Form einer Taube besucht. Eine kleine, bezeichnenderweise schneeweiße Taube mit einem grünen Ring um den Knöchel und einer wichtigen Lektion im Gepäck. Denn heute wird Sascha erwachsen. Heute wird Sascha töten. Und es wird so gar nichts zu tun haben mit dem Big Thrill, den er aus Filmen kennt und von Computerspielen. Nicht einmal mit Selbstverteidigung. Sondern mit Verantwortung, Vertrauen und Liebe.

»Boah, voll krass, ey! Alter, sieht das eklig aus!«, ist erst einmal alles, was er zu sagen hat, nachdem er sich gemeldet hat. Dann erzählt er mir, dass er auf dem Weg zu seinem besten Freund Ali immer durch einen Park gehen muss. Eines dieser Berliner Hundeklos, das zu durchqueren gleich in zweierlei Hinsicht gefährlich ist. Erstens, weil einem anschließend mit großer Wahrscheinlichkeit Kacke am Schuh klebt, und zweitens, weil man mindestens einmal angequatscht wird, ob man Drogen kaufen will, und darauf tunlichst die richtige Antwort parat haben sollte. Diesmal jedoch nichts dergleichen. Ein weißer Fleck an einem Gebüsch sei ihm aufgefallen. Und weil nichts in diesem Park und in Saschas Leben ein so blütenreines Weiß zu haben scheint, ist dieser Fremdkörper seinem geübten Blick natürlich nicht entgangen.

Da sie in diesem Alter und in dieser Gegend mit »Boah, voll krass, ey« einfach alles meinen können, von klaffender Messerwunde bis Popel im Gesicht, frage ich meinen jungen Berliner erst einmal: »Was ist passiert?«

Vordergründig abgeklärt und den coolen Macker mimend, lässt er mich daraufhin wissen: »Was passiert ist? Hier hat jemand 'nen echt beschissenen Tag erwischt, schätze ich, das is' passiert!«

Dieser Vortrag beflügelt verständlicherweise meine Phantasie und Befürchtungen eher, als dass er sie eindämmt. In halber Alarmbereitschaft und alles andere als entspannt, lasse ich den Klassiker vom Stapel: »Sascha, was ist wo wem passiert?«

Ob er sich nun über mich lustig machen will, meine Frage nicht verstanden hat oder einfach nur laut denkt, er sagt auf jeden Fall etwas, was meine Ohren richtig spitz werden lässt und mich in volle Alarmbereitschaft versetzt: »Boah, Typ, sieht voll scheiße aus, der wird hier wohl verrecken!«

»Hallo, Erde an Sascha! Wer wird wo verrecken?!«, platzt es da aus mir heraus, und zwar in einem Ton, der meinen jungen Helden offensichtlich wachrüttelt.

»Mann, ja ey ... Ich hab hier so 'n Flattermann gefunden, weiß wie 'ne Schneeflocke, mit 'nem Loch in der Brust. War wohl schon 'ne Katze dran oder so. Sieht echt eklig aus, Alter! Ich seh das Herz schlagen, bäh, krass, ey!«

Klingt zwar nicht gut, was er erzählt, ich atme aber trotzdem erst mal tief durch und höre auf, hektisch mit meinem rechten Zeigefinger Spiralen in mein Kopfhörerkabel zu drehen. Für einen Moment lasse ich auf mich wirken, was er gesagt hat. Mit einer Schneeflocke vergleicht er das Tier. Sascha ist anders, als er wirken möchte oder die Umstände vermuten lassen. Denke ich zumindest. Schon den bloßen Umstand, dass er nicht einfach vorbeigegangen ist an diesem verlöschenden Leben, finde ich bemerkenswert, und irgendwie freue ich mich darüber, auf eigenartige Weise. Für die Schneeflocke, für Sascha und auch für mich.

»Ihr müsst mal herkommen und hier mal was machen«, fordert er von mir, und ich sage nur:

»Warum?«

»Wie, warum? Schick ma, mach ma, ey, der geht's echt dreckig!«

»Aber du bist doch schon da.«

»Klar bin ich da, na und? Was soll ich denn hier machen?«

»Na, dich kümmern.«

»Wie, kümmern, spinnst du, Alter?«

»Pass auf, Sascha, was siehst du? Was liegt da vor dir?«

»Weiß nich', keine Ahnung, Mann, 'ne Taube oder so. Mit so 'nem komischen grünen Ring. Un'n Loch vorne drin. Sieht voll kacke aus. Kommt ihr jetzt oder nich'?!«

»Also eine verletzte oder halbtote Brieftaube, der wahrscheinlich kein Tierarzt mehr helfen kann, richtig, Sascha?«

»Nee, kannste vergessen, die is' hin.«

»Okay, verstehe. So, Sascha, alles, was wir für das Tier tun könnten, wenn wir dort hinkommen würden, kannst du auch tun.

Nur dass wir noch eine ganze Weile brauchen würden, bis wir da sind. So lange leidet die Schneeflocke. Und nach dem, was du mir erzählt hast, hat sie garantiert wahnsinnige Schmerzen!«

»Was soll das denn heißen, Alter?«

»Das heißt, dass du sie jetzt erlösen musst!«

»Was? Nee, nix da, kannste voll vergessen, Alter!«

»Warum?«

»Weil ich so was nich' mache, Alter! Kannste voll vergessen, ey, krasse Scheiße, ey! Mann, fuck ey, warum hab ich bloß angerufen?!«

»Weil du 'n cooler Typ bist und ich dich übrigens ganz schön klasse finde. Und weil du 'n cooler Typ bist, machst du den Job jetzt auch zu Ende!«

»Na toll, ey, 'n Bulle, der mich klasse findet. Da freu ich mich aber. Das kannste auch keinem erzählen ...«

»Hey, ob du's glaubst oder nich', Sascha, ich bin auch nich' viel anders als du. Nur viel, viel älter. Aber jetzt genug gelabert, wir müssen was machen!«

»Ach, und was? Wie soll das denn gehen?«

»Ich nehm zwar an, dass du 'n Messer bei dir hast, aber wir machen das anders. Du suchst dir jetzt 'n großen Stein. Je größer, desto besser! Und darunter werden wir Schneeflocke jetzt begraben.«

»Oh Mann, ey. Muss das sein? Könnt ihr nicht herkommen? Bitte!«

»Schau sie dir an, Sascha. Wenn sie schreien könnte, würde sie laut schreien! Vor Schmerzen und um Hilfe! Wollen wir sie wirklich unnötig lange warten lassen?«

»Okay, okay, is' ja gut, ich such ja schon.«

»Prima. Danke, Sascha.«

»Ach, Scheiße danke, ich find hier nichts!«

»Schau dich genau um. So was wie 'ne steinerne Gehwegplatte wär gut.«

»Was? Ah ja. Warte … Vorne am Parkeingang hamse den Gehweg aufgerissen, da steht so 'n Stapel. Warte, ich hol eine.«

»Gut.«

»Aber was is', wenn mich da einer anquatscht? Ich krieg doch garantiert Ärger, wenn ich da so 'n Ding wegschlepp!«

»Dich quatscht keiner an. Und wenn doch, mach dir keine Sorgen. Ich bin Polizist und sage dir, dass du das machen sollst. Also bist du im Moment auch so etwas wie ein Polizist, weil du mir hilfst. Es ist alles in Ordnung!«

»Echt, ey, ich bin jetzt 'n Bulle!«

»Jo. Was ist los, hast du das Ding?«

»Ja doch, fuck, is' das schwer! Mann, ey!«

»Was ist los, bist du da?«

»Hetz mich nich', Alter! Das Ding is' schwer! Kacke!«

»Stell dich nich' an wie 'n Mädchen, du schaffst das! Hoch damit! Biste da?«

»Ja doch, ja, fffuuuu, ja, Mann, ich bin da.«

»Okay, dann los.«

»Wie, los?!«

»Jetzt hebst du die Platte hoch, zielst richtig und lässt das Ding kräftig auf Schneeflocke fallen. Los, und schmeiß bloß nich' daneben!«

»Du spinnst doch, Alter. Ey, ich bring das nich'. Echt nich'. Bitte! Kannst du nich' herkommen? Bitte, Alter!«

»Kann ich nicht. Außerdem bin ich schon bei dir. Los, komm, Sascha, du schaffst das. Wir machen das jetzt zusammen, stell das Handy auf laut. Haste?«

»Jaaa!«

»Okay. Los, auf drei: EINS, ZWEI, DREI …«

Es kracht.

»Sascha? Alles okay, Sascha? Sascha?«

»Ja, Mann, Scheiße, Mann, krass, ey ... Scheiße, ich glaub, ich muss heulen ...«

»Das ist völlig okay, überhaupt kein Ding. Du bist klasse!«

»Bin ich nich'! Ich bin 'n Weichei, verdammt, Scheiße ...«

»Du bist kein Weichei! Du bist ein ganz starker Kerl. Du hast gerade jemandem geholfen, der sich selbst nicht mehr helfen konnte und ganz dringend Hilfe brauchte. Die wenigsten Erwachsenen hätten das hingekriegt. So etwas, mein Freund, macht aus einem Jungen einen Mann.«

»Ach, Scheiße, 'ne beschissene Taube, ey ...«

»'ne beschissene Taube, sagst du? So wie es aussieht, war sie in ihrer Welt wahrscheinlich so etwas wie ein edles Rennpferd. Ein Hochleistungssportler. Wahrscheinlich war sie nur erschöpft, musste zwischenlanden, und da hat sie eine Katze erwischt. Und selbst wenn nicht, Tauben sind klasse!«

»Wieso?«

»Weil sie immer ihren Weg finden, genau wie du deinen Weg finden wirst, mein Freund.«

»Ach, Scheiße, ich bin ein Weichei.«

»Bist du nicht! Sagt dir der Name Mike Tyson irgendetwas?«

»Nee.«

»Okay. Er ist einer der besten und gefährlichsten Kämpfer der Welt. Er ist Schwergewichtsboxer und hat sie alle umgehauen, obwohl er kleiner ist als alle anderen. Was glaubst du, was sein Lieblingstier ist?«

»Taube?«

»Genau! Tauben! Er hat sie als kleiner Junge schon gezüchtet und fliegen lassen, und das tut er immer noch. Und er ist garantiert kein Weichei, glaube mir! Und du, Sascha, bist auch kein Weichei, so viel steht mal fest! Alles klar?«

»Alles klar!«

»Okay, ich muss jetzt hier weitermachen. Es war mir eine Ehre, mit dir zusammengearbeitet zu haben!«
»Echt?«
»Echt! Mach's gut, Dicker, und pass auf dich auf.«
»Du auch, ey, tschö!«

# Eilfahrt

**Die verwegendsten Motorradfahrer, die ich** kenne, tragen keine Kutte. Zumindest keine mit lustigen Aufnähern drauf. Obwohl, halt. Ein Patch wird von ihnen auch immer spazieren gefahren. Manchmal ist es ein Pferd, das auf diesem Aufnäher zu sehen ist, manchmal auch die Front einer Burg, aber die schärfsten Cityjockeys, die ich bisher auf jeden Fall erlebt habe, tragen das Schwarze Bärchen auf der linken Schulter.

Glaubst du nicht, Atze? Okay, dann stell dir mal vor, du hast 100 PS unterm Hintern, Gummikuh hin, Gummikuh her, und ein Blaulicht dabei, mit dem du dich in ein Level beamen kannst, von dem jeder andere Motorradfahrer nur träumt. Was nützt dir da ein japanischer Sturmfalke, oder ein US-amerikanischer Blubberofen, wenn die Straße in Wirklichkeit einer ganz anderen Gang gehört. Und was Routine, Übung und abgerittene Meilen angeht, so sei gesagt: Unsere Jungs machen keine Winterpause! Ich weiß, klingt scheiße, ist aber leider die Wahrheit. Um die miese These, vor allem auch für Nichtmotorradfahrer, ein wenig mit Leben zu füllen, gebe ich mal ein einfaches Beispiel aus der Praxis: Dass die überfüllte Hauptstadt aus allen Nähten platzt und in puncto Straßenverkehr gefühlt zumindest mit Kalkutta und Kairo mitzuhalten scheint, was Chaos und Temperamentswahnsinn angeht, weiß eigentlich jeder, der schon mal die *Tagesschau* geguckt hat. Wobei wir gar nicht mal davon reden wollen, dass sich irgendein neureicher Russe mit dem Spross einer libanesischen Großfamilie auf dem Ku'damm ein Rennen liefert, und zwar in Autos, die sich ein Normalverdiener niemals wird leisten können. Nein, nein. Steigen wir mal im ganz normalen Tagesgeschäft ein. Denn obwohl alle Straßen eigentlich immer dicht sind, hat Berlin annähernd ständig irgendwelche Staatsbesuche oder andere enorm wichtige Verkehrsteilnehmer zu verkraften. Und wenn diese nun leider doch nicht wichtig genug sind, um mit dem Heli rumzudüsen wie unsere liebe Angela zum Beispiel, müssen sie durch die verstopften Adern unserer prallen Tante Berlin geschleust werden. *Fettes B., oben an der Spree ...* Und was meinen Sie, wer für diese Konvois den Ausputzer macht, und zwar immer? Na? Genau: MC Schwarzer Bär!

Mit einer affenartigen Geschwindigkeit pfeifen meist und mindestens um die vier Polizeimotorräder voraus, um sich an der nächsten Kreuzung, Gabelung oder was auch immer wie Evel Knievel, oder für die Jüngeren meinetwegen Judge Dredd, mittig zu positionieren und mit ein paar einfachen Gesten plus Blaulicht alles lahmzulegen, ach, was sag ich, einzufrieren. Wer das einmal live und in Farbe erlebt hat, hat seinen Berlin-Besuch schon mal nicht bereut und sich sicher gefragt, wo sie diese Typen eigentlich herhaben. Ich hab mich auch schon oft gefragt, warum so viele Leute solche Vollidioten wie Schwarze Prinzen, Ghostrider oder die Adrenalinnappel so super finden, wenn in ihrem Alltag welche unterwegs sind, die's auch draufhaben, und zwar ohne das Gewissen und vor allem das Gehirn wegzulegen, bevor sie den Helm aufsetzen. Aber wahrscheinlich ist das für einige erst zu kapieren, wenn's bei einem illegalen Rennen oder Bekloppten-Stunt einen eigenen Familienangehörigen aus dem Leben gerissen hat.

Na ja, allzu sehr will ich mal lieber nicht auf die moralische Tube drücken, denn Fakt ist, wir und vor allem die oben beschriebenen Jungs rasen auch. Zwar normalerweise mit legalem Auftrag oder – ich will es mal kleinlaut formulieren – mit gutem Grund.

Ob es aber nun so viel besser ist, für ein ukrainisches oder iranisches Staatsoberhaupt durch die Innenstadt zu pfeffern, sei mal dahingestellt.

Einer dieser verwegenen Kerle – es gibt übrigens auch ein paar Mädels – spielt jedenfalls in der nächsten Story die zweite Hauptrolle. Ach ja, und für alle Schlaumeier, die mich jemals auf diese Geschichte ansprechen werden: Es ist selbstverständlich alles erstunken und erlogen, und wenn mir jemand einen Strick daraus drehen will, werde ich alles komplett abstreiten. Konsequent! Alles klar?

»Hey, Mann, du musst mir helfen«, fällt er mir ins Wort und duzt mich schon mal, noch bevor ich mein Begrüßungssprüchlein ganz aufgesagt habe. Da das für meinen Geschmack ein lockerer Gesprächsanfang ist, antworte ich entsprechend:

»Also, wenn du mich anpumpen willst, sag ich dir vorsorglich, dass ich in einer Besoldungsgruppe bin, in der sie so wenig Knete raustun, dass du in Tränen ausbrichst, wenn ich's dir verrate. Und zwar vor Lachen.«

»Nein, nein, es geht nicht um Geld, es geht um Liebe«, wiegelt er hastig ab. Mir steht immer noch nicht der Sinn nach seriös, und deshalb bekommt er auch darauf einen mehr oder weniger dümmlichen Text:

»Also, mag ja sein, dass ich mich schwul anhöre, aber ich muss dich enttäuschen. Ich bin hetero und auch noch in festen Händen. Fast schon im Würgegriff.«

»Neinneinneinneinneinneinnein«, versucht er sich zu konzentrieren, »mir ist die Freundin abgehauen.« Hat auf mich aber leider überhaupt keine zielführende Wirkung. Im Gegenteil:

»Sei froh. Kannst du wieder trinken, essen und im Fernsehen gucken, was du willst. Und außerdem, du weißt ja: An der nächsten Lampe wartet schon die nächste.« Klingt nicht sehr gefühlvoll, aber mein Pastorenkragen ist grad in der Reinigung. Außerdem hört er sich nicht an wie ein Hüpfer.

»Nein, du verstehst nicht ... Es ist nicht irgendeine Frau, es ist DIE Frau, und ich brauch euch jetzt!«, holt er aus, und langsam fängt er an, mich zu interessieren.

»Und wie?«, will ich wissen. Habe mir heute schon das Maul fusselig geredet und bin deshalb vielleicht selbst für meine Maßstäbe einen Tick zu schnoddrig und vielleicht sogar zu wortkarg. Aber es gab über den Tag verteilt schon ganz andere Probleme, als die Lovestory von Mister »Ich fall dir ins Wort« zu kitten, und Patenonkel bin ich auch schon.

»Pass auf, klingt scheiße, ich weiß, aber sie ist unterwegs zum Flughafen, und ohne eure Hilfe krieg ich sie nicht mehr eingeholt, bevor sie für immer mit dem Flieger verschwindet«, fleht er mich an, und ich sage trocken:

»Stimmt.«

»Wie, st... stimmt?«, stottert er entgeistert.

»Klingt scheiße.« Das war nicht das, was er hören wollte, nicht mal das, was er erwartet hatte. Also startet er den nächsten Versuch:

»Hey, ich hab noch nie irgendwas angestellt, ich hab noch nicht mal 'n Punkt in Flensburg«, raspelt er Süßholz.

»Fein. Ich hab drei Punkte in Flensburg. Deshalb werd ich trotzdem nich Ehrenmitglied bei den Hell's Angels. Und überhaupt, wie hast du dir das denn vorgestellt?«

»Weiß nich' ... Ihr habt doch ganz andere Möglichkeiten, als wenn ich jetzt mit meiner Karre lostucker«, eiert er unschlüssig rum.

»Wenn du weißt, welchen Flug sie nimmt, lass doch per Telefon 'ne Bombendrohung los. Dann kannst du zu Fuß gehen und kommst immer noch pünktlich«, flutscht mir da leichtsinnigerweise raus, und sofort rudere ich zurück: »Nee, nee, nee, mach ma nich'! Wirklich nicht! Erstens haut das eh nicht hin, und wenn doch, läuft das hier bei uns sowieso ratzfatz auf, und ich weiß dann, dass du das bist!«

»Nein, keine Angst, ich mach keinen Blödsinn. Deshalb ruf ich ja bei dir an«, beruhigt er mich.

»Gut. Na denn … Ich muss jetzt hier weitermachen. Du hast es vergeigt, aber mach dir nichts draus. Oder fahr doch hin. Wär der erste Flug, der planmäßig geht. Wenn es wirklich soll sein, erwischst du sie vielleicht noch. Wenn nich', dann nich'«, lass ich noch lapidar vom Stapel und will eigentlich auflegen. Da fängt der an zu flennen.

»Junge, was soll ich denn machen, dir 'ne Eskorte mit Blaulicht stellen, oder was?«, frage ich leicht genervt, und er schnieft: »Ja.«

Diese Antwort finde ich genauso rührend wie dämlich, und das sage ich ihm auch:

»Wat bist du denn für 'n naiver Spinner? Wovon träumst du denn nachts? Dir müsste doch klar sein, dass ich so was nicht hinkriegen würde, selbst wenn ich wollte. Nicht mal, wenn's das Letzte wäre, was ich hier mache, du Spaßvogel!« Ich höre ihn schlucken. Und dann belöffelt mich der wildfremde Kerl mit seiner verbockten Beziehungskiste, und ich bereue, dass ich nicht aufgelegt habe, als ich noch konnte:

»Hast ja recht … ich weiß … aber ich hab gedacht, euch oder dir fällt irgendwas ein … Hey, sie trägt mein Baby im Bauch, sie hat mir einen Heiratsantrag gemacht, und ich dämlicher Vollidiot habe nicht schnell und nicht deutlich genug reagiert. Mann, sie ist Tierärztin, und sie verlässt in nicht mal dreißig Minuten den Kontinent, und dann ist sie weg aus meiner Welt, für immer. Ich flehe dich an, hilf mir!«

»Toll! Ganz toll. Sie geht nicht ans Handy, nehm ich an, du kannst zum Flug nichts Genaues sagen und zum Ziel auch nicht, richtig?«, zähl ich gefrustet auf, und er sagt schlicht: »Richtig.«

»Und du bist sicher, dass du dich fortpflanzen solltest«, werde ich ganz kurz ungerecht, denke dann aber laut nach: »Mal überlegen«, murmele ich vor mich hin, und er ruft:

»Florida! Sie steigt in Miami um, soweit ich weiß ...«

»Na, das ist doch was«, freu ich mich und grübele laut weiter: »Wir haben die Zeit und das Ziel. Wenn ich den Polizisten raushängen lasse, komme ich telefonisch ziemlich weit. Aber selbst wenn ich sie an die Röhre kriegen sollte, glaub ich nicht, dass ich den Heiratsantrag für dich annehmen kann. Ich könnte natürlich auch Zoll oder BGS stecken, dass sie 'n büschen Koks in der Tasche hat, das bremst aus, so viel ist mal sicher. Aber ob das der richtige Weg in die harmonische Zweisamkeit ist, wage ich zu bezweifeln. Und alles, was mir sonst noch so einfällt, legt auch den halben Flughafen lahm. Sieht mau aus, Tiger. Zaubern kann ich auch nicht. Soll ich versuchen, sie ausrufen zu lassen, vielleicht schindet das Zeit?«

»Nein, das klappt alles nicht! Aber ich bin mir sicher, wenn ich ihr von Angesicht zu Angesicht sagen kann, dass ich sie liebe und dass ich nichts lieber als ihr Mann und der Vater ihres Kindes sein will, dann wird alles gut!«, quasselt er mich beseelt voll.

*Dann wird alles gut ... Märchenonkel!*, denke ich und sage laut: »Okay, Hardcore. Wo bist du?«

»Zu Hause.«

»Mann, bist du drei Jahre alt, oder was?!«, fahre ich ihn an. »Wenn ich dich frage, wo du bist, will ich eine Adresse hören und nicht ›zu Hause‹, dir läuft die Zeit davon, nicht mir!«

»In Moabit, Dortmunder Straße 38«, kommt da wie aus der Pistole geschossen.

»Du hast eben von Karre gesprochen, hast du ein Motorrad?«
»Nein, ein Auto. Aber ich hatte mal einen Motorroller.«
»Einen Motorroller. Super. Hast du den Helm noch?«
»Ja!«

Ich verschränke meine Hände hinter dem Kopf und fasse einen verwegenen Plan. Für einen verwegenen Plan braucht man einen verwegenen Kerl, und ich kenne so einen.

»Pass auf«, weise ich den zukünftigen Papa an, »ich habe einen Freund in der Friesenritze, ganz in deiner Nähe. Den versuche ich zu erreichen. Du schnappst dir jetzt deinen Helm und stellst dich mit dem unter dem Arm und deinem einsatzbereiten Handy in der Hand unten an die Straße. Zieh Motorradklamotten an oder sonst irgendwas Festes. Ich habe deine Nummer hier auf dem Monitor. Wenn ich dich noch mal anrufe, kannst du direkt in die nächste Kneipe gehen und dich besaufen. Wenn du nichts mehr von mir hörst, dann wird in vier Minuten ein Polizist auf einem Motorrad vor dir halten. Quatsch ihn nicht voll, er wird seinen Helm nicht absetzen, und du wirst auch sein Gesicht nicht erkennen. Klatscht die Fäuste zusammen, spring hinten auf und wunder dich nicht, falls die Karre ein Einsitzer ist. Dein Pilot wird dich zum Flughafen beamen, und zwar in einer Weise, wie du sie noch nie erlebt hast und auch nie wieder erleben wirst. Also halt dich gut fest, mach am besten die Augen zu, und leg dich sauber mit in jede Kurve. Wenn ihr dort angekommen seid, springst du von der Mühle und rennst ins Terminal, ohne dich groß von ihm zu verabschieden, und greifst dir deine Tierärztin. By the way, was bist du von Beruf?«

»Lehrer ... ich bin Lehrer«, stottert er.

»Ein Lehrer und eine Tierärztin! Vielleicht solltet ihr beide doch mindestens ein Kind großziehen! So, alles kapiert soweit? Und noch was: Weder dein Pilot noch ich möchten jemals wieder etwas von dir hören! Weder etwas Gutes und erst recht nichts Schlechtes, haben wir uns verstanden?!«

»Ja, ich habe dich verstanden. Gott, ich danke dir, Mann, ich danke dir!«

»Ich habe überhaupt nichts gemacht. Aber der Mann, der dich gleich abholt, der riskiert sehr viel. Wenn er es schafft, dich rechtzeitig abzuliefern, bedank dich nicht. Spring vom Bock und schlag zweimal deine Faust auf dein Herz. Er wird dich verstehen. Und dann renn um dein Leben. Viel Glück, Lehrer! Los!«

Als ich ein gutes halbes Jahr später zur Frühschicht unseren Saal betrat, drückte mir ein abgelöster Kollege im Vorbeigehen einen zusammengefalteten Computerausdruck vom Internetanschluss unseres Bürgertelefons in die Hand. Ich ging zu meinem Platz, stellte meinen Rucksack ab, faltete das Blatt Papier auseinander und las noch im Stehen:

ES WIRD GEBETEN, HERRN GUTENRATH AUSZURICHTEN, DASS DER LEHRER UND DIE TIERÄRZTIN GEMEINSAM EIN GESUNDES MÄDCHEN ZUR WELT GEBRACHT HABEN, IN PERTH, AUSTRALIEN. DANKE!

P.S.: In der Dortmunder Str. 38 liegt beim Hausmeister ein Foto bereit. In zweifacher Ausführung!

Nun, wir haben unsere Fotos niemals abgeholt. Aber den vergilbten Computerausdruck gibt es auch in zweifacher Ausführung. Ich habe nur die Kopie.

# Der Juchaczweg

**Am Berliner Krankenhaus Neukölln ist** eine der vier Babyklappen unserer Hauptstadt zu finden. Im rückwärtigen Bereich, dem Juchaczweg. Gern würde ich mir eine atmosphärisch dichte Schilderung dieser kleinen Straße aus den Fingern wringen. So von wegen schicksalsträchtig, vertrauenerweckend und diskret, wie man sich so eine kleine Gasse halt vorstellt, an deren Ende man sich für immer von etwas trennt, was doch eigentlich Teil von einem selbst ist. Geht aber nicht. Der Ort ist einfach nur scheußlich. Letzte Nacht bin ich dort gewesen. Ich war mit Dani, Matti, Leipi und Jens inklusive unserer fünf Wölfe zwischen zwei Schlägereien, zu denen wir gerufen worden waren, auf Streifenfahrt ganz in der Nähe und dachte mir: *So, jetzt guckst du dir den Ort einmal an, nach dem dich die eine oder andere junge Frau gefragt hat.* Um ein Gespür dafür zu kriegen, wie sie sich wohl gefühlt haben müssen, als sie dort standen, mit ihrem Baby im Arm, kurz vor der wichtigsten Entscheidung ihres Lebens. Ich hatte die naive Vorstellung, dass dieser Ort vielleicht zu mir spricht. Dass es irgendetwas Besonderes dort gibt. Geben muss. Keine Ahnung, eine durchgesessene Bank etwa, der man ansah, dass auf ihr gelitten wurde. Oder vielleicht ein Blumenbeet, dessen Pflanzen, mit Tränen gewässert, seltsame Blüten trugen. Etwas in der Art. Aber nichts. Es war einfach nur kalt, unpersönlich und scheußlich. Im Wendekreis am Ende der Straße steht offen und zugig auf der linken Seite, keine dreißig Schritte vor der Schranke zum Krankenhausgelände, ein mauerartiges Gebilde aus Backsteinen, wie es auf einem Friedhof als Portal zu einer Gruft zu vermuten wäre. In der Mitte dieser hässlichen Mauer gibt es eine Edelstahlklappe mit schwarzem Plastikknauf, die fast exakt so aussieht wie jene auf der Hochhausetage, wo ich meine Hamburger Wohnung hatte, und in die man seinen Müll in den Schacht zu den Containern warf. Wirklich!

Auf dieser Klappe hier steht: »NUR IM NOTFALL ÖFFNEN!« Toll, was? Sonst gibt es dort nichts zu lesen. Nichts, was Mut macht oder nachdenklich. Oder sonst irgendwie wertfrei die Seele stützen könnte. Nichts. Ich ging über das Krankenhausgelände zur Rückseite der Mauer und stellte fest, dass dort nur ein telefonzellengroßer Verschlag war, verschlossen mit einer Metalltür. Frei stehend. Nicht viel größer als ein Elektrizitätskasten, wie man ihn an jeder Kreuzung findet. Das war's. In Dimension, Technik und Ausstrahlung hat das ganze Ding etwas von einem Altkleidercontainer, auch wenn es ummauert ist, dachte ich, als ich wieder vor der Klappe stand. Ich stellte meinen Kragen auf und vergrub die Hände tief in meinen Hosentaschen, weil mir kalt war. Durch und durch kalt. Mein Kinn fing ein wenig an zu zittern, und ich verstand. Nicht der Zufall hatte mich hierhergeführt, sondern die Hoffnung, etwas vorzufinden, was mir helfen könnte, zu vergessen. Aber es klappte nicht. So wie die Hexen, die früher mit etwas Spitzem auf die Fruchtblase einstachen, niemals Engelmacherinnen waren, konnte das hier niemals die beste Lösung sein. Nichts Schönes, Tröstendes gab es an diesem Ort. Weder für mich noch für die junge Mutter, die im Herbst 2010 genau an dieser Stelle gestanden haben muss. Mit ihrem Baby auf dem Arm und dem Telefon am Ohr ...

»Ein Fickfehler ist er, sagt mein Freund, nur ein Fickfehler, und ich soll zusehen, wie ich ihn loswerde, sonst passiert was«, sagt sie weinend, und in mir schwelt schon wieder unbändiger Zorn. In all den Jahren habe ich mir hier so viele Widerwärtigkeiten angehört, die mich schier fassungslos machten. Von Männern, die ihren hochschwangeren Frauen in den Bauch traten oder sie die Treppe runterstießen. Aber wie kann man so eine kleine Sternschnuppe, die ihren Weg auf die Erde beschwerlich gefunden hat, nur so nennen? Ich meine, hey, sie fühlen sich an und sie riechen wie ein Pfirsich, und wenn man ihnen nur den kleinen Finger reicht, schließen sie dankbar, haltsuchend und so kräftig, wie sie nur können, ihre winzigen Hände darum, und er nennt sein Kind »Fickfehler«?

»Wie heißt der Typ, und wo wohnt er?«, will ich wissen und schiebe gleich hinterher: »Wenn der Ihnen noch mal droht, machen wir ihm die Hölle heiß!«

»Nein, nein, das will ich nicht«, jammert sie, und wenn ich ehrlich bin, habe ich nichts anderes erwartet.

»Wie heißen Sie?«, versuche ich weiter mein Glück.

»Ha, das kann ich Ihnen auch nicht sagen«, zetert sie. Ich bin ein wenig bockig, weil ich wohl nie verstehen werde, wie man mit einem Typen in die Kiste springen kann, der sein Kind »Fickfehler« nennt. Und dann, wenn er die Maske komplett fallen lässt, auch noch jede Chance auf Hilfe und Gegenwehr in den Wind schlägt. Es ist komisch, aber die wenigen Frauen, die ich bisher in meinem Leben die Freude hatte, in- und auswendig kennenzulernen, hätten so einen Kerl gekillt. Kein Witz! Um es ihr schwerzumachen, auch wenn das wirklich die harte Tour ist, frage ich nach dem Namen des kleinen Menschen:

»Darf ich denn wenigstens erfahren, wie Ihr Sohn heißt?«

»Teddy«, flüstert sie und weint.

»Ihr Sohn heißt Teddy?«, rutscht es mir heraus, weil ich erstaunt bin und begeistert von diesem Namen.

»Ja, weil er so süß und so knuddelig ist, wie ein kleiner Teddy«, versucht sie zu erklären. Was aber gar nicht nötig ist. Ich finde den Namen toll! *Und von dem kleinen Bärchen willst du dich trennen, nur weil dir das Arschloch von Erzeuger doof kommt*, denke ich bei mir und glaube in meiner maßlosen Überheblichkeit schon wieder, ihr das ausreden zu können. Also lege ich los:

»Passen Sie auf, wir kriegen das hin! Ich lasse Sie abholen und mit Ihrem Baby in ein Frauenhaus bringen. Das wird so diskret und geheim ablaufen, dass nicht einmal ich erfahren werde, in welchem Frauenhaus Sie sind. Dort können Sie erst einmal zur Ruhe kommen und sind sicher. Okay? Wo sind Sie?«

Und dann sagt sie einen Satz, den ich nur schwer verkrafte, weil er die Dimension und Tragweite dieses Gesprächs auf ein Level hievt, mit dem ich nicht gerechnet habe:

»Vor der Babyklappe in Neukölln«, flüstert sie, und ich sacke auf meinem Stuhl in mich zusammen. Der eine oder andere Leser wird sich fragen, warum. Die Antwort: Ich kann das irgendwie nicht mehr. Was auch immer ich jetzt tue oder der jungen Frau rate, kann eigentlich nur falsch sein. Wenn ich ihr sage, sie soll nach Hause gehen und sich mit ihrem Freund versöhnen, und das Schwein den Zwerg an die Wand wirft, bin ich verantwortlich. Wenn es mir gelingt, sie zu überreden, in ein Frauenhaus zu gehen, und das Schwein macht sie ausfindig und tut ihr oder dem Kleinen etwas an, bin ich verantwortlich. Wenn ich ihr sage, sie soll den kleinen Mann in die Klappe legen, bleibt er vielleicht körperlich unversehrt, wird aber nie wieder von seiner Mama in den Arm genommen. Und ich bin dafür verantwortlich!

»Ach so, ja, ich verstehe«, stammle ich, und selbst das ist schon gelogen. Sie merkt wohl, dass es mir etwas die Sprache verschlagen hat, und verdeutlicht anschaulich das Dilemma:

»Wissen Sie, was der zu mir gesagt hat?«, erzählt sie unter Tränen. »›Moni, du Schlampe, wenn du damit wieder nach Hause kommst, entsorge *ich* das Ding!‹ Das müssen Sie sich mal vorstellen!«

Kann ich nicht. Ich habe weiß Gott eine Menge Phantasie, aber das kann ich nicht. Für einen Moment spiele ich mit dem Gedanken, sie anzubrüllen, um rauszukriegen, wer der Kerl ist, und ihn mir dann selber zur Brust zu nehmen. Denn behördlicherseits wird es nie für hundert Prozent Ruhe und Sicherheit reichen, so viel ist mal klar. Aber ich lasse es sein. Trotzdem mache ich einen letzten, halbherzigen Versuch.

»Hören Sie, wir sorgen für Ihre Sicherheit und erwirken gemeinsam eine einstweilige Verfügung, dass sich der Mensch Ihnen und Ihrem Kind auf Sichtweite nicht nähern darf, Sie müssen mir nur sagen, dass Sie das wollen!«, biete ich ihr an. Doch mit einem genauso kurzen wie treffsicheren Satz hebelt sie meinen Versuch sauber aus:

»Ach, und dann kriegen wir zwei Personenschutz rund um die Uhr oder wie, das glauben Sie doch selbst nicht!« *Nein, das glaube ich selber nicht*, wiederhole ich im Geiste, und sie setzt noch einen obendrauf:

»Ich habe einfach keine Kraft, das alles allein durchzustehen«, sagt sie leise und verzweifelt, und ich kann sie verstehen. Sicher könnte man sich jetzt in Vorhaltungen, Vorwürfen und Lamentos ergießen, aber was bitte würde das bringen? Nichts. Ich starre mit leerem Blick an die Wand, hole tief Luft und höre mich dann sagen:

»Leg deinen Teddy in die Klappe und schau ihn dir vorher noch einmal genau an. Man wird sich gut um ihn kümmern. Und wenn du es geschafft hast, dich zu befreien, versuch ihn dir zurückzuholen, Moni! Hol dir alle Hilfe, die du kriegen kannst, und wenn du in Gefahr bist, ruf hier an. Wir kommen sofort zu dir! Okay?«

»Ja«, sagt sie traurig und leise, und dann ist die Verbindung weg ...

Wie angewurzelt stand ich gestern in der Dunkelheit und versuchte mir vorzustellen, wie sie liebevoll ihr Kind im Stich ließ, als ein kurzes Aufflackern des Blaulichts auf dem Dach unseres Transporters mir signalisierte, dass es zum nächsten Einsatz geht. *Hoffentlich ist es eine »häusliche Gewalt«*, dachte ich mit inzwischen versteinertem Kinn und machte auf dem Absatz kehrt. Und dann fiel mein Blick doch noch auf etwas Schönes. Genau gegenüber der hässlichen Mauer, auf der anderen Straßenseite, entdeckte ich am Zaun ein Schild, auf dem in großen bunten Buchstaben zu lesen war: »KITA SCHATZKISTE«!

*Was für ein hübscher und treffender Name*, dachte ich und wünschte mir, dass es der Teddy, wie auch immer, vielleicht bis hierhin schafft. Weil er ein Schatz ist, so wie jedes andere Kind auch.

# Kälte

**So, da bin ich wieder.** Verzeihen Sie, es mag sich zuweilen etwas abgehackter, unrunder lesen, was ich Ihren Augen unterbreite, im Vergleich zu professionellen Geschichtenerzählern. Das liegt zum einen daran, dass ich kein Schriftsteller bin, weder in intellektueller noch technischer oder besser handwerklicher Hinsicht, zum anderen an ganz profanen Dingen wie Zeitmangel. Um mich herum tobt im Normalfall eine ganze Familie, bestehend aus diversen Zweibeinern und Vierbeinern, die ich sehr liebe und die deshalb absolute Priorität hat. Danach kommt ein Job, der neuerdings enorme physische Anforderungen an mich stellt, weil er nicht zulässt, dass ich zu einer bestimmten Uhrzeit einfach den Hammer fallen lassen oder die Akte, besser: Computerdatei, schließen kann. Mein Dienstplan ist nur eine grobe Richtlinie, und ich bin eine Allianz eingegangen mit einem Polizisten, der neben meinem Bett schläft und niemals wirklich Feierabend hat.

Aber jetzt gerade ist meine Frau aus dem Haus, um Besorgungen zu machen, die Kinder sind noch in der Schule, und ich war gerade mit dem Wolf im verschneiten Wald. Jetzt sitze ich in meinem Sessel unter der Treppe. Drei Quadratmeter, fast wie bei *Harry Potter*. Nur dass ich, so wie eine Spinne im Netz, den Überblick habe, weil ich zwischen den Stufen hindurchsehen kann, was um mich herum geschieht. Kontrollfreak halt. Berufsgeschädigt. Niemand kann mich überraschen, sich von hinten an mich heranschleichen oder sonst wie in eine Situation bringen, auf die ich nicht vorbereitet wäre. Allein der Wolf neben mir würde lautlos melden, wenn sich im Umkreis von fünfzig Metern irgendetwas Ungewöhnliches täte. Krank, was? Aber so komme ich zur Ruhe. Den alten Sessel, den meine Frau schon längst entsorgen wollte, habe ich mit einer Decke aufgehübscht, auf der ein sturer Büffelkopf zu sehen ist. Im Nacken habe ich einen Schni-Schna-Schnappi, der meinen Kindern nicht mehr cool genug ist und deshalb meinen schweren Kopf auffängt, wenn es notwendig ist. Ein gut fünfzig Zentimeter langes Plüschkrokodil, das auch schon lange weg sein sollte, obwohl es tapfere Dienste geleistet hat, als meine drei Chaoten noch ganz klein waren. Früher ein Beschützer, heute uncool.

Tja, uncool, cool, was für beschissene Modebegriffe. Wer cool ist, ist ein toller Typ. Aber kein Schwein scheint sich jemals die Mühe gemacht zu haben, das Wort ins Deutsche übersetzen zu wollen. Wer kühl ist, der ist bewundernswert, dem gilt es nachzueifern. Was für ein Dreck. Kälte ist wie Feuer, destruktiv und unbesiegbar. Eigentlich noch viel schlimmer als Feuer. In Kältekammern lassen sich Rückenschmerzen lindern, wie ich seit kurzem weiß. Sonst fällt mir nichts, aber auch gar nichts Positives zu dieser Naturgewalt ein. Außer dass sie uns Paroli bietet. Dabei sind die Parallelen zum Feuer durchaus gegeben. Erfrierungen sind Verbrennungen in Optik und Auswirkung sehr ähnlich. Das Gewebe wird schwarz, stirbt ab und ist durch nichts mehr zu retten. Ich habe einen Weggefährten und Stubengenossen in der Kampfschwimmerkompanie, der ein Lied davon singen kann, weil er auf diese Art mehrere Zehen verloren hat. Seinen Namen will ich nicht nennen, weil ich nicht sicher sein kann, dass er nicht komisch darauf reagiert. So wie ein anderer Kampfschwimmer, für dessen Sicherheitsfirma und Buch ich in meinem ersten Schinken eigentlich Werbung gemacht habe, der sich aber trotzdem am Telefon letzte Woche lauthals beschwerte. Kälte ist eine uns von wem auch immer gesandte Prüfung, und alle, die ihr die Stirn bieten, haben meinen Respekt. Gleichgültig, ob sie dies als Trapper in der Wildnis Alaskas tun oder in den Straßenschluchten des winterlichen Berlins.

»Huhhhh, oh Mann, ich kann nich' mehr, das ist zu viel!«
»Wo sind Sie, was kann ich tun?«
»Ey, ab zweistellig ist das die Hölle … Huhhh, ich bin zu alt für so was!«
»Wo sind Sie, wir helfen Ihnen! Wo sind Sie?«
»Bohhahh, ich kann mich nich' mehr, nich' mehr bewegen, au Backe, Mann!«
»Wo sind Sie?!«
»Fuhh, fuhh, uhhhh …«
»Hallo? Sagen Sie mir, wo Sie sind. Los!«
»Ch… chchch…«
»Wat? Charlottenburg, oder wat?! Hey?«
»Boah, Mann, das war's … diesmal ist's zu viel …«
»Hören Sie, wenn Sie wollen, dass wir Ihnen helfen, dann sagen Sie mir jetzt genau, wo Sie sind, und kämpfen Sie unbedingt gegen die Müdigkeit an. Hallo?«
»Fffffff… ffffff, sagen Sie Christel, ich war's nich …«
»Hallo? Wer is' Christel? Hallo? Hallo … halloooo …«

Väterchen Frost kann brutal, aber auch barmherzig sein. Wer einmal einschläft, hat alles überstanden. Und genau so, schlage ich vor, schließen wir diese Geschichte ab. Einverstanden? Bitte!

# Heiligabend

**Wir sind immer da. Die** 110 antwortet. Ist das nicht irgendwie ein gutes Gefühl? Ja, ich weiß: Ob dann etwas Tolles oder auch nur Brauchbares dabei rauskommt, wenn man mit einem von uns spricht, steht auf einem anderen Blatt. Aber davon mal abgesehen, habe ich neulich stumpf vor mich hin gesessen und darüber nachgedacht, wer oder was in meinem und unser aller Leben beständig ist. Viel ist mir nicht eingefallen. Aber die 110 war dabei.

Hilfe für so viele Menschen, rund um die Uhr, seit Jahren und Jahrzehnten. Und dann spürte ich plötzlich ein Gefühl in mir, das ich zwar kannte, aber lange und weit hinter mir gelassen hatte: Stolz. Denn ich bin ein Teil davon. Und ich lehnte mich zurück, grinste dümmlich und sagte laut: »Es ist ein guter Job!« Und so ist es auch. Egal, was du dafür bezahlen oder einstecken musst, es ist für einen relativ ungebildeten Menschen eine wundervolle Chance, an ein paar winzigen Schräubchen in die richtige Richtung zu drehen. Man darf nur keine Inventur machen. Sondern sich ganz einfach an den wenigen Dingen festhalten, von denen man ganz sicher ist, dass sie gut waren – oder sind. Nette Strategie, oder? Nur dumm, dass sie nicht klappt. Trotzdem macht es Sinn, dass es eine Telefonnummer gibt, die man auch ohne Kleingeld oder Handyguthaben wählen kann, wenn nichts mehr geht. Deshalb geht es auch in Ordnung, wenn wir manchmal zu den unmöglichsten Zeiten und Tagen von unseren Familien getrennt sind, um den Hörer abzunehmen. Zum Beispiel am Heiligen

Abend. Und als Lohn und Dank dafür gibt es in dieser Schicht sogar Geschenke.

Zwar nichts, was man in die Hand oder in den Mund nehmen könnte. Nein. Aber vielleicht ins Herz. An diesem besonderen Abend nämlich gibt es Menschen – und zwar jedes Jahr! –, die uns anrufen und uns mit einem Satz ein Geschenk machen, das in seiner schlichten Art für uns wertvoller ist als vieles andere. Er lautet: »Danke, Jungs, dass ihr da seid!«, und richtet sich nicht nur an uns, die wir im warmen Saal sitzen, sondern an alle mit dem Bärchen auf dem Arm oder einem der anderen Landeswappen. Genau deshalb habe ich diese Grüße nicht selten über Funk rausgepustet, auch wenn manch einer das sentimental und lächerlich nennen mag.

Wer nun glaubt, dass diese Überschrift und Zeilen einzig zur Selbstbeweihräucherung der Bullen herhalten sollen, dem kann ich die Angst nehmen. Euch alle, liebe Freunde, die ihr uns abschaffen wollt und hasst (und trotzdem bitte auch weiterhin anruft, wenn die Familie in Gefahr ist), kann ich beruhigen: Ihr kommt gleich ebenfalls auf eure Kosten. Ich habe nur mit etwas Schönem begonnen, weil ihr dann leichter zu ertragen seid. Es geht in dieser Geschichte nämlich um Anrufe am Heiligabend. Anrufe, die so bunt und vielfältig sind wie eigentlich an jedem Tag. Nur sind sie manchmal emotionaler und auch kürzer. Deshalb hier eine kleine, aber keineswegs repräsentative Auswahl:

»Arne Rasmussen, guten Abend. Ihr habt diesen Sommer, nach einer tierisch aufwendigen Suchaktion, meine kleine Tochter gefunden, die einfach nur auf dem Schulweg getrödelt und sich verbummelt hatte. Danke dafür, Leute! Von ganzem Herzen danke dafür, Leute!

Wenn ich könnte, würd ich jedem von euch 'ne goldene Uhr

zu Weihnachten kaufen, kann ich aber nich', deshalb nur: Frohe Weihnachten für euch, von Lisa und mir!«

»Scheiß was auf die goldene Uhr, Arne! Danke für deinen Anruf. Ich grüß die Kollegen von euch, und du grüßt bitte die Lisa von uns. Frohe Weihnachten.«

\*\*\*

»Ich kann dir gar nicht sagen, wie klasse ich das finde, dass die Hools damals den verfickten Franzosenbullen halb totgetreten haben und wie gut mir der schwachsinnige, sabbernde Haufen Scheiße gefällt, der von ihm übrig geblieben ist! Ich finde, so solltet ihr alle aussehen!«

»Frohe Weihnachten.«

\*\*\*

»Miriam hier, hallo! Gestern hatte ich ein Ticket an meinem Smart. Vorgestern auch! Trotzdem habe ich eurem dicken Aufpasser vor der Synagoge heute eine Schachtel Pralinen geschenkt. Wie findest du das, Herr Wachtmeister?«

»Wenn du ihn nicht gerade an Herzverfettung sterben sehen willst, gut, danke. Ich hab übrigens diesen Monat auch schon drei Tickets. Frohe Weihnachten, Miriam.«

»Frohe Weihnachten, Wachtmeister!«

\*\*\*

»Hier spricht Steven, ich hab da mal 'ne Frage: Glauben Sie an den Weihnachtsmann?«

»Hm, wie alt bist du, Steven?«

»Acht.«

»Tja, sagen wir mal so, kann irgendwie nicht schaden, denke ich.«

»Was meinen Sie?«

»Na ja. Wenn du nicht an ihn glaubst, gehst du das unnötige Risiko ein, dass du dieses Jahr leer ausgehst!«

»Verstehe!«

»Und außerdem sage ich dir ganz ehrlich, dass ich bis heute nicht kapiert habe und nicht genau weiß, was eine Sternschnuppe wirklich ist. Ein verglühendes intergalaktisches Dingsbums oder tatsächlich der alte Mann mit seinem Rentierschlitten? Klingt beides irgendwie komisch, findest du nicht?«

»Stimmt!«

»Weißt du was? Ich schlag vor, dass du heut Abend mal ein bisschen genauer den Himmel beobachtest, vielleicht findest du was raus, okay? Frohe Weihnachten, Steven, und viele Geschenke!«

»Frohe Weihnachten.«

***

»Was würden Sie machen, junger Mann, wenn Sie das Gefühl hätten, dass dieses Weihnachten vielleicht Ihr letztes ist und Ihre Kinder Sie allesamt nicht eingeladen hätten?«

»Das ganze Pack enterben!«

»Hahaha, guter Ratschlag. Möchten Sie vielleicht mein Erbe sein?«

»Nein, danke! Ich wohne in einem palastartigen Einfamilienhaus, bade jeden Tag in Goldmünzen und habe Ihre Almosen nicht nötig.«

»Hihi, Sie sind ein Witzbold!«

»Stimmt.«

»So, und was mach ich jetzt?«

»Na, wie wär's denn mit 'ner schicken Seniorenresidenz in Miami oder auf Mallorca, wo Sie Ihr Erbe selber auf den Kopf hauen?«

»Hahahaha, frohe Weihnachten, junger Mann!«

»Frohe Weihnachten, dieses Jahr und noch viele weitere Jahre!«

\*\*\*

»Boris Chartoff, hallo. Ich lieg im Krankenhaus, weil ich's nicht besser verdient habe und weil ich Scheiße gebaut habe. Ich war besoffen. Ich wollt mich bei euch entschuldigen. Und das Schlimmste ist, mein Kleiner feiert ohne seinen Papa und ohne den Teddy, den ich für ihn besorgt habe, ich könnt heulen!«

»Straße und Hausnummer!«

»Wie, Straße und Hausnummer?«

»Straße und Hausnummer. Klein Boris kriegt dieses Jahr einen Polizeiteddy.«

»Allee der Kosmonauten 112, achter Stock, Michael Chartoff, ehrlich?«

»Ehrlich. Aber, Boris, nie wieder! Klar? Nie wieder! Frohe Weihnachten.«

»Boah. Nie wieder! Frohe Weihnachten! Danke! Frohe Weihnachten, Mann!«

\*\*\*

»Helene Schneider, guten Abend. Bitte wann ist die Mitternachtsmesse in der Gedächtniskirche?«

»Na, um Mitternacht?«

»Werden Sie bloß nicht frech!«

»Okayyy. Um 19:30 Uhr!«

»Danke. Und trotzdem frohe Weihnachten …«
»Diiitooo.«

***

»Ich würd dir gern 'n paar in die Fresse hauen, Bulle!«
»Und ich wär gern noch mal 17. Geht beides nich'. War's das?«
»Rrrrrr …«
»Frohe Weihnachten, Tiger! Besser dich.«

***

»Mein Name ist Raimund Surlau. Ich wüsste gern mal, so als Resümee, wie Sie damit klarkommen, dem Steuerzahler das ganze Jahr über auf der Tasche gelegen zu haben?«
»Gut.«
»Das hab ich mir gedacht. Ist Ihnen das gar nicht peinlich, für nichts bezahlt zu werden, als rumzusitzen und andere Menschen zu gängeln?«
»Na ja, ganz so ist es ja nun auch wieder nicht. Ich mach zum Beispiel viel Sport als Ausgleich. Ich bin Berliner Meister im Beamtenmikado.«
»Im was?«
»Im Beamtenmikado. Die Regeln sind einfach: Wer sich zuerst bewegt, hat verloren.«
»Haha, sehr witzig! Ich wäre auf jeden Fall auch gern unkündbar, hätte freie Heilfürsorge und ein Recht auf Pension, um mich später mal vom Nichtstun ausruhen zu dürfen. Aber ich habe dieses Jahr meine Arbeit verloren. Und meine Frau hat mich mit den Kindern sitzengelassen. Toll, was? Wird 'n klasse Weihnachtsfest dieses Jahr.«

»Okay, verstehe. Wie alt sind die Kinder?«

»Vier und neun, wieso? Sagen Sie bloß nicht, das interessiert Sie wirklich!«

»Na ja, ich gebe Ihnen mal zwei Dinge an die Hand, die mir dazu einfallen. Und keine Angst, ich erzähl Ihnen jetzt nicht, was für tolle Kerle wir sind. Aber erstens: Bei einer Mutter, die ihre kleinen Kinder im Stich lässt, können Sie froh sein, dass sie weg ist, finde ich. Und zweitens bin ich, wenn ich ehrlich bin, neidisch auf Sie. Denn Sie sind heute, am Heiligen Abend, mit Ihren Kindern zusammen, hoffe ich zumindest. Ich nicht.«

»Na prima! Bei uns liegt aber keine PlayStation unterm Tannenbaum und 'n iPhone!«

»Mag sein. Aber haben Sie mal aus dem Fenster gesehen? Es schneit. Sie können heute mit Ihren Kinder rausgehen und einen Schneemann bauen oder eine Schneeballschlacht machen. Mit ein bisschen Phantasie und Liebe und ohne viel Geld machen Sie dieses Weihnachtsfest für Ihre Kinder unvergesslich und für sich selbst auch. Denken Sie mal drüber nach. Meine Kinder werden dieses Weihnachtsfest auch nicht vergessen. Denn es wird Weihnachten ohne Papa sein.«

»Ich bin ein Idiot! Ich denke, ich muss mich bei Ihnen entschuldigen.«

»Nein, müssen Sie nicht. Aber ich freue mich trotzdem über dieses Weihnachtsgeschenk und verspreche, zu versuchen, im nächsten Jahr mein Geld wert zu sein! Ihnen und Ihrer Familie frohe Weihnachten und ein besseres neues Jahr!«

»Frohe Weihnachten!«

\*\*\*

»Müllerstraße 43 im Wedding, zweiter Hinterhof, Schlägerei, Scheiße, überall Blut, Scheiiiiiße, kommt schnell!«

\*\*\*

»Ich bin das dritte Jahr in Folge am Heiligabend alleine! Bitte sagen Sie mir nur einen Grund, warum ich nicht den Gashahn aufdrehen sollte.«
»Essen, Sex, Musik, Reisen, Tiere, Helfen, Lachen, Gewinnen, Verlieren, Feuerwerk, Bücher, Menschen, Motorräder …«
»Stopp, stopp, stopp, ich sagte einen Grund, nicht tausend!«
»Okay, okay, muss ich mir um Sie Sorgen machen, sind Sie krank und mittellos?«
»Nein, nicht wirklich.«
»Gut, dann muss ich jetzt weitermachen, und wenn Sie wirklich etwas Zeit haben, rufen Sie doch mal in der Jebenstraße bei der Bahnhofsmission an, und fragen Sie nach, ob die dort ein paar helfende Hände brauchen. Frohe Weihnachten!«

\*\*\*

»Hier spricht Pauli, ich hab grad den Weihnachtsmann angepisst.«
»Na, wenn das mal keinen Eintrag ins schwarze Buch gibt.«
»Und er hat mir dafür eine reingehauen und mir die Spendenbüchse über den Schädel gezogen.«
»Tja, Pauli, wenn du nich' gerade 'nen Krankenwagen brauchst, denke ich, ihr seid jetzt quitt, oder?«
»Hast eigentlich recht. Frohe Weihnachten!«
»Frohe Weihnachten, Pauli, und mach so was nich' wieder!«

\*\*\*

»Ich hab 'ne schöne Weihnachtsüberraschung für euch!«

»Aha, was denn?«

»Ich werd heut Nacht mit einem Wagenkreuz losziehen und so viel Radmuttern von privaten Bullenkarren losdrehen, wie ich nur kann.«

»Mach doch. Meine Karre steht sicher.«

»Wie bitte?«

»Ich sagte: Mach doch, meine Karre steht sicher. Und die nächsten Wochen immer schön Zeitung lesen. Vielleicht freust du dich ja, wenn irgendwo in der Stadt ein unverletzter Polizist mit seiner Kiste in eine Kindergartengruppe gerauscht ist, du Spinner!«

»Bähhh …«

»Ich geb dir 'n ganz anderen Tipp. Werd doch Polizeipräsident oder Politiker. Dann kannst du uns hochoffiziell verarschen, gängeln und quälen. Hat schon 'n paarmal geklappt, die Nummer, und ist auch noch ganz legal!«

»Genau das werd ich machen! Frohe Weihnachten, Arschloch!«

»Frohe Weihnachten, Arschloch.«

\*\*\*

»Heidrun Kopernie, guten Abend.«

»Guten Abend, Frau Kopernie, was kann ich tun?«

»Mein verstorbener Mann war Polizist, und bevor er mich allein gelassen hat, musste ich ihm unter anderem versprechen, dass ich euch jedes Jahr anrufe, um euch frohe Weihnachten zu wünschen, weil ihm selber solche Dinge früher immer viel bedeutet haben, Manfred war sehr sentimental. 1,98 Meter groß, aber innen weich wie Butter. Also: Frohe Weihnachten!«

»Danke. Geht es Ihnen gut, sind Sie allein?«

»Nein, nein. Mein Sohn Michael ist bei mir. Er ist 2,05 Meter groß, aber genauso sentimental wie sein Vater. Deshalb würde er seine Mama am Heiligen Abend auch nicht allein lassen, wenn es nicht unbedingt sein muss.«

»Okay. Na, dann mal vielen Dank, dass Sie Ihr Wort gehalten haben.«

»Ich hätte euch auch so angerufen. Noch einmal: Frohe Weihnachten!«

»Frohe Weihnachten, und grüßen Sie die beiden Riesen. Beide!«

»Mach ich.«

\*\*\*

»Wenn Sie hier nicht gleich einen Streifenwagen vorbeischicken und meinem Nachbarn erklären, dass er mit seinem Wagen meinen Parkplatz blockiert, mach ich das selber, und dann wird Weihnachten zum Fest der Hiebe!«

»Oweia, okayyy … Aber ich sehe gerade, dass wir in Ihrem Gebiet zurzeit brutal ausgebucht sind. Doch ich mach Ihnen einen Vorschlag: Vielleicht hat er nur ein besonders schweres Weihnachtsgeschenk ausladen müssen oder sonst eine gute Entschuldigung. Fragen Sie ihn doch einfach mal. Und beginnen Sie das Gespräch, wenn Sie können, mit ›Frohe Weihnachten‹, okay? Und wenn ich danebenliege, rufen Sie einfach noch einmal an, verweisen auf unser kurzes Gespräch jetzt, und ich bin sicher, wir eisen irgendeinen Kollegen für Sie los, der hinkommt und Platz macht, einverstanden?«

»Einverstanden. Frohe Weihnachten!«

»Vielen Dank! Frohe Weihnachten!«

\*\*\*

»Haben Sie einen Augenblick Zeit, um nur mit mir zu reden?«

»Nein.«

»Nein?«

»Nein, aber mach ich trotzdem.«

»Hmm, Sie sind ein lieber Mensch! Ich würde Ihnen gern etwas zu Weihnachten schenken. Was wünschen Sie sich?«

»Was ich mir wünsche, können Sie mir nicht geben. Aber vielen Dank.«

»So? Was wäre das denn?«

»Was ich mir wünsche …? Gut, ich erzähl es Ihnen, aber wundern Sie sich nicht: Ich halte es da mit meinem liebsten Weihnachtslied ›Stille Nacht‹. Ich wünsche mir in meiner Stadt Berlin eine stille Nacht, so ruhig und friedlich, dass nur ein einziger Polizist ausreichen würde, um unsren Job hier zu machen. Das wünsche ich mir. Nicht nur wegen all der Tränen und dem Kummer, die in dieser Nacht dann ausbleiben, sondern auch weil viele Kinder von Ärzten, Feuerwehrleuten, Polizisten, Krankenschwestern und letztlich auch meine Kinder heute nicht ohne Mama oder Papa sein müssten, das wünsche ich mir! Albern, was?«

»Nein, das ist gar nicht albern, und Sie sind wirklich ein lieber Mensch, und ich werde das Gefühl nicht los, dass es zwar schade sein mag, dass Sie heute nicht bei Ihrer Familie sind, aber dass ›Ihre Stadt Berlin‹ sich glücklich schätzen darf, dass Menschen wie Sie heute dort sind, wo sie sind. Danke schön!«

»Das tut aber gut. Ist, nebenbei gesagt, vielleicht sogar das schönste und sogar wertvollste Geschenk, das meine Kollegen und ich dieses Jahr bekommen. Wissen Sie, was ich mache? Ich werde nachher illegalerweise eine Kopie vom Mitschnitt unseres Gesprächs ziehen, mit Ihrem Einverständnis. Das spiele ich nicht nur so vielen Kollegen vor, wie ich kann, sondern ich werde es mir selbst, verteilt über das ganze nächste Jahr, immer wieder dann anhören, wenn ich es brauche. Und glauben Sie mir, das wird verdammt oft sein. Danke dafür!«

»Sehr gerne! Sehen Sie, es zahlt sich aus, manchmal zu sagen: ›Nein, aber mach ich trotzdem‹, oder?«

»Das weiß ich schon lange. Aber ich muss jetzt trotzdem weitermachen. Verraten Sie mir zum Abschied Ihren Namen?«

»Ich heiße Sarah, und ich wünsche Ihnen frohe Weihnachten! Auf Wiederhören.«

»Frohe Weihnachten, Sarah, und auf Wiederhören!«

# Todesengel

**Gestern Nacht habe ich vier** gesehen. Sie standen plötzlich am Rande der Autobahn und schienen zu überlegen, wen sie auswählen sollen. Ich war in Hamburg auf einer goldenen Hochzeit und hatte mich entschieden, die lieben Menschen dort mitten in der Nacht zu verlassen, weil ich drei anderen lieben Menschen versprochen hatte, wieder daheim zu sein, wenn sie aufwachen. Also fuhr ich mit meinem viel zu schnellen Leihwagen – mein verbeulter Pick-up war wieder mal in der Werkstatt – in den frühen Morgenstunden auf der Autobahn Richtung Berlin, als mir im Scheinwerferlicht auf der linken Spur blutige Fleischhaufen auffielen. Kurz darauf sah ich sie dann an der Böschung stehen. Aufrecht, majestätisch und wunderschön. Wie eine Gewehrkugel in einem Gelatineblock passierte mein Fahrzeug die Stelle, und sie blickten mir alle vier direkt in die Augen.

Der erste, der ein stolzes Geweih trug, schien mir mitzuteilen: »Wenn wir wollen, bist du tot. Wenn wir wollen, schicken wir einen von uns, und er wird dich mitnehmen, aus Rache für unseren Freund, der zerfetzt hinter dir auf der Fahrbahn liegt. Wenn wir wollen …« Und trotzdem lag etwas Mildes, Gnädiges in ihren Gesichtern. Nur der letzte von ihnen hatte den Kopf gesenkt und schaute mir dennoch wütend ins Gesicht. »Du kannst gehen, aber jemand von euch wird heute Nacht büßen«, war seine gefühlte Botschaft an mich, und ich fing leise an zu beten, dass es keine Familie erwischen möge, während ich versuchte, die Nummer der zuständigen Autobahnmeisterei herauszufinden.

Nun, sie haben mich verschont, und ich denke, ich weiß auch, warum.

Als ich vor Jahren einmal vom Dienst nach Hause kam, schickte mich meine Frau sofort wieder los, mit den Worten: »Vorn an der Hauptstraße hat irgend so ein Depp ein Reh angefahren und steht jetzt hilflos und dämlich daneben, und das Tier lebt noch und zappelt! Geh da sofort hin und mach was!« Und weil ich nicht blitzartig reagierte, schob sie noch ein bekräftigendes »Looos, mach was! Sofort!« hinterher. Also rannte ich an die Straßenecke und sah schon von weitem einen Typ in Nappalederjacke, der sich die rechte Hand vor den Mund hielt und sich stehend über ein schwerverletztes, aber noch zuckendes Reh beugte, das mitten auf der Straße lag. Es war klein und hatte diese wunderschönen großen braunen Augen, die neben Schneeflocken das Unberührteste und Reinste sind, was ich je auf diesem Planeten gesehen habe. Mehr als »Ogottogott« und »Das wollte ich nicht« brachte der Mann nicht zustande, der Bambi offenbar mit seinem schicken schwarzen Sportwagen umgenietet hatte. Seinen Flitzer hatte er übrigens sauber am Straßenrand geparkt, was mich zu der Frage provozierte: »Warum haben Sie das Tier denn nicht von der Straße geholt, ist doch saugefährlich so?« Immer noch mit der Hand vor dem Mund, nuschelte er daraufhin: »Mein Gott, das kann ich nicht«, während ich einen LKW um die Unfallstelle herumlotste, der unbedingt vorbeiwollte. Seinen letzten Satz zweimal leise nachäffend, fasste ich das Reh daraufhin an den Beinen und zerrte es an den Straßenrand, wobei wir eine lange Blutspur hinter uns herzogen. »Oh nein, wie das aussieht«, stöhnte er, während er ebenfalls an den Rand stolperte. Was mich, ich weiß nicht, warum, mit einem scheelen Seitenblick auf ihn zu dem Satz verleitete: »Ja, gibt einen leckeren Braten.« Ein gejammertes »Nun hören Sie doch auf«, gefolgt von einem entrüsteten »Selbstverständlich« auf meine Frage, ob er schon die Polizei gerufen habe, ließ er daraufhin hören.

»Wie lange ist das her?«, wollte ich wissen, und als er sagte: »Bestimmt zehn Minuten«, legte auch ich meine rechte Hand über den Mund und nuschelte: »Das heißt, die Kleine kämpft hier schon seit über zehn Minuten mit dem Tod?« Statt zu antworten, schluckte die Nappalederjacke nur kurz, und ich hackte die Nummer der örtlichen Polizeiwache in mein Handy, um zu fragen, wo die Kollegen blieben. Ein gelangweiltes »Ja, sind unterwegs« bekam ich daraufhin zu hören, was mich irgendwie so gar nicht befriedigte und veranlasste, ein bisschen Streit anzufangen. »Wo ist denn bitte hier auf'm Dorf grade der Kriminalitätsschwerpunkt, der verhindert, dass einer von euch der Lütten 'ne Kugel reinballert, um sie zu erlösen? Oder meinetwegen schickt 'nen Förster, aber heut noch. Tut nämlich weh, wenn man blutend auf der Straße liegt und weder leben noch sterben kann!«

»Ach, was du nicht sagst! Wir sind gleich da«, ließ daraufhin der Dorfsheriff hören, und ich hätte wahrscheinlich das Gleiche geantwortet.

Da standen wir nun, mit dem Häufchen Elend zu unseren Füßen. Ich guckte auf die Uhr, und die Nappalederjacke fing an zu plappern und hörte gar nicht mehr auf. Dass er Versicherungskaufmann sei und solche Schadensfälle schon oft bearbeitet habe und dass das alles in natura ja aber viel schlimmer aussehe und dass es ihm furchtbar leidtue und und und. Nach weiteren fünf Minuten legte ich den Kopf in den Nacken und rief laut: »Maaann, wo bleiben die denn?«, was meinen Versicherungskaufmann veranlasste, seitlich einen Schritt von mir wegzutreten. In dem Bewusstsein, dass die Wache keine drei Minuten mit dem Auto entfernt war, es also einen wichtigen oder unwichtigen Grund geben musste, weshalb noch niemand da war, fasste ich die Entscheidung, dass Tier selber zu erlösen.

Und zwar in einer Art und Weise, die ich nicht näher schildern will, weil ich sicher bin, dass die meisten Tierliebhaber das nicht lesen möchten. Leise und beruhigend flüsternd: »Komm, lass los, gib auf, gleich tut's nicht mehr weh ...«, sah ich zu, wie aus diesen großen unschuldigen Augen das letzte bisschen Leben wich. Kaum jemand von Ihnen, liebe Leser, wird etwas oder besser jemandem das Leben genommen haben oder auch nur bei einem Sterben Zeuge gewesen sein. Mir geht es leider anders. Ich dachte dann immer, es müsste doch jetzt so etwas wie Feenstaub oder ein magischer Schleier aufsteigen oder ein letztes langes Ausatmen zu hören sein. Es passiert aber nichts dergleichen. Nicht einmal die Augenlider schließen sich wie in Film und Fernsehen, was ich versöhnlich und schön finden würde. Nein, es erstarrt einfach die Bewegung und dieser kleine Funke in der Mitte des Auges. Das war's.

»Ogottogottogott, das könnt ich nicht«, stammelte es hinter mir, woraufhin ich mich zu dem Satz hinreißen ließ: »Dafür können Sie bestimmt viel besser rechnen als ich.« Er kreidebleich und ich wortlos, gingen wir daraufhin zu seinem Wagen, an dem wir noch geschlagene 23, in Worten: dreiundzwanzig, Minuten warteten, bevor die Polizei eintraf. Ich bin sofort abgehauen, als die Kollegen kamen, weil ich Angst hatte, dass ich sonst etwas sage oder tue, was anschließend teuer wird. Als ich nach Hause kam, wurde ich von meiner Frau mit einem vielsagenden »Und, alles klar?« empfangen.

»Ja, alles klar«, entgegnete ich müde, das reichte aber nicht.

»Wie, alles klar? Was jetzt?«, bohrte sie weiter. Und dann gab es einen dieser kurzen und knackigen Dialoge, die für unsere harmonische Beziehung so typisch sind: »Ich hab Bambi umgebracht.«

»Wie, umgebracht?«

»Schmerzlos, genau so, wie ich deinen Liebhaber töten würde.«

Dann flog ein Wäschehaufen, den sie auf dem Arm trug, in meine Richtung, gefolgt von: »Jonas, ich verlass mich auf dich!«

»Ich weiß, das kannst du auch, genau wie deine Liebhaber.« Dann gab es ein Küsschen für mich, und ich hatte bis zum Abendbrot meine Ruhe.

Die Todesengel letzte Nacht haben mich also vielleicht das Versprechen, das ich meinen Kindern gab, einlösen lassen, weil ich damals einem der ihren die Schmerzen genommen hatte. Vielleicht. Vielleicht bin ich aber auch nur ein verdrehter Spinner, der in seiner Traumwelt lebt, und Sie meinen, man müsste mal dringend ein ernstes Wörtchen mit meinem Therapeuten oder Dealer reden. Tja, erstens gibt es die beiden nicht, und zweitens wäre es doch wirklich schön, wenn es so etwas wie offene Rechnungen gibt, die von irgendwem beglichen werden, der gerecht ist.

Fakt ist, dass ich im Laufe der Jahre schier unzählige Notrufe entgegengenommen habe, die Wildunfälle zum Inhalt hatten. Und auch hier reicht das Kaleidoskop von nüchtern und abgeklärt bis hochemotional und panisch. Das folgende Beispiel stammt aus dem oberen Drittel der Skala. So schien es zumindest …

Eine junge Frau rief mich mitten in der Nacht an, aufgebracht, aber nicht hysterisch: »Ich hab hier ein Reh angefahren, so ein Mistvieh. Kommen Sie bitte mal schnell hierher.«

»Wo sind Sie denn?«

»Irgendwo im Grunewald.«

»Haben Sie's ein bisschen genauer? Oder halt, anders: Sind Sie selbst verletzt?«

»Ja, aber nicht doll. Aber das Reh, das liegt da!«

»Moment, Moment, was heißt: nicht doll? Wie schlimm sind Sie verletzt?«

»Ach, ich blute nur ein bisschen an der Stirn, aber das Reh, das liegt da …«

»Haben Sie kalten Schweiß, ist Ihnen schwindelig?«

»Was?«

»Ob Sie vielleicht einen Schock haben, will ich wissen.«

»Na klar bin ich schockiert!«

»Ahhh. Schauen Sie mal in den Spiegel. Sind Sie blass? Ist Ihnen schwindelig? Haben Sie kalten Schweiß auf der Stirn? Haben Sie einen trockenen Mund?«

»Ich hab keinen trockenen Mund! Ich hab hier ein Reh mitten auf der Straße! Tun Sie doch was!«

»Okay, okay. Wo sind Sie?«

»Na, im Grunewald, hab ich doch schon gesagt!«

»Wo denn da genau, bitte sehr?«

»Na, mittendrin. Jetzt hören Sie doch mal auf mit Ihren Fragen und machen Sie endlich was!«

»Haben Sie ein Navigationsgerät in Ihrem Auto?«

»Ja.«

»Was sehen Sie darauf?«

»Moment … einen roten Strich … einen gelben Pfeil drauf … und drumrum alles grün.«

»Mmmm. Ich möchte Sie mal was fragen.«

»Bitte!«

»Was halten Sie davon, dass in Berlin die Wasserpreise im Verhältnis zu anderen Bundesländern viel zu hoch sind?«

»Das ist 'ne Frechheit!«

»Wie finden Sie es, dass die Siegessäule bei Nacht bunt angestrahlt wird?«

»Das find ich schön.«

»In welche Straße sind Sie zuletzt eingebogen?«

»Havelchaussee.«

»Bingo! Damit haben Sie jetzt drei Gummipunkte, sind eine Runde weiter, und ich lass jetzt die Havelchaussee nach Ihnen absuchen. Ist leider ziemlich lang, das Ding, aber ich fürchte, das zweite Level schaffen Sie nicht.«

»Moment, Moment, wo ist denn das Reh geblieben?«

»Blutet Ihre Stirn noch?«

»Nein.«

»Ist Ihr Auto noch in Ordnung, will heißen, noch fahrtüchtig?«

»Ja, aber das Mistvieh hat's mir ganz schön demoliert!«

»Okay, passen Sie auf, ich sag Ihnen was: Sie nehmen jetzt Ihr Warndreieck, stellen es aufgeklappt auf den Bürgersteig und machen auf dem Nachhauseweg an irgendeiner Polizeiwache halt, stellen Ihr Fahrzeug dort vor und lassen die ganze Sache dort aufnehmen. Alles klar?«

»Geht nicht!«

»Wie, geht nicht?«

»Krieg ich nicht aufgeklappt. Hab ich schon mal versucht. Geht nicht.«

»Dann legen Sie das Ding eben in der Verpackung auf den Bürgersteig.«

»Moment, Moment!«

»Was ist denn jetzt schon wieder?«

»Das Reh! Das Reh ist wieder da!«

»Wie, wieder da?«

»Das steht im Scheinwerferlicht direkt vor meinem Auto und guckt mich böse an! Das … das macht mir Angst!«

»Sie brauchen keine Angst zu haben. Rehe sind nicht gefährlich.«

»Das steht mit leuchtenden Augen blutend vor meinem Auto und guckt mich direkt an. Kommen Sie her. Ich hab Angst, kommen Sie sofort her!«

»Ja, ja. Wir sind ja schon unterwegs. Wir sind bald da. Setzen Sie sich ins Auto.«

»Da sitz ich schon längst, Sie Trottel. Das Vieh steht vor meinem Fenster und stiert mich an. Ich hab Schiss!«

Mit der ruhigen Gewissheit, dass unsere Jungs sie recht schnell finden werden und ich mir nicht vorstellen konnte, dass sie bis dahin Bambi zum Opfer gefallen ist, hab ich sie dann aus der Leitung komplimentiert.

Komisch, früher konnte ich mir immer alles vorstellen …

Eine Stunde später stand ich in der Teeküche und war gerade dabei, mir einen doppelten Espresso zusammenzubasteln, als mein Kollege Harry mit einer verbotenen Zigarette reinkam und mich fragte: »Hattest du den Wildunfall im Grunewald?«

Mehr als ein kurz angebundenes »Ja« hatte ich um die Uhrzeit für ihn nicht übrig. Als er dann noch weiterbohrte mit der blöden Frage: »Und, willst du wissen, was draus geworden ist?«, einen tiefen Zug nahm und mich in eine Nebelschwade einhüllte, bekam er von mir ebenfalls nur ein patziges: »Nein, will ich nicht.« Was ihn nicht daran hinderte, ungefragt weiterzuquatschen: »Doch, willst du! Einmal totes Reh und einmal weiblich mit Herzstillstand! Reanimation erfolglos. Saubere Arbeit, Gutenrath, hast 'ne Glückssträhne diese Woche, was?!« Dann blies er mir noch einmal Rauch in mein Gesicht und verschwand im Dunst.

Ich blieb allein in der Teeküche zurück, stützte mich mit beiden Armen vornübergebeugt auf die Anrichte, weil ich weiche Knie bekam, und flüsterte vor mich hin: »Der Todesengel hat sie geholt … Scheiße, Jonas, früher konntest du dir immer alles vorstellen …«

# Portemonnaie

**Meistens denke ich eine Weile** nach – um dann am Ende doch »Geldbörse« zu schreiben. Merkwürdig eigentlich, wenn man bedenkt, wie oft ich das P-Wort schon in Formulare, Vordrucke oder Computertastaturen meißeln musste. Manches ändert sich halt nie. So wie der geradezu klassische 110-Anruf mit dem Auftaktsatz: »Man hat mir mein Portemonnaie gestohlen«, verbunden mit der verständlichen, aber trotzdem naiven Erwartungshaltung, dass der Polizist am Telefon es ratzfatz wiederbeschaffen könnte. Ich wäre wohl auch frustriert, wenn ich als lapidare Antwort zu hören bekäme: »Sie können auf jeder beliebigen Polizeiwache eine Diebstahlsanzeige gegen unbekannt machen.« So sind die Reaktionen auf diese teilnahmslose Ansage denn auch genauso unterschiedlich wie die Anrufer selbst. Von »Na, toll« bis »Hören Sie mir nicht zu, Sie blödes Arschloch, mein Portemonnaie ist weg« habe ich schon alles gehört und hatte dabei für fast jeden Verständnis. Zumindest so viel, dass ich nicht gleich den angepissten Beamten gegeben habe, sondern Sätze vom Stapel ließ wie: »Was soll denn das blöde Arschloch Ihrer Meinung nach machen, 'ne Ringfahndung auslösen?« Das Wiederholen der Beschimpfung in Verbindung mit dem absurden Angebot ist jedoch keineswegs eine Garantie dafür, dass sich beim Anrufer plötzliche Einsicht und Höflichkeit einstellen. Ich würde mich auch nicht beruhigen. »Ganz genau, und zwar pronto! Meinetwegen riegeln Sie die ganze verdammte Innenstadt ab!«, hat mir mal einer geantwortet. Ging dann wie folgt weiter, unser Gespräch:

Ich: »Alles klar, wird erledigt!«

Er: »Und ich will hier verflucht noch mal sofort Polizei sehen!«

Ich: »Gut. Treten Sie bitte zurück von der Bordsteinkante, in dreißig Sekunden werden zwei schwarze Limousinen mit quietschenden Reifen vor Ihnen stehen. Welche Personenbeschreibung darf ich unserem SEK übermitteln?«

Er: »Was weiß ich. War 'n Türke oder irgend so was!«

Ich: »In Ordnung. Ich werd alles niedermetzeln lassen, was unter 1,75 ist und schwarze Haare hat. Gehen Sie bitte in Deckung, wir werden automatische Waffen benutzen, denn Sie befinden sich in Neukölln!«

Er: »Sie wollen mich wohl verarschen?!«

Ich: »Nö. Ich will nur, dass Sie sich beruhigen oder vielleicht sogar über meinen Blödsinn lachen, damit wir endlich konstruktiv werden und Sie sich beispielsweise die Kreditkartensperrnummern notieren, die ich Ihnen geben könnte.«

Er: »Hmm ...«

Ich: »Und, schreibbereit?«

So oder so ähnlich lief und läuft es oft, wenn die Geldbörse futsch ist und die Polizei nur noch mit Schadensbegrenzung und ein paar Ratschlägen dienen kann.

Allerdings nicht bei unserem nächsten Anrufer, dem es nicht um Geld ging und für den ich eine Verfolgungsjagd anzettelte, die zunächst alles andere als verhältnismäßig schien ...

»Mein Portemonnaie wurde mir gestohlen, verdammt!«

»Wann ist das geschehen?«

»Gerade eben!«

»Wo sind Sie?«

»Potsdamer Straße, Höhe Wintergarten.«

»War viel Geld drin, und haben Sie Kreditkarten?«

»Ach, scheiß auf den ganzen Kram! Da ist das einzige Foto drin, das ich von meinem Vater habe, verdammt, und mein Papa ist schon lange tot!«

»Okay, verstehe. Personenbeschreibung! Einzeltäter, oder hat er weitergereicht?«

»Nur einer. Langer schwarzer Mantel, braune Haare, braune Turnschuhe und dunkle Jeans.«

»Sind Sie verletzt, oder war's ein Trickdiebstahl?«

»Ich bin unverletzt. Der Mistkerl hat mich angerempelt und ist dann losgerannt.«

»Heißt das, Sie sehen ihn noch?«

»Ja, na klar, ich bin dran. Ich bin Marathonläufer, ich lass den Kerl nicht entkommen. Das bin ich meinem Vater schuldig.«

»Ha, klasse, das gefällt mir! Sieht ganz so aus, als hätte sich der Typ heute mal das falsche Opfer ausgesucht.«

»Na, ich weiß nicht. Die Puste hab ich, aber der legt ein ganz schönes Tempo vor, und er weiß, dass ich dran bin.«

»Scheißegal. Ist nicht wichtig, wie schnell Sie sind. Nur immer schön dranbleiben, immer schön Sichtkontakt halten. Langer Atem ist viel wichtiger als Sprint, und der Jäger hat's immer leichter als der Gejagte. Außerdem sehe ich auf dem Monitor, dass ich eine Zivilstreife in Ihrer Nähe habe, und ein Funkwagen ist auch schon unterwegs. Die Zivis schicke ich Ihnen zu Fuß entgegen.«

»Hey, klasse, Mann! Alles für mein Portemonnaie? Danke!«

»Sie können sich bedanken, wenn wir das Rennen gewonnen haben. Auf welcher Höhe sind Sie jetzt?«

»Warten Sie, wir sind gerade an einem riesigen Sexshop vorbei, und ein U-Bahnhof war da auch ...«

»Okay, Kurfürstenstraße. Seien Sie bitte vorsichtig, ist keine feine Gegend. Nicht in einen Hinterhof locken lassen oder so, klar!«

»Wie meinen Sie das?«

»Sie haben sich die mieseste Gegend Berlins ausgesucht, um sich beklauen zu lassen. Prostitution und Drogen und so weiter. Ihr Typ ist entweder ein Junkie oder ein Profi. Der Mantel ist zu auffällig, ich tipp auf Junkie. Das heißt, Sie müssen mit Hepatitis, Aids und null Mitleid rechnen, wenn Sie dem allein gegenüberstehen. Kapiert?«

»Kapiert! Was soll ich machen?«

»Sie machen das sehr gut. Sichtkontakt, aber immer ein bisschen Abstand halten und immer schön den aktuellen Standort durchgeben. Aus Richtung Schöneberg kommen Ihnen die Zivis entgegen, und von hinten wird's in Kürze blauen, weil der Streifenwagen auch gleich da ist.«

»Scheiße, der schlägt 'nen Haken!«

»Was heißt das? Los, ich brauch Informationen!«

»Er hat eine Frau umgerissen, ist quer über die Straße und läuft jetzt zurück.«

»Können Sie erkennen, ob die Frau verletzt ist?«

»Nein, aber jetzt ist er wieder über die Straße. Ein Motorradfahrer ist fast auf die Fresse gefallen!«

»Was, nein? Brauchen wir einen Krankenwagen für die Frau oder nicht?«

»Nein, nein, nein, aber – auweia – der Motorradfahrer ist gerade voll einem hintendrauf und hat 'nen Riesensatz gemacht, oha! Ich schätze, der braucht 'nen Krankenwagen!«

»Okay, schick ich. Sehen Sie den Dieb noch?«

»Nee, Moment ... Verdammt, der ist links in 'ne Straße eingebo... Hey, jetzt kommt mir der Streifenwagen entgegengepfeffert ... Ahhh, falsche Richtung, Leute ... Kacke, Mist, der hält nicht. Doch, jetzt, beim Motorradfahrer!«

»Gut, ganz ruhig bleiben, da lassen wir ihn auch, weil wir nicht wissen, wie es dem Motorradfahrer geht. Aber keine Angst, wir kriegen das schon hin. Außerdem haben wir die Zivis noch im Spiel. So, wie heißt die Straße?«

»Welche Straße?«

»Na, die Straße, in die der Dieb eingebogen ist. Nebenbei, wie heißen Sie?«

»Nennen Sie mich Carlo, und siezen brauchen Sie mich auch nicht.«

»So, jetzt mal konzentrieren, Carlo. Wir haben noch nicht verloren. Mit deiner Läuferlunge und meinem Know-how kriegen wir den schon, alles klar?«

»Alles klar!«

»Prima! Ich heiße Cid. Los, Straßenname!«

»P, irgendwas mit P. Pehlstraße oder so.«

»Pohlstraße! Links in die Pohlstraße, richtig?«

»Ja!«

»Gut, sieh zu, dass du Fahrt aufnimmst! Kannst du ihn sehen?«

»Noch nich' … doch jetzt … ja, ich bin dran. Jetzt biegt er rechts …«

»… in die Kluckstraße, okay. Pass auf, ich hab die Zivis schon wieder im Auto und seh zu, dass sie ihm hintenrum über die Lützowstraße den Weg abschneiden. Ich weiß aber nicht, ob sie früh genug da sind. Du gehst bitte kein Risiko ein, hast du mich verstanden?!«

»Cid, ich muss dieses Bild wiederhaben. Unbedingt!«

»Ich weiß! Das verstehe ich auch gut. Sogar besser, als du denkst. Wir werden uns aber trotzdem nicht für ein Foto überfahren oder abstechen lassen, klar?«

»Hey, bleib stehen! … Ich bin dran, Cid, ich bin dran … Mann, schmeiß das Portemonnaie weg, du kannst die Kohle behalten … Hey! Bitte! Bitte, Mann!«

»Cid, das Arschloch bleibt nicht stehen, aber er wird langsamer. Was mach ich denn jetzt?!«

»Der kann nicht mehr. Das heißt, jetzt wird's gleich gefährlich. Abstand halten und Zeit schinden. Unsere beiden Joker sind jeden Moment da, und die haben Routine mit so was. Wo bist du jetzt genau?«

»Wir sind gleich an der nächsten Querstraße.«

»Das müsste dann die Lützow sein. Scheiße, ich hab gedacht, da machen unsere Jungs den Sack schon zu.«

»Vergiss es, hier is' keine Polizei. Und jetzt läuft der Kerl gerade in einen Hauseingang rein.«

»Carlo, nicht hinterher! Nicht hinterher, verstehst du?! Sag mir die Hausnummer!«

»Zu spät, ich bin schon drin, wo ist der Typ, verdammt ...«

»Carlo, welche Hausnummer? Bleib stehen, und sag mir, welche Hausnummer!«

»Weiß ich nich'. Verdammt, wo is' der Typ?«

»Wie sieht der Hauseingang aus? Welche Farbe, wie gebaut?«

»Grau. Grau und rund. So 'n Rundbogen überm Eingang, Mann, wo is' der?«

»Carlo? Carlooo?«

»Ja doch! Hey, ich hab den eben noch gesehen, verdammt!«

»Carlo, geh noch mal nach vorn und sag mir die Hausnummer!«

»Okay. Cid ... Ciiid, ich seh ihn ...«

»Gut. Wie sieht er aus, wo ist er genau?«

»Der is' hinter mir, Scheiße! Der is' jetzt hinter mir, zwischen mir und der Straße, oh Scheiße! Ich glaub, der hat 'ne Spritze in der Hand! Boah, was is' das hier für 'n beschissener Horrortrip: Der hat 'ne Spritze in der Hand und ... der kotzt Blut, glaub ich ... uuund jetzt, jetzt kommt er langsam auf mich zu! Cid, jetzt wär 'n schöner Moment für euch, hier zu erscheinen! Echt, ey!«

»Geh zurück, lass ihn bloß nicht an dich ran!«

»Mach ich ja, mach ich ja, aber gleich steh ich mit dem Rücken zur Wand ... Verflucht, wo bleibt ihr denn, das is' nich' lustig ...«

»Wir sind gleich da. So viel beschissene Rundbögen wird's schon nich' geben, wir sind gleich bei dir.«

»Cid, der sieht aus wie 'n verfluchter Zombie, ich scheiß mir gleich in die Hose ... Bitte, wo bleibt ihr denn ... biiiitte!«

»Hey, bleib ruhig, ganz ruhig. Schön regelmäßig atmen. Wir sind gleich da! Pass auf: Quatsch ihn voll! Sag ihm, was du willst! Dass du nicht ihn willst oder die Kohle, sondern nur das Foto. Und dass du dann sofort abhaust. Los, versuch mal!«

»Hey, Alter, bleib stehen. Bitte! Du kannst die Kohle gern behalten! Und ich leg noch meine Armbanduhr obendrauf! Bitte! Lass mich nur gehen! Okay? Und gib mir das alte Foto aus meinem Portemonnaie. Das is' mein Vater! Bitte, Alter! Bitte!

»Das machst du prima, Carlo! Was tut er?«

»Er hält an und schaut in mein Portemonnaie!«

»Cool. Sag ihm, er soll das Foto auf die Erde legen. Du legst ihm dafür deine Uhr hin. Und dann schaut ihr euch an und dreht euch beide mit Abstand hübsch im Kreis. Bis jeder hat, was er will. Kostet alles Zeit. Kriegst du das hin?«

»Ja, aber der redet nicht! Ich versuch mal nur mit Gesten. Hey, hier meine Uhr! Kannst du haben! Ich leg sie hin, siehst du? Leg mir nur das Foto hin, okay? Dann drehen wir uns, und jeder hat, was er will, okay? Ja?«

»Was ist los, macht er mit?«

»Ja, ja, scheint so. Wir drehen uns schon, ich bin schon fast rum ... Oh nein, was is' das denn?«

»Was ist los, Carlo? Komm, red mit mir!«

»Das Foto is' voller Blut! Total beschmiert, oh nee ...«

»Tja, Carlo, jetzt musst du 'ne Entscheidung treffen. Der Kerl hat wahrscheinlich alle Krankheiten dieser Welt. Du musst bei ihm mit Aids und Hepatitis rechnen. Wenn du also Papa nicht liegen lassen willst, darfst du auf keinen Fall direkt mit dem Blut in Kontakt kommen. Da reicht bei dir schon eine kleine Nagelbettentzündung, und du hast 'n Problem. Ich hab mal ein ganzes Jahr gewartet, bis sie mir sagen konnten, dass ich mich nicht angesteckt habe. Wenn du meinen Rat willst, lass das Foto liegen.«

»Mann, ey, was für 'ne Scheiße hier alles, ey ...«

»Komm, Kleiner, hau ab! Hätte Papa auch gewollt, glaub mir! Bring dich in Sicherheit, geh langsam rückwärts raus, okay?«

»Scheiße, okay, Mann. Scheiße, alles umsonst ...«

»Nix is' umsonst, solang du heil da rauskommst! Na komm ...«

»Okay. Hey, hey, ich glaub, die Polizei is' da. Ja! Da sind grad zwei Riesentypen, nich' in Uniform, aber mit so grünen Überziehwesten, an mir vorbeigezischt. Ja, steht Polizei drauf!«

»Okay, das ist die Zivilstreife, alles klar. Bist du raus aus dem Innenhof?«

»Nein, noch nich' ganz, bin vielleicht zehn Meter von ihnen weg oder so, die sind gleich dran. Ja, jetzt sind sie ... Ach, du Scheiße, der greift die an ... du lieber Himmel ... die kriegen den nich' in den Griff! Der schreit wie ein Tier! Das sind zwei Riesenkerle, aber die krie... Schick ma', schick ma' mehr Polizei her, schnell, mach ma'... los! Auweia, oh nee ... Ey, ich will euern Job nich' haben, echt, ey, oh neeee ... Der hat sich losgerissen, und weißt du, was der macht? Oh Gott, der knallt seinen Kopf immer wieder gegen die Wand und spritzt und spritzt mit dem Blut um sich, mit dem Bluuut, oh neeein, oh Gott, Aaaalter, was is' das bloß für 'ne Scheißwelt, Alter ...«

»Carlo?! Carlo, guck da weg! Guck da nicht hin! Carlo, sprich mit mir! Komm, geh da raus! Alles wird wieder gut! Los, geh da raus!«

»Nichts wird wieder guuut, Alter, da wird gar nichts wieder guuuuut, Aaaaaalter, aaaahhhhhhhhhhhhh …«

Ich bin heut mit dem Fahrrad da. Meine Frau holt die Kinder von der Schule ab. Bald ist Feierabend. Und ich werde einen Umweg machen. Einen großen Umweg …

# Kakadu

**Mit Federvieh habe ich nicht** viel am Hut. Kann nicht einmal genau sagen, warum. Oder doch, eigentlich schon: Unzählige Male bin ich von Möwen vollgekackt und sogar einmal angegriffen worden. Das mit dem Möwenschiss war in Neopren nie ein Problem, aber sie haben mich auch auf dem Oberdeck der Borkumfähre während der Überfahrt voll erwischt, und zwar in Ausgehuniform. Das fand ich gar nicht lustig! Aber alle anderen. Und einmal haben sie auf meine Rübe eingehackt, als ich sie atemlos nach einem schweren Job im Schoß der Ostsee aus dem Wasser herausstreckte. Das war auch nicht lustig. So eine Seemöwe kann ein Riesenkaventsmann werden. Mit einem Schnabel, der dir die Fontanelle knackt, als wärst du 'n Frühstücksei. Wenn die Flugsaurier im Schwarm auftreten und du allein und mit deinem Köpfchen auf Wasserlinie bist, können sie dich kaltmachen, bevor du zweimal Mama gesagt hast. Wirklich gerächt habe ich mich für die Nummer nie. Allerdings fortan tatenlos zugesehen, wenn die Geier von unseren Jungs, die alle ähnliche Erfahrungen hatten, mit Tabascotoast gefüttert wurden. Außerdem gab's mal 'ne dicke Nachbarin, als ich ganz klein war, die mich zwar mit Keksen fütterte und viel weniger meckerte, als ich verdient hatte, aber ihr Papagei war eine Pest. Er konnte mich nicht leiden und hat mir das bei jeder Gelegenheit gezeigt. Entweder lautstark herausgebrüllt oder im Sturzflug ebenfalls mit Kacke und hinterlistigen Attacken. Der einzige Lichtblick auf dem Gebiet war eine Elster namens Adolf, die ich im Sommer '89 mit gebrochenem Flügel im

Straßendreck fand und wieder aufgepäppelt habe. Den bekloppten Namen habe ich ihr gegeben, weil sie, nachdem sie fast alle Federn verloren hatte, nur noch einen nackigen Hals mit einer ultrakurzen Seitenscheitelfrisur hatte und mit dem dazu passenden stechenden Blick enorme Ähnlichkeit mit dem Mann aus Österreich aufwies. Auch das einnehmende Wesen passte dazu. Elstern sind nämlich, genau wie Gerücht und Märchen gern behaupten, tatsächlich diebisch. Mein Schlüsselbund machte sich selbständig, meine Uhr war einmal weg, und alles, was sonst noch glänzte, gehörte fortan ihr, nachdem sie eingezogen war. Diese Aktionen, wenn man sie denn mitbekam, waren sehr süß anzusehen. Weil der kleine, nackige Scheißer mit seinem kaputten Flügel große Mühe hatte, seine meist viel zu schweren Schätze in Sicherheit zu bringen. Zwar machte das Biest enormen Dreck, aber nach kurzer Zeit war es mir doch ans Herz gewachsen. Und das nicht nur, weil es perfekt einen trällernden Pfiff nachahmte, von dem ich bis dahin dachte, dass nur ich ihn kann. Und ich hätte auch darauf gewettet, dass Adolf nach einem Sommer voller Pflege, gemeinsamer Planschbäder und zahlreicher Kuscheleinheiten, bei denen er sein Köpfchen in meine Hand schmiegte, auch bei mir bleiben wollte. Aber Pustekuchen. Als ich ihn mit neuem, prachtvoll glänzendem Gefieder und zwei starken heilen Flügeln samt seiner Voliere in den Garten schob, war er weg, kaum dass ich seine Tür geöffnet hatte. Mit großen, raumgreifenden Flügelschlägen hob er ab und flog mitten in die Sonne, ohne sich auch nur umzusehen. Trotzdem war ich glücklich. Und hab geheult.

Also, Korellas (Nasenkakadu, *Cacatua tenuirostris*) gelten als sehr verspielt, wie meine älteste Tochter aus dem Internet herausgepopelt hat, als ich ihr erzählte, was Corelli für ein schräger Vogel war. Und das erklärte vieles. Denn er hat uns »schön die Pfeife gehalten«, wie es im Polizistenjargon heißt. Denn immer, wenn

Corelli kurz vor der Evakuierung und zum Greifen nah war, war er wieder weg. Obwohl doch eigentlich gestutzt und völlig flugunfähig, wie sein Besitzer vor Ort, der vor Scham am liebsten im Boden versunken wäre, nicht müde wurde zu behaupten. Ich muss dazu sagen, dass ich mit der eigentlichen Aktion gar nicht viel zu tun hatte und mir im Anschluss viel berichten ließ. Wirklich, im Anleiern dieses Einsatzes hatte ich null Aktien. Gerade deshalb war ich wieder einmal mächtig stolz auf mein Berlin. Da hatte es nämlich Corellis Papa wohl geschafft, ob nun durch Beharrlichkeit oder Sympathiepunkte sei mal dahingestellt, die tendenziell eher abgebrühten Feuerwehrmänner und auch ein paar Polizisten dieser Stadt davon zu überzeugen, dass wir jetzt alle mal Corelli retten müssen. Chapeau! Das sind die Momente und Tage, an denen ich, obwohl sonst oft zweifelnd, manchmal sogar wütend, sicher bin, dass meine Wahlheimat die richtige ist. Die Feuerwehr war mit einer Drehleiter da und wir mit jeder Menge Spaß und auch Geduld. Die brauchten wir auch, denn das Federvieh war nicht nur höchst gerissen, sondern auch noch frech. Ich will nicht meine Hand dafür ins Feuer legen, dass der eine oder andere Kollege vor Ort nicht auch laut darüber nachgedacht hat, ob er den Vogel à la *Police Academy* beziehungsweise Tackleberry vom Baum holen soll. Sozusagen endgültig. Aber die Vogelfreunde haben sich durchgesetzt. Doch wie es eben immer so ist, man kann es nicht allen recht machen. Selbst wenn sich fast alle einmal gegenseitig toll finden und sogar die blöden Bullen Herz zeigen, ist das auch wieder nicht richtig. Einen Miesepeter gibt es immer. Und wo landet der? Genau! Bei mir in der Leitung …

»Hörnse ma, das kann hier doch wohl nich angehen«, trötet es aus der Leitung, als ich mich gut gelaunt gemeldet habe.

»Was kann wo nicht angehen?«, ist alles, was mir einfällt, und ich drück mich nach dieser Ansage absichtlich nicht netter aus.

»Na, dass Sie hier so 'n Staatsaufgebot machen!«, legt er vielsagend nach.

»Also, ich hab keine Ahnung, was Sie meinen«, gebe ich ehrlich zu.

»Ja, wie immer!«, wird er frech, und spätestens jetzt hat er seine Bonuspunkte verspielt.

»Also, ich lutsch hier grad 'n Lolli, Chupa Chups Caramel – echt lecker – und mach garantiert für niemanden irgendein Staatsaufgebot. Wenn Sie sich folglich jetzt nicht deutlicher ausdrücken, fliegen Sie aus der Leitung. Kapiert? Und los!«, geb ich ihm Feuer und bekomme dafür, was ich erwartet habe.

»Jetzt wernse mal bloß nich frech, ja!«, droht er mir.

Auf solche Knaller hab ich echt Bock, und deshalb kriegt er's von mir auch entsprechend: »Nicht ich werde frech, sondern Sie. Wenn Sie glauben, dass wir keine Ahnung haben oder ich, warum rufen Sie dann hier an und quatschen nicht stattdessen einfach mit Ihrem Spiegelbild?«

»Was erlauben Sie sich!« Jetzt wird er förmlich.

»Da ist noch viel mehr drin. Aber so weit kommen wir zwei gar nicht, wenn Sie jetzt nicht gesittet Ihr Anliegen vortragen. Ich hab nämlich wirklich Wichtigeres zu tun, als mich von Ihnen volltexten zu lassen. Zum Beispiel Lollis lutschen«, gieß ich weiter Öl ins Feuer und bin gespannt, ob er die Kurve kriegt.

»Na, das Affentheater, das Sie hier mit der Feuerwehr zusammen in der Clayallee veranstalten, wegen dem Vogel!«, haut er endlich ein paar Fakten raus, und ich bin, dank unserer vernetzten Computer und der albernen Sprüche, die wir hier im Saal schon hin und her schicken, sofort im Bilde.

»Ach, Sie meinen die Großwildjagd, die wir gerade in Wilmersdorf gemeinsam mit der Feuerwehr veranstalten?«, verblüff ich ihn, weil ich so perfekt im Sachverhalt stecke.

»Genau!«, ist denn auch alles, was er daraufhin spontan herausbringt, offensichtlich doch sehr erstaunt oder sogar verärgert darüber, dass dieser Fall, so muss er es ja auffassen, in ganz Berlin Priorität genießt.

»Und, was stört Sie daran?«, frage ich scheinheilig.

»Alles, verdammt noch mal!«, nimmt er langsam Fahrt auf, und ich denke, er macht sich erst warm.

»Ach, kommen Sie, bleiben Sie doch mal ein wenig locker. Wir haben hier schon Wetten laufen, wer zuerst die Nerven verliert: der Vogel oder wir!«

»Ich verlier hier gleich die Nerven!«, droht er mir, und ich bin ausnahmsweise nicht gewillt, die vielgepriesene Deeskalationsschiene zu fahren.

»Haben Sie ja schon, ganz offensichtlich. Wenn Sie wegen so etwas die 110 anrufen.«

»Das kann hier doch wohl alles nicht Ihr Ernst sein«, geifert er weiter, und ich beschließe, auch auf Grund der ansonsten ruhigen Auftragslage, noch ein Weilchen für ihn da zu sein.

»Na klar. Warum auch nicht. Der Flattermann ist verletzt, soweit ich weiß, sein Besitzer heult sich bei unseren Leuten die Augen aus, und außerdem leben Sie in Berlin: Hier hat man nicht nur Schnauze, sondern auch Herz! Ich weiß gar nicht, was Sie wollen?!«

»Was ich will? Soll der doch zurück nach Afrika, verdammt noch mal!«

»Ich sag Ihnen was: Ich bin hier voll im Bilde. Der Vogel heißt Corelli und wurde in Wilmersdorf geboren, ähhh, is' geschlüpft, meine ich. Damit ist er ein gebürtiger Wilmersdorfer beziehungsweise Berliner und es doch wohl wert, dass wir ihn retten, oder?«

»Meinetwegen kann der Scheißpapagei tot vom Baum fallen!«

»Kacker du!«

»Was fällt Ihnen ein, Sie Flegel!«

»Kakadu. Hier steht, Corelli ist ein Kakadu! Wollen Sie noch mehr über ihn wissen?«

»Hören Sie, das ist mir alles scheißegal! Das ist hier eine unfassbare Verschwendung! Ich werde an den Bund der Steuerzahler schreiben! Nur dass Sie Bescheid wissen!«

»Sie werden an den Bund der Steuerzahler schreiben? Oha, das ist jetzt aber mal die übelste Drohung, die man mir diese Woche an den Latz geknallt hat. Tun Sie das wirklich?«

»Worauf Sie sich verlassen können!«

»Okay. Dann möchte ich Sie herzlich bitten, von mir und meinen Kollegen und auch den Feuerwehrleuten einen lieben Gruß mit reinzuschreiben und Bescheid zu sagen, dass wir uns unterbezahlt fühlen, geht das?«

»Das hat ein Nachspiel, das garantiere ich Ihnen!«

»Stimmt. Wir werden alle ein Bier köpfen, wenn wir Corelli gerettet haben. Und wenn nicht, auch. Sozusagen als Nachruf oder Trauerfeier! So, sind wir zwei jetzt fertig?«

»Mit Ihnen bin ich noch lange nicht fertig!«

»Maaaann, jetzt seien Sie doch mal ein bisschen geschmeidig. Schau'n Sie, da riskiert gerade irgend so ein Prachtbursche von Feuerwehrmann sein Leben in schwindelerregender Höhe für den Flattermann und den Seelenfrieden von seinem Herrchen, und wir zwei streiten uns hier. Das ist doch doof, oder?«

»Der Einzige, der doof ist, muss der Trottel von Feuerwehrmann sein«, sagt da der Unsympath in der Leitung und hat damit bei mir gänzlich verspielt. Ich sehe rot. Feuerwehrrot. Und ich drohe unverblümt:

»So, mein Lieber, jetzt reicht es wirklich. Und zwar mir. Dafür entschuldigen Sie sich. Und zwar sofort! Falls nicht, behalte ich mir höchstpersönlich eine Anzeigenflut gegen Sie vor, die von Missbrauch des Notrufs über Beleidigung bis zur Nötigung reicht. Irgendwas davon geht garantiert durch. Wir wollen doch mal sehen, ob wir nicht wenigstens Ihre Manieren zurechtrücken können, wenn es mir schon mit Ihrem Herzenstakt nicht gelingen mag. Die zu erwartende Geldstrafe, die Sie dafür übergebraten kriegen, können Sie dann ja versuchen, beim Bund der Steuerzahler einzureichen. Oder noch viel besser: Sie versuchen, eine Einstellung des Verfahrens zu erwirken, gegen eine großzügige Spende in einen Fonds, der Feuerwehrwaisen unterstützt. Also los, ich höre, und seien Sie ja überzeugend!«

Er macht eine Pause, und ich bilde mir ein, so etwas wie ein leichtes Zähneknirschen zu hören. Dann sagt er kurz und abgehackt:

»Es tut mir leid, ich habe da wohl etwas vorschnell geurteilt.«

»Das denke ich auch, und zwar auf ganzem Gebiet«, antworte ich etwas erleichtert und versuche erneut eine Brücke zu ihm zu schlagen: »Schau'n Sie, irgendetwas wird es auch in Ihrem Leben geben, das Ihnen am Herzen liegt, auch wenn es vielleicht auf den ersten Blick nicht für jeden nachvollziehbar ist. Wenn dieses Etwas nun in Gefahr ist, und Sie schaffen es, jemanden zu überzeugen, dass dieses Etwas schützenswert ist, ist das doch eine gute Sache, oder? Und sei es nur, damit Sie selbst, mein sparsamer Freund, gesund bleiben oder wieder glücklich werden. Wollen wir wirklich alles in Geld aufwiegen? Heute ist auf jeden Fall wieder einmal einer der seltenen Tage, wo ich stolz bin, meine Uniform zu tragen. Und noch viel lieber wäre ich heute Feuerwehrmann! Und Sie haben jetzt die Chance, irgendetwas zu sagen, was mir das Gefühl gibt, dass ich meine Zeit und damit auch meine Steuergelder eben gerade nicht an Sie verschwendet habe. Ich höre.«

»Sie hätten Pfarrer werden sollen«, sagt er da, und ich muss laut lachen.

»Sie werden lachen, ich hab mal drüber nachgedacht. Aber dann hab ich einen Job gefunden, der noch unerreichbarer für mich schien. Und auch ein bisschen spannender war. Na gut, ich werte das mal als positives Statement. Und weil Sie es sich damit verdient haben und weil es aus jedem Blickwinkel ein Happy End zu sein scheint, was ich hier lese, hören Sie mal gut zu. Ich krieg grad folgende Meldung rein: »ZUGRIFF! CORELLI GERETTET! ALLE MASSNAHMEN WERDEN MIT SOFORTIGER WIRKUNG EINGESTELLT!«

»Na, dann mal prost!«, sagt mein Anrufer, und weil ich finde, dass das ein gutes Schlusswort ist, verabschiede ich mich nur noch: »Ja, tschüss und prost! Auf die Feuerwehr, auf Sie und alle Corellis dieser Welt!«

# Satan

**In Berlin-Spandau gibt es in** der Griesinger Straße eine brachliegende ehemalige Nervenheilanstalt. Eingebettet auf einem riesigen Gelände, das insgesamt wohl über 250 000 Quadratmeter umfasst, ist dort eine Szenerie und Atmosphäre, wie sie jedem Horrorfilm zur Ehre gereichen würde. Seit März 2007 holt sich die Natur ungehindert zurück, was man ihr abgetrotzt hat, und schafft damit ein Gesamtbild, das einem beim ersten Anblick schon kalte Schauer über den Rücken treibt. Jeden Moment wähnt man einen Schrei zu hören oder glaubt eine merkwürdige Bewegung gesehen zu haben, die doch nur der Wind in den alten Bäumen verursacht hat. Niemand würde es wundern, in der Ferne im Park einen Mann mit weißer Weste sitzen zu sehen, auf einer der vielen Holzbänke, auf denen manchmal noch ein Aschenbecher oder eine einsame Kaffeetasse steht. Selbst eine verwirrte alte Frau mit schlohweißen wehenden Haaren und einem Krankenhauskleid würde in diesen Rahmen passen wie eine Ampel auf eine Kreuzung.

Ich bin fasziniert von diesem Ort. Wir haben wiederholt unsere Hunde dort trainiert, weil er in vielerlei Beziehung ideal, wenngleich auch surreal erscheint. Zu diesem Zweck konnten wir die gesamte Liegenschaft nutzen und hatten sogar Schlüssel für alles und jeden Raum. Und wen die Außenanlagen schon in eine merkwürdige Stimmung versetzten, der traute sich im Turnsaal, dem Schwimmbad und den Einzelzimmern der psychisch kranken Menschen, die eben erst gegangen zu sein schienen, nur zu flüstern. Ich habe Teddys dort gefunden, Akten, Fotos und auch jede Menge privater Kleidungsstücke und hatte ständig das Gefühl, der einstige Besitzer könnte jeden Moment in der Tür stehen. Nicht nur deshalb ging ich ohne den Wolf an meiner Seite dort keinen Millimeter. Ohnehin sind für mich die Hunde eine Art Medium zu einer Welt, auf die wir Menschen keinen Zugriff haben. Klingt übertrieben und versponnen, aber sie spüren definitiv Dinge, die wir nicht mitbekommen. Den Realisten unter meinen Lesern sei gesagt: Wer jemals einem unserer Mentrailing-Spürhunde bei der Arbeit zugesehen hat, beginnt spätestens danach, an Zauberei zu glauben! Während eines dieser Trainingstage, in einer Pause, streunte ich gemeinsam mit dem Wolf, von einem seltsamen Drang getrieben, durchs Gelände und fand mich plötzlich in der anstaltseigenen Kapelle wieder. Und was ich dort entdeckte, erinnerte mich auf seltsame Weise an ein verstörendes Gespräch, das ich Jahre zuvor einmal an der Notrufannahme der Berliner Polizei geführt hatte. Klein und gar nicht auf den ersten Blick ins Auge fallend, waren schräg über dem steinernen Tisch oder meinetwegen Altar ein umgedrehtes Kreuz und drei Sechsen zu sehen, von jemandem an die Wand gemalt, der hier mit Sicherheit nichts zu suchen hatte oder besser noch: nicht hingehörte. In roter, verlaufener Farbe, die ins Schwarze überging. Na, schönen Dank auch, dachte ich, streichelte den Wolf, sah zu ihm hinunter und fragte: »Na, Dicker, wollen wir abhauen?«

Sie kennen mich inzwischen. Ich bin nicht unbedingt ein Schisser, aber auch mir wird zuweilen unbehaglich. Und ich verstehe mich und meinen Beruf als eine Art letzte Instanz. Ich meine, Sie sollten uns beide sehen, wenn wir uns auf einen schlimmen Einsatz vorbereiten. Sowohl ich wie auch der Hund sind dann bildlich gesprochen bewaffnet bis an die Zähne. Mit zum Kämpfen ausgelegtem schwarzem Maulkorb aus Metall, wir tragen beide

Schutzwesten, haben jeweils eine eigene Taschenlampe. Ich habe Tonfa, Schusswaffe, Reizgas und noch ein paar andere Kleinigkeiten dabei plus Funk im Helm und Protektoren an jedem Körperteil bis zu den Zehenspitzen. Wir sind die letzte Instanz! Der, vor dem wir zurückweichen, kann sich etwas darauf einbilden. Aber auch wir kriegen Muffe. Spätestens wenn es um etwas geht, was sich weder greifen noch begreifen lässt. Nur spüren. Zu meiner Schande muss ich gestehen, dass ich, besonders in letzter Zeit, ein wenig empfänglich bin für den Dreck, um den es hier geht. Und das hat, man lese und staune, ganz reale Gründe. Ich habe einfach zu viele unfassbare Dinge gesehen und gehört, als dass ich glauben könnte, dass es immer nur Menschen waren, die anderen Menschen so etwas antaten. So einfach ist das. Egal. Der Dicke zeigte mir mit seinem Blick, angelegten Ohren und einem leisen Knurren, dass er meiner Meinung war und wir diesen Ort verlassen sollten. Das taten wir dann auch. Geordnet und nicht überhastet, denn was immer uns vertrieben hatte, sollte nicht das Gefühl haben, wir seien geflohen. Auf dem Rückweg zu unserer Truppe, die sich im Hauptgebäude in einem leeren Swimmingpool zu einem Meeting verabredet hatte, ließ ich das Gespräch Revue passieren, das mir in den Sinn gekommen war, als ich die Schmierereien in der Kapelle sah, und ich verfluchte meine Neugier. Weil ich die Geschichte viel lieber komplett vergessen hätte …

»Darf ich Ihnen mal eine komplizierte Frage stellen?«, will er wissen, nachdem ich in die Leitung gegangen bin, und ich hab von Anfang an kein gutes Gefühl.

»Sie dürfen mich fragen, was Sie wollen, ich muss ja nicht antworten«, haue ich daraufhin salopp heraus, denn ich glaube nicht, dass das hier ein seriöses Gespräch werden wird.

»Wenn die Juden genussvoll ein Schaf ausbluten lassen, nur um es anschließend ›koscher‹ nennen zu können, und damit ihren

Gott ehren, berufen sie sich in diesem Land auf Religionsfreiheit, richtig?« Er führt das mit einem gewissen Genuss in der Stimme aus, und ich denke: *Heiliger Bimbam, was für ein Scheiß*, und nehme mir vor, das Ding hier schnell zu beenden.

»Ja, ja, und die Christen halten ein Stück Brot für den Leib Gottes. Hören Sie, ist mir alles völlig wurscht. Stellen Sie Ihre polizeilich relevante Frage, oder Sie sind raus aus dem Spiel, verstanden?«, fahre ich ihn barsch an, denn der Mist schmeckt mir nicht. »Genussvoll« schmeckt mir nicht. Die Sache mit dem Ausbluten kapiere ich auch nicht. Aber mein Adoptivvater war Jude. Sicher auch kein »guter Mensch«, aber immerhin der einzige, der jemals freiwillig mein Vater sein wollte.

»Polizeilich relevante Frage?«, wiederholt er, und seine Betonung macht mir irgendwie Angst. Ich will mir das nicht anmerken lassen und halte deshalb durchschaubar und naiv dagegen:

»Ja. Und zwar zack, zack!«

»Zack, zack, ja?«, wiederholt er erneut. Und er hat die Gesprächsführung! Verdammt! Und dann formuliert er eine Frage, wie ich sie mir widerlicher und unmenschlicher kaum vorstellen kann: »Wenn ich aber nun einen Säugling langsam und genussvoll ausbluten lasse, um meinen Gott zu ehren, kann ich mich doch eigentlich auch auf Religionsfreiheit berufen, oder etwa nicht?!«

»Welcher Gott soll das sein, krankes Arschloch?«, rutscht mir spontan heraus, und er zischt etwas, was dämlich klingt, aber trotzdem unter die Haut geht:

»Saaataan!«

»Okay, alles klar. Wie ist Ihr Name, wie heißen Sie?«, frag ich reflexartig.

»Warum? Wollen Sie unserer Gemeinschaft beitreten?«, fragt er, und ich bin komplett durch den Wind.

»Unserer Gemeinschaft?« Eine Gemeinschaft von Babykillern?!

Will heißen, der Freak ist nicht alleine? Ich fang an, mich zu kneifen, weil ich die Nummer hier für 'n beschissenen Albtraum halte.

»Ja, genau«, sag ich, aber er ist nicht doof. Und ich bin ihm anscheinend nicht gewachsen.

Er lacht nur, und auch dieses Lachen verkrafte ich nur schwer.

»Weshalb haben Sie mich angerufen, was soll das hier?«

»Ich will, dass ihr wisst, dass ihr machtlos seid! Jagt euren Götzen hinterher, kriecht euch gegenseitig in den Arsch, irgendwann werden wir und unser Meister euch hinwegfegen!«, kündigt er vielsagend an, und ich überlege, was ich mache. Ich will mir nicht den Schneid abkaufen lassen. Und noch viel wichtiger: Wird der Typ ein Baby umbringen?«

»Sie wollen allen Ernstes ein Baby töten?«, frage ich und bin mir völlig im Klaren darüber, dass dies kein taktisch ausgefeilter Weg ist.

»Aaach, vielleicht auch nur ein wenig zur Ader lassen. Dann halten sie länger!«, gibt er zur Antwort, und ich fühl mich beschissen. Ich kenne die Vermisstenzahlen und bin auf dem Laufenden, was jeden halbwegs spektakulären Fall angeht. Bundesweit. Und es gibt auch jetzt in diesem Moment Eltern, die nicht wissen, wo ihre Kinder sind. Verdammt! Ich fühl mich beschissen! Genau in dem Augenblick, wo ich mir eine neue Breitseite zurechtgelegt habe, um ihm seine Selbstsicherheit zu nehmen und mich an ihn heranzutasten, habe ich plötzlich eine Frauenstimme am Telefon:

»Hier spricht Schwester Anna. Wer immer da am Telefon ist, es ist nicht wichtig, was der Mann hier gerade gesagt hat«, höre ich und frage unverbindlich:

»Bitte, wo sind Sie?«

»Griesinger Nervenheilanstalt«, sagt sie und legt dann auf!

# Das Ameisenvolk

»**Kennen Sie die Grüne Woche?**«

»Ja.«

»Der Welt größte Agrarausstellung in Berlin, kennen Sie die?«

»Ja doch«, sage ich und denke: *Agrarausstellung, was für ein beknacktes Wort*. Und überhaupt habe ich im Moment gar keine Lust, mich über 'nen impotenten Zuchtbullen zu unterhalten oder nicht vorhandene Schmiernippel an irgend 'ner Zuckerrübenerntemaschine oder so.

»Zivilrechtliche Streitigkeiten, fragen Sie Ihren Anwalt«, leier ich runter und klapp meine Tupperdose auf.

»Aber Sie wissen doch noch gar nicht, worum es sich handelt«, beschwert er sich, und recht hat er.

Salamistulle. Zum dritten Mal hintereinander Salamistulle. Ich kann's nich' mehr sehen! Aber wenn ich mecker bei meiner Frau, kann ich mir ab morgen die Bemmen selbst schmieren. Gefährlich.

»Um was geht's denn?«, frag ich und stocher lustlos mit dem Zeigefinger in meinem Beamtenbuffet herum. Zwei Salamibrote mit Salat, geschnittene Apfelstückchen, ein hartgekochtes Ei und ein »Würzling«, den ich einmal irgendwann höchstselbst als Gastgeschenk auf einer Tupperparty in Empfang genommen habe. Als Highlight und Nachtisch gibt's 'nen knochentrockenen, aber sicher scheißgesunden Müsliriegel. Auweia, ich bin wirklich ein Beamter! Fehlen nur noch Brille, Ärmelschoner und Gartenzwerge.

»Es geht um Ameisen«, verblüfft er mich da, und ich park ein saures Stück grünen Apfel in der linken Hamsterbacke, das ich mir gerade gelangweilt in den Mund geschoben hatte.

Ich krieg immer nur sauren Apfel! Ich hasse saure Äpfel. Die sind angeblich gesünder als leckere Äpfel, sagt meine Domina. Bäh!

»Um Ameisen?«, wiederhole ich ungläubig, während sich in meinem Mund alles zusammenzieht. Sauer macht lustig, denke ich, und es fängt auch schon an, ein bisschen zu wirken. Spätestens seit dem Wort »Ameisen« hat er auf jeden Fall meine volle Aufmerksamkeit.

»Vor drei Jahren habe ich auf der Grünen Woche einen Stand entdeckt, wo man Ameisen und ein dazu passendes Formicarium kaufen konnte«, fängt er an zu erzählen, und ich fühle mich wieder einmal wie ein Idiot. »Formicarium«, murmle ich leise und lass ihn reden.

»Faszinierende Tiere, schier unglaublich«, schwärmt er, während mir meine Höllenwochen beim Bund in den Sinn kommen. Brennnesselsuppe, Regenwürmer lutschen und überall mistige Ameisen, die einem in jede Körperöffnung kriechen wollten, sobald man sich nicht mehr bewegte. Wirklich faszinierend!

»Haben Sie gewusst, dass die gesamte Biomasse aller auf der Erde lebenden Ameisen in etwa derselben Masse aller Menschen auf dem Planeten entspricht?«, fragt er mich, und ich lasse daraufhin ein rotziges »Nein, aber jetzt, wo ich's weiß, fühl ich mich gleich viel besser« vom Stapel. Bei »Biomasse« muss ich unwillkürlich an Exkremente denken, und außerdem hab ich ein wenig Angst, dass er mich mit noch mehr Informationen beglückt, die ich eigentlich überhaupt nicht haben will. Deshalb flunkere ich ihm vor:

»Hören Sie, hier wird es schon wieder etwas hektischer in den Leitungen. Es wäre also schön, wenn Sie mir allmählich von Ihrem Problem erzählen.«

»Ich hatte Streit mit meiner Frau«, beichtet er mir da, während ich das gekochte Ei in meine linke Hand nehme und auf der Rückseite einen Smiley und die gekritzelten Worte »Ich liebe dich« entdecke. Also beiße ich herzhaft in die leckere Salamistulle in meiner Rechten und hau mir mit meiner Linken das Ei gegen die Stirn, um die Schale zu knacken. Nach einer kurzen Pause, die ich brauche, um wieder verständlich sprechen zu können, fordere ich Adam Ant auf:

»Könnten Sie das vielleicht etwas präzisieren?«

»Na ja, es ging wieder mal um meine Lieblinge ...«

*Lieblinge?!*, denke ich und ziehe beide Mundwinkel und die linke Augenbraue hoch. Weil ich aber das Gefühl habe, dass jetzt ein längerer Monolog von ihm folgt, beiß ich, statt irgendetwas zu sagen, lieber noch mal kräftig von meinem Brot ab und lass es aus dem kleinen Würzling genussvoll auf den akribisch freigelegten Mont Blanc in meiner linken Hand schneien.

»Meine Frau kommt halt nicht mit meinem Hobby klar«, legt er wie erwartet los und geht dann ins Detail.

»Genaugenommen hasst sie inzwischen wohl alles, was mit Ameisen im Allgemeinen und meinem Völkchen im Speziellen zu tun hat. ›Eklige kleine Krabbelviecher‹ nennt sie sie, mit denen ich angeblich mehr Zeit verbringe als mit ihr. Dabei sind das hochintelligente soziale Wesen, von denen wir Menschen eine Menge lernen könnten. Von massenhaft anderen Superlativen ganz zu schweigen. Speziell meine sind etwas ganz Besonderes.«

»Was haben Sie denn da Feines?«, will ich wissen und köpfe mit den Schneidezähnen mein Ei.

»Westaustralische Bulldoggenameisen, die legendäre *Myrmecia pavida*«, doziert er voller Stolz. »Bis zu drei Zentimeter groß, pro Exemplar, und leider auch mit der Möglichkeit ausgestattet, sich recht energisch zur Wehr zu setzen, wenn es darauf ankommt.«

Prustend verschluck ich mich und frage: »Was ... bitte meinen Sie damit genau?!«

»Ach, halb so schlimm«, versucht er zu bagatellisieren. »Können halt stechen, vergleichbar mit einer Wespe oder Hornisse oder so. Bei empfindlichen Menschen soll es da schon mal zu ein oder zwei Zwischenfällen gekommen sein. Wird alles überbewertet, wenn Sie mich fragen.«

Schlagartig ist mir der Appetit vergangen, und ich beende mein ohnehin verbotenes Picknick ganz spontan, denn eine Frage interessiert mich inzwischen brennend: »Weshalb genau haben Sie denn jetzt den Notruf der Polizei gewählt?«, will ich wissen und habe eine dunkle Vorahnung, dass mir nicht gefallen wird, was er mir gleich erzählt.

Er schnalzt mit der Zunge, atmet kurz und hektisch aus und rückt endlich raus mit der Sprache: »Na ja, vor einer Viertelstunde gab wieder mal ein Wort das andere. Meine Frau wollte mit Gummihandschuhen bewaffnet das Formicarium aus dem Wohnzimmerschrank nehmen und in den Keller bringen, ich wollte es verhindern, und ... zack!«

»Wie, zack?«, entfleucht es mir.

»Runtergefallen ist es halt und zerbrochen!«

»Uuund?«

»Meine Lieblinge versuchen sich gerade zu strukturieren, und meine Frau steht schreiend auf dem Küchentisch«, haut er da trocken raus. Na klasse, denke ich, und meine Phantasie spielt mir jede Menge Bilder ein, von Slapstick bis Horrror. Die arme Frau!

»Brauchen wir 'n Krankenwagen für Ihre Frau?«, frage ich, weil ich mir Sorgen mache um die Gejagte, die aber merkwürdigerweise im Hintergrund gar nicht zu hören ist. Schließlich gab's schon lautstarke Nervenzusammenbrüche aus weit weniger Anlass.

»Ach wat«, wischt er meine Fürsorglichkeit beiseite, »ich hab die Küchentür zugemacht. Wird sich schon beruhigen, die hysterische Kuh. Nein, nein, mein Ameisenvolk macht mir Sorgen!«

»Wohl dem, der klare Prioritäten setzen kann«, flüstere ich vor mich hin und spüre ein wenig Zorn in mir aufsteigen. Nach kurzer Interessen- und Güterabwägung fasse ich den Plan, ihn das auch ein wenig spüren zu lassen. Also nehme ich Maß und sage: »Und nun? Soll ich Ihnen 'ne Gruppenstreife schicken, die Ihnen hilft, die hektischen kleinen Biester alle plattzutrampeln? Knackt bestimmt schön bei drei Zentimeter Körpergröße pro Exemplar ...«

»Nein, natürlich nicht!«, empört er sich da.

»Schade, unsere jungen Leute hätten bestimmt Lust gehabt, in Ihrem Wohnzimmer 'ne Runde Pogo zu tanzen.«

Mein Torpedo hat sein Ziel nicht verfehlt. Er ist mächtig angepisst. »Sind Sie wahnsinnig?!«, will er wissen, und man merkt, dass ihm wohl besonders die Stelle mit »knackt bestimmt schön« unter die Haut ging.

»Ja, wahnsinnig hungrig. Bis eben zumindest, als mir der Appetit verging, weil Sie mir von Riesenameisen erzählt haben, die Menschen totstechen können. Und von Ihrer Frau, die sich in der Küche grad die Seele rausbrüllt.«

»Wer hat denn hier was von totstechen gesagt?«, wirft er berechtigterweise ein. Aber meine Phantasie treibt mich schon wieder mit Peitschenhieben vor sich her.

»Na ja, selbst wenn von Ihnen beiden keiner eine allergische Reaktion auf die Nettigkeiten Ihrer Haustiere zeigt, sag ich Ihnen Folgendes: Wenn wir ein Video davon machen, wie zwanzig dieser Schätzchen im Schlaf über Ihren Kopf herfallen, und es ins Internet stellen, sind Sie spätestens am nächsten Tag mit Ihrem Streuselkuchengesicht der Quotenhit der Woche, jede Wette!«

»Ach, papperlapapp«, wirft er wenig beeindruckt von meinem Gequatsche ein und fragt genervt: »Sind Sie jetzt plötzlich Ameisenfachmann, Sie Witzbold, oder was?«

»Nein, das nun nicht gerade«, lege ich nach, »obwohl, ich hab schon mal welche gegessen. 'ne thailändische Freundin von mir macht nicht nur mit Vorliebe knusprig frittierte Grillen, sondern hat mir auch schon mal geröstete Ameisen vorgesetzt. Lecker! 'n bisschen wie Puffreis.«

Nun mag man trefflich darüber streiten, ob mein Anrufer wirklich verdient hat, dass ich ihm solche Gemeinheiten erzähle. Fest steht, für mich jedenfalls, dass seine Frau es wohl kaum verdient hat, wie er sie behandelt. Es sei denn, sie ist ein völliger Hardcoredrachen, was ich mir aber nicht vorstellen kann. Wo sie doch tapfer schon drei Jahre mehr oder weniger geduldig ihr Wohnzimmer mit einer Spezies teilt, die sich anschickt, die Weltherrschaft zu übernehmen.

»Sie haben Ameisen gegessen?!«, wiederholt er angewidert. Ein Gedanke, der bei ihm ganz offensichtlich auf gleicher Stufe steht wie Kannibalismus.

»Jo!«

»Ist Ihnen klar, dass das das Tier ist mit dem größten Gehirn im Verhältnis zur Gesamtkörpergröße?«

»Dass das das«, äff ich ihn nach. »Puffreis! Und Gehirn hab ich auch nicht rausgeschmeckt.« Das war's. Das war 'n bisschen viel für ihn. Erst recht, wenn man davon ausgeht, dass er für Ameisen vielleicht tatsächlich so etwas Ähnliches empfindet wie ich beispielsweise für Hunde. Fast habe ich ein schlechtes Gewissen. Aber nur fast. Plötzlich fängt er auch noch an, so etwas wie missionarischen Eifer an den Tag zu legen, indem er mir einen flammenden Vortrag über die Bedeutung des lateinischen Namens seiner kleinen Freunde hält.

»Wissen Sie eigentlich, wofür ... wofür ... wofür *pavida* im lateinischen Namen meiner Lieblinge steht?«, stottert er aufgeregt.

»Nein. Mein Latein ist etwas eingerostet«, mühe ich mir heuchelnd ab, denn eigentlich hatte ich schon wieder »Ja, für nahrhaft!« auf den Lippen.

»Es steht für: ängstlich, furchtsam, zitternd und scheu«, schildert er fast zärtlich und verfehlt damit sein Ziel bei mir nur knapp. Er scheint tatsächlich beseelt von diesem Thema zu sein, was mich irgendwie milde stimmt.

»Menschen ohne Leidenschaft sind Menschen ohne Inspiration«, sage ich zu ihm, und: »Dass ich Ihre Leidenschaft nicht teile, ist nicht mein Problem, sondern die Art, wie Sie Ihre Frau behandeln.« Unbewusst gebe ich ihm damit die Chance zu einem versöhnlichen Statement, doch er verkackt es erbärmlich.

»Ach, der Trampel kann diesen Wesen in puncto Eleganz und Faszination nicht mal das Wasser reichen«, lässt er sich abwertend und lieblos über seine Frau aus.

*Du Knaller, wenn ich könnte, würde ich dir 'ne menschengroße Ameise ins Ehebett zaubern*, denke ich bei mir und fühle mich auf wundersame Weise von jeglichem Skrupel und jeder Ernsthaftigkeit befreit.

»Hören Sie mal zu, Sie Mustergatte, außer DDT und Flammenwerfer können Sie von mir kaum brauchbare Tipps erwarten. Also zum letzten Mal: Warum haben Sie die 110 gewählt?«

»Na, damit Sie mir helfen, meine Ameisen wieder einzufangen, selbstverständlich«, antwortet er da, als hätte ich eine saudumme Frage gestellt.

»Ah, verstehe« lüge ich, und der Blödsinn sprudelt in meinem Kopf wie die Kohlensäure in einer geschüttelten Seltersflasche.

»Also keine Gruppenstreife, sondern mehr so 'ne Hundertschaft, mit Pinzetten ausgerüstet, um die Schatzis einzeln aufzupicken – ganz vorsichtig, versteht sich.«

»Ja, das wäre schön«, ruft er begeistert.

»Mmh, und ein bisschen Verkehrspolizei schick ich Ihnen auch noch gleich mit. Wegen dem Chaos auf dem Teppich, okay?«

»Wollen Sie mich verscheißern?«, schnarrt er da unterkühlt. Statt zu antworten, kichere ich nur leise vor mich hin, weil ich mich kaum beherrschen kann.

»Nein, wo denken Sie hin. Bauen Sie schon mal das Buffet auf und bestellen Sie 'n paar DIXI-Klos für die Truppen«, leg ich noch nach, als ich mich wieder eingekriegt hab, »wir sind gleich da.«

»Ich verlange etwas mehr Ernsthaftigkeit, oder Sie können was erleben!«, droht er mir daraufhin.

»Ernsthaftigkeit wollen Sie?«, frage ich, als ich mich mühsam mit einem Biss auf die Unterlippe wieder zur Räson gebracht habe. »Okay! Nächsten Mittwoch ist Valentinstag. Kaufen Sie Ihrer Frau 'n paar Blumen. Und zwar opulent! Was Ihr Insektenproblem angeht: Holen Sie sich aus'm Baumarkt 'ne Europalette Ameisenpulver oder engagieren Sie 'nen Kammerjäger. Wenn das nichts hilft und die *Ängstlichen* anfangen, *zitternd und scheu* die Nachbarn zu fressen oder das Haus zu zerlegen, können Sie hier wieder anrufen! Tschüss, und schönen Tach noch.«

Dann leg ich auf, und meine Strafe folgt auf dem Fuße: Irgendwie krabbelt und juckt's jetzt bei mir am ganzen Körper. Bei Ihnen auch?

# Scampolo

**Scampolo ist ein italienisches Synonym** für Straßenkind. Eigentlich bedeutet es so viel wie übrig geblieben, Rest. Böse formuliert, könnte man auch Abfall oder nutzlos sagen. Scampolo klingt aber, wie ich finde, viel hübscher als Streuner, Straßenratte oder Köter. Ich war ein Scampolo. Eigentlich bin ich es noch. Als meine Mutter, verstört und traurig nach dem kurz aufeinanderfolgenden Verlust von Vater, Ehemann und Erstgeborenem, es nicht mehr aushielt, vor dem leeren Kinderzimmer meines Bruders zu stehen, hat sie mich kurzerhand unter den Arm geklemmt, und wir sind für annähernd ein Jahr nach Bella Italia verschwunden. Wir haben die Familie Gilla in Florenz besucht, die einst in Hamburg-Alsterdorf in der Wohnung unter uns lebte. Und genau wie damals saßen wir wieder an ihrem Tisch und waren wie selbstverständlich ein Teil der Familie. Das Spaghetti-Rezept meiner Mutter ist von Mama Gilla. Mmmhh … Gabi Gilla hat mich kleinen blonden Scheißer mit durch ihre Stadt geschleppt. Und es gab viel zu entdecken in der Stadt der alten Meister. Firenze! Was für eine Stadt. Was für eine Gabi! Sie roch so gut, und sie hat mir meinen ersten Fußball geschenkt. Ich vermute, diese stolze junge Italienerin hat in meinem Unterbewusstsein für Jahrzehnte die Maßstäbe gesetzt, mit denen ich so manche Frau betrachtet habe.

Als wir den Gillas lange genug auf der Tasche gelegen hatten, zogen wir weiter und machten die Adriaküste unsicher. Es gibt ein oder zwei Fotos aus der Zeit, auf denen zu sehen ist, wie ich mit schmutzigem Gesicht und eisverschmiertem Mund in original Schiesser-Feinrippunterhose, die auch nicht mehr ganz frisch war, am Strand in den Sonnenuntergang grinse. Dolce Vita. Fest und tief ist in mir seit diesen Tagen eine Zuneigung, ja fast Liebe verankert zu diesem Land, seinen Menschen und der Lebensart, die man dort pflegt.

Als wir die Kohle verpulvert hatten, mit der mein Erzeuger versucht hatte, sich von meiner Existenz freizukaufen, was unseren Italien-Trip überhaupt nur möglich gemacht hatte, kehrten wir wohl oder übel nach Deutschland zurück. Doch ich blieb, was ich war: ein Scampolo. Als jugendlicher Stadtstreuner trieb ich mich zunächst rund um den Hamburger Gänsemarkt herum. Immer in Nähe und Dunstkreis einer der Stammkneipen meiner Mutter, dem »Hansa Buffet«, einer Kellerkaschemme in der Poststraße, die von einer Freundin von ihr geführt wurde. Und die Straße war ein guter Lehrmeister. Schon früh entwickelte ich einen untrüglichen Geschäftssinn dafür, wo es was gab und vor allem wofür. Fing harmlos an und steigerte sich langsam. Beispielsweise klaute ich mir am hinteren Bühneneingang der Staatsoper regelmäßig eine Leiter, mit der ich keine hundert Meter weiter an der Rückseite des UFA-Palastes im ersten Stockwerk durch die Damentoilette ins Kino einstieg, um mir das Geld für den Eintritt zu sparen. Zu der Zeit war ich komplett auf dem Laufenden, was die aktuelle Filmszene anging. Logischerweise gab es auch Ärger. Zum einen, weil man die umgeschubste Leiter der Oper ständig gefunden hat, und zum anderen war ich nicht viel höher als eine Parkuhr. Und so jemand fiel natürlich manchmal auf, wenn er vorzugsweise zwischen lauter Erwachsenen im Saal saß und sich Filme anschaute, die erst ab sechzehn oder achtzehn freigegeben waren. Auch wenn ich natürlich erst in den Saal hineinschlich, wenn es schon dunkel war. Während »Die Augen der Laura Mars« mit Faye Dunaway lief, haben sie mich dann irgendwann mit einem Großaufgebot an Ordnern und Kartenabreißern hochnehmen wollen und durch das dunkle Kino gejagt wie eine Ratte. Bekommen haben sie mich nicht. Aber Gras musste schon erst mal darüber wachsen. Dann fing ich an, den Studenten, der im Sexshop am Ende der Poststraße jobbte, zu schmieren, damit er mir Pornomagazine verkaufte, die, natürlich zu total überhöhtem Tarif, von mir an Jungs weiterverticktet wurden, die an so einen Schweinkram anders unmöglich rankamen, weil viel zu jung. Ich sag nur: Angebot und Nachfrage regeln den Markt. Und den Preis! Als man dann begann, rund um den Gänsemarkt die Häuser plattzumachen für die Nobeleinkaufszentren, die dort entstehen sollten, schlich ich wochenlang in den abgesperrten und geräumten Häusern umher, auf der Suche nach allem, was man noch versilbern konnte. Als Abnehmer hatte ich einen Antiquitätenhändler im gleichen Kiez ausfindig gemacht, der alles kaufte, ohne zu fragen. Lohnte sich auch.

Manchmal war aber auch nur Langeweile oder pure Lust am Unfug die Triebfeder meines unrühmlichen Handelns. So bastelte ich beispielsweise genial mäusefreundliche Mausefallen, die ich in den Katakomben des »Hansa Buffets« aufstellte, nur um die unversehrten und verdutzten Nager in der Lebensmittelabteilung des altehrwürdigen Alsterhauses wieder auszusetzen. Das brachte zwar kein Geld, aber eine Menge Spaß! Und total glückliche Mäuse, die sich wohl im Schlaraffenland wähnten. So manche Gucci-Handtasche flog in hohem Bogen, wenn ihre Besitzerin einen harmlosen Käsefresser entdeckte. Bei so einer Gelegenheit lief ich einmal mitten in besagter Lebensmittelabteilung Helga Feddersen über den Weg. Eine tolle Frau war das, die ich sogar um ein Autogramm auf einer Cornflakespackung bat, nachdem ich ihr verraten hatte, was ich dort trieb. Halb totgelacht hat sie sich. Ob sie aber weiter dort eingekauft hat, weiß ich nicht.

Sie ahnen bereits, wen wir jetzt am Telefon haben, oder? Genau: Scampolo! Ein wunderbar freches, lebenstaugliches, mutmaßlich ungeliebtes, aber liebenswertes Kind, das seinen Platz im Leben jetzt schon besser gefunden hat und vor allem behaupten kann als so mancher Erwachsener sein Leben lang.

Und los:

»Pass mal auf, Herr Polizist, ich sehe was, was du nicht siehst …«

»… und das ist grün.«

»Nein! Quatsch!«

»Blau?«

»Nein. Nun hör doch mal zu, ey!«

»Na gut.«

»Also: Hier ist ein Mensch …«

»… der will zu dir, lass ihn herein, öffne die Tür.«

»Mann, ey! Jetzt halt doch mal die Klappe. Ich will dir was verkaufen.«

»Du willst mir was verkaufen?«

»Genau!«

»Na, dann mal los.«

»Also, hier vertickt gerade einer was Verbotenes.«

»Was denn, Gummibärchen?«

»Nein, Arschloch, Heroin.«

»Aha. Wie alt bist du?«

»Das ist doch scheißegal!«

»Isses nich'. Sonst würd ich ja nich' danach fragen.«

»Zwölf. Aber ich hab schon mehr Mösen gesehen als du!«

»So, so.«

»So, hältst du jetzt die Fresse und hörst zu? Sonst such ich mir 'nen andern Bullen, der nicht so dämlich ist wie du!«

»Ich höre.«

»Also, hier dealt einer mit Stoff …«

»Wo genau?«

»Mann, das is' total schnurzpiepe! Is' eh vorbei, weil du dein Maul nich' halten kannst. Aber um den Deal hier geht's auch gar nich'.«

»Sondern?«

»Ich weiß, wo demnächst 'n viel größerer Deal abgeht. Die Frage is', was tut ihr raus, wenn ich's euch stecke? Was bringt mir das?«

»'n Arsch voll! 'n Arsch voll oder Schlimmeres.«

»Was quatschst du da für Scheiße, Mann? Ich denk, ihr zahlt Belohnungen und so?«

»Blödsinn. Und wenn die rauskriegen, wer sie da verpfiffen hat, und das dürfte nicht besonders schwer sein, vorausgesetzt, das stimmt überhaupt alles, was du mir da erzählst, dann reißen die dir deinen kleinen Arsch auf!«

»Ach, Schwachsinn, Mann!«

»Gar kein Schwachsinn.«

»Mein Alter hatte recht, ihr Bullen seid alle scheiße. Dämlich und scheiße!«

»Sind wir nicht. Wie kommst du eigentlich auf so 'ne schräge Idee, wenn ich fragen darf?«

»Man muss sehen, wo man bleibt, Alter! Und die anderen, die tun was raus! Allein schon, wenn ich irgendwo was hinbringe und so. Ich bin zwölf, Alter, verstehst du, zwölf, kapierste?«

»Ich versteh schon. Du bist noch nicht strafmündig, Schätzchen, und glaubst, du kannst machen, was du willst. Und für schlauer als alle anderen hältst du dich auch, stimmt's? Aber irgendwas läuft nicht so toll, oder? Was ist los, hat dir einer von den klasse Typen an den Hintern gefasst? Oder will dich anschaffen schicken, oder was?«

»Das geht dich 'n Scheißdreck an, Alter!«

»Umsonst wirst du mich schon nicht angerufen haben. Ich kann dir auf jeden Fall sagen, wo du bleibst. Wenn du so weitermachst, wirst du im Knast verrotten. Oder die Müllabfuhr wird dich irgendwann mal finden, mit 'ner Spritze oder 'nem Messer im Wanst.«

»Du blödes, verschissenes, dämliches Arschloch, du!«

»Na egal, mach's gut, du Schlauberger. Pass auf dich auf. Wenn du Hilfe brauchst, dann ruf hier an. Und wenn der, der dann dran ist, nicht deine Sprache spricht, dann frag nach Cid. Das ist mein Name, hörst du? Cid, und ich komme aus der gleichen Gegend wie du, okay?«

»Darauf kannst du lange warten, du Penner!«

»Das werd ich tun, mein kleiner Freund, das werd ich tun ...«

# Alle 40 Sekunden

**Das Thema Suizid schleicht sich** wie eine rote Schlange durch meine Storys. Bitte glauben Sie nicht, ich hätte niemals hinterfragt, warum das so ist. Im Gegenteil. Diese Frage beschäftigt mich mehr, als mir lieb ist. Mehr als gesund ist. Die Wahrheit ist, und es wird vielleicht Zeit, auch auf diesem Gebiet einmal die Hose runterzulassen: Auch ich habe mir schon mindestens ein Dutzend Mal die Frage der Fragen gestellt. Über die verschiedensten Lebensabschnitte und Dekaden hinweg. Besonders perfide und gefährlich ist und war, dass ich mir durch meine Berufe die verschiedensten Kenntnisse darüber erworben habe, wie ich verhältnismäßig schmerzfrei und problemlos die feige Flucht ins Nichts antreten könnte. Verlockend, was? Nein, ätzend!

Nun habe ich, an dieser Stelle zumindest, keinen Bock darauf, ins Detail zu gehen. Weder was meine Gründe für diese Probleme angeht, soweit ich sie überhaupt selbst überblicke, noch im Hinblick auf meine persönlichen Sternstunden, die mir halfen, diese Klippen zu umschiffen. Fest steht, dass kein einziger Tag vergeht, an dem ich mich nicht mit den Wundern und Grausamkeiten des Lebens auseinandersetze. Da man allem etwas Positives abgewinnen kann, oder besser: sollte, ist es genau diese, ich nenne sie mal »konstruktive Schwermütigkeit«, die mich möglicherweise für viele Menschen in den letzten zehn Jahren zu einem guten Gesprächspartner hat werden lassen.

Niemals habe ich einen Menschen, der in einer solchen Sackgasse steckte, mit trivialem Scheiß von Blümchen und Schmetterlingen beleidigt oder auch nur einmal bei einem solchen Gespräch auf die Uhr geschaut. Und ich habe mit so vielen gesprochen. Irgendwann hat sich im Kollegenkreis der Running Gag geformt: »Gutenrath hat 'nen toten Vogel in der Tasche!« Hauptsachbearbeiter Selbstmord. Haha. Doch es ist schon was dran. Über die Jahre hinweg habe ich angefangen, entgegen jeder Vernunft diesen blöden Witz als Tatsache zu akzeptieren. Vielleicht habe ich aber auch bloß immer nicht schnell genug aufgelegt. Vielleicht wusste der große Connector aber auch, wen er mit wem verbindet. Manchmal stelle ich mir vor, dass es eine solche »Verteilerstation« wirklich gibt. Dass eine Dame mit Klinkensteckern und Kabeln die Menschen miteinander verbindet, bei denen sie glaubt, dass es passen könnte. Warum nicht? Würde natürlich stark meiner besseren Hälfte ins Konzept passen, die hin und wieder gern behauptet, dass der liebe Gott ohnehin eine Frau ist. Mir gefällt der Gedanke übrigens sehr gut. Eine schöne, üppige, warme Frau, zu der man sich legen kann und in deren Armen man friedlich kuschelnd einschläft, wenn alles vorbei ist. Kein graubärtiger alter Mann mit einem Knüppel in der Hand, vor dem man sich fürchten und rechtfertigen muss. Vor ihm sehe ich mich strammstehen und stottern, in Erklärungsnot darüber, dass die Quote nicht stimmt. Die Quote!

Oberflächliche Menschen haben mich besonders in letzter Zeit oft nach Zahlen und Schuld gefragt. Tiefgründige Menschen fragen, wie es mir geht. Meistens sogar wortlos. Durch einen langen Händedruck, ein mildes Lächeln oder diesen Blick, der mein Herz langsamer schlagen lässt. Ich will mich nicht beschweren. Es ist wohl alles gut so, wie es ist, weil es so sein soll. Nur einen Wunsch hätte ich. Meinetwegen an den Weihnachtsmann, der in meiner Familie übrigens immer noch kommt. In der Nacht hinterlässt er den Großen und Kleinen etwas Schönes in den Socken über dem

Kamin, nach US-amerikanischem Vorbild. Selbst nächtelange Observationseinsätze der Kinder mit meinem Nachtsichtgerät haben bisher nichts daran geändert. Wenn er mir vielleicht eine kleine Pillendose in meine Socke stecken könnte, mit der Medizin fürs Vergessen, wäre ich dankbar. Und ich verspreche auch, dass ich bis Weihnachten durchhalte. Irgendwer hat mir das Talent des Laberns in die Wiege geworfen, doch die Kunst des Vergessens war mir nicht vergönnt. Inzwischen bin ich so weit, dass ich auch einige wertvolle Erinnerungen hergeben würde, wenn dafür andere gelöscht werden könnten. So, jetzt muss ich langsam aufpassen, fürchte ich. Nur für den Fall, dass meine Frau sich irrt, es heute Nacht donnert und der alte graubärtige Mann mich morgen früh mit Alzheimer aufwachen lassen will. Aber wäre das wirklich so schlimm?

Alle 40 Sekunden nimmt sich auf dieser Welt ein Mensch das Leben. Unfassbar, oder? Als ich's das erste Mal hörte, hatte ich Sorge, dass die Geburtenrate überhaupt nicht hinterherkommt. Selbst in Deutschland sterben mehr Menschen durch ihre eigene Hand als an Verkehrsunfällen und Aids zusammen. Unglaublich! Wann findet das alles statt, und wo? Kriegt man als normaler Mensch irgendwie alles gar nicht so mit, was? Ich schon.

»Was wissen Sie über Kohlenmonoxid?«, fragt er, nachdem ich mich gemeldet habe, und seine Stimme hat einen merkwürdigen Widerhall. Im Hintergrund ein leises Motorengeräusch.

»Nichts«, lüge ich unverblümt. Ich weiß eine Menge über Kohlenmonoxid. Klar, in der Schule war ich in den Fächern Physik und Chemie eine völlige Niete, aber bei der Marine hatte ich in Tauchermedizin eine Eins. Ich kenne mich aus mit Gasen, Edelgasen, Verpuffungen und dem ganzen Rotz. Obwohl mich das

Thema nie wirklich begeistert hat. Ist eigentlich ähnlich wie bei Schusswaffen. Womit du arbeitest und was dir oder anderen den Tod bringen kann, damit solltest du dich exzellent auskennen. Spätestens nach der ersten Schelle meines Tauchermeisters, die mir die Wechselwirkung von Fett und Sauerstoff nachhaltig verdeutlichen sollte, hatte ich diese Lektion auch auf vermeintlich langweiligem Terrain begriffen.

»Gar nichts?«, fragt er misstrauisch, weil man den Durchschnittsbullen zwar für blöd hält, für so blöd aber nun auch wieder nicht.

»Na ja, ist das nicht das, was man beim Furzen absondert und was so mancher Spaßvogel mit 'nem Feuerzeug anzuzünden versucht, damit 'ne kleine Stichflamme entsteht?«, versuche ich das Gespräch in eine skurrile oder zumindest lächerliche Ecke zu schieben. Denn ich habe bereits eine dunkle Ahnung davon, um was es hier geht. Handynummer unterdrückt, gemeldet hat er sich auch nicht anständig, da glaubt jemand zu wissen, was er tut. Oder vielleicht doch nicht so ganz?

»Das ist nicht Ihr Ernst«, straft er mich nüchtern ab, was ich so ähnlich auch erwartet habe.

»Was wollen Sie von mir? Haben Sie Probleme mit Ihrer Heizung? Dann rufen Sie Ihren Hausmeister an!«, antworte ich mindestens ebenso barsch und stelle bitter lächelnd fest, dass etwas in mir sich dieses Gespräch ersparen will.

»Nehmen wir einmal an, es wäre so. Ist das Kohlenmonoxid nicht extrem gefährlich, weil es geschmacks-, geruchs- und nebenwirkungsfrei ist?«, übergeht er meine abweisende Art schlichtweg; er hält sich wohl für sehr schlau. Inzwischen habe ich Hendrik an der Mittelinsel unseres Großraumbüros bereits per Composter wissen lassen, dass ich eine Handyortung möchte. Er antwortet mir kurz und charmant mit einer Frage und Feststellung zugleich:

»Die dritte heute?!« Ich schreibe zurück: »Genau, hast du was Besseres vor?« Ohne weiteren Kommentar tut er daraufhin, was ich will. In erster Linie, weil er keinen Bock hat, sich mit mir herumzustreiten, und wohl auch, weil es ja tatsächlich notwendig sein könnte. (Hallo, Hendrik, was macht dein Zuma-Highscore, bist du schon im hundertsten Level?)

Wenn man der Wahrheit die Ehre gibt, könnte man natürlich feststellen, dass ich bisher noch gar nicht versucht habe, herauszufinden, wer und wo der begaste Typ ist, mit dem ich spreche. Außerdem wäre es theoretisch möglich, dass er nur Infos braucht für den Schulaufsatz seines Filius und ich Flöhe husten höre. Theoretisch. Also jetzt: Recherche für Hendrik:

»Verzeihen Sie bitte, ich habe eben Ihren Namen nicht verstanden, als Sie sich gemeldet haben«, komme ich ihm auf die doofe Tour. Mal sehen, was er sagt.

»Wird daran liegen, dass ich mich nicht mit meinem Namen gemeldet habe«, merkt er einen Tick zu kaltschnäuzig an für das Gesamtbild, das ich momentan im Schädel habe. Dann stellt er sich vor: »Hmm, mein Name ist Kohl, Helmut Kohl.«

»Haha. Na klar, und Ihr Leibgericht ist Pfälzer Saumagen, oder was?«

Es liegt so etwas wie Torschlusspanik in der Luft. Er will irgendetwas von mir, so viel steht fest. Deshalb übergeht er meine kleine Frechheit wohl auch komplett, beweist mir damit, dass ich mit meiner beschissenen Ahnung gar nicht so falschliege, und fragt zusammenhanglos: »Man hat ja auch gehört, dass Autoabgase die gleiche Wirkung haben können; stimmt das eigentlich?«

So, jetzt ist es raus. Das Was haben wir. Jetzt brauchen wir das Wer und das Wo. Vielleicht bekommen wir's über das Warum. Doch wie, verdammt, kommen wir an das Warum?

»Das sind alles nur dämliche Gerüchte«, stelle ich nüchtern fest, doch er hakt nach:

»Was? Dass man sich mit Autoabgasen das Leben nehmen kann?« Er zaudert und hat Angst. Ob nun aus Furcht vor der Sache allgemein oder nur wegen der eventuellen »unangenehmen Begleiterscheinungen«, weiß ich nicht. Doch ich denke, es lohnt sich, in diese Richtung zu gehen. Wenn ich es schaffe, ihm in plastischen, widerlichen Bildern auszumalen, was ihm alles bevorstehen könnte, egal wie wahrheitsgetreu, vergeht ihm vielleicht die Lust an der Nummer. Oder ich komme wenigstens an Informationen. Also ziehe ich ordentlich vom Leder:

»Nein, nein, das könnte schon klappen. Aber leider nicht so angenehm und übergangslos, wie Sie das wohl in irgendeinem albernen Fernsehkrimi gesehen haben.«

»Nicht?«, wirft er zaghaft ein, und ich habe meine perfide Freude daran, dass die Saat schon aufgeht, noch bevor ich richtig angefangen habe.

»Nein, ganz sicher nicht! Passen Sie auf, ich erkläre Ihnen, was Sie genau erwartet«, kündige ich an und höre ihn so heftig ausatmen, als wolle er sich auf eine große Belastung vorbereiten.

»Das mit dem Kohlenmonoxid ist grundsätzlich schon eine pfiffige Idee. Was Ihr Auto hinten rausrotzt und Sie einatmen werden, ist aber leider alles andere als reines Kohlenmonoxid. Das vergessen die krimischreibenden Hausfrauen leider immer beflissentlich. Beim Verbrennungsvorgang in Ihrem Motor entsteht noch jede Menge anderer Dreck. Und dieser Dreck, oder besser: diese giftigen Dämpfe sind verantwortlich dafür, dass Sie eine Gefühlswelt durchleben werden, die sich am ehesten als eine Mischung aus langsamem Ersticken und innerlichem Verbrennen beschreiben ließe. Was Sie in der Konsequenz dazu bringen wird, Ihre Innereien auszukotzen, bevor Sie dann irgendwann hoffentlich, vielleicht sogar vor Schmerzen, ohnmächtig werden. Ein scheußlicher, langer Todeskampf und, wie ich finde, der perfekte Abgang für einen Masochisten oder jemanden, der sich bestrafen will. Wollen Sie sich bestrafen? Was haben Sie angestellt?«

Mein Kalkül geht auf: Er ist geschockt. So geschockt, dass er ohne lange nachzudenken ansatzlos auf meine letzte Frage antwortet, was ich mir ein bisschen erhofft hatte.

»An der Börse verzockt«, sagt er und schluckt.

»Und deshalb wollen Sie sich totquälen? Das kann doch nicht Ihr Ernst sein«, feuer ich nach.

»Ich hab ein Familienunternehmen ruiniert und meinen Kindern die Zukunft verbaut«, stellt er apathisch fest. Ich schwanke zwischen »Ach, und sich jetzt auch noch feige aus dem Staub machen?!« und »Dann wollen Sie ihnen zusätzlich auch noch ihren Vater nehmen?« Da ich mich nicht entscheiden kann, oder besser: noch kein Gespür dafür habe, was bei ihm besser »ankommt«, verkneif ich mir erst einmal beides. Doch in der Grundverfassung, in der er gerade ist, beantwortet er vielleicht noch mehr Fragen. Also taste ich mich weiter vor:

»Was haben Sie denn für ein Auto, und stehen Sie wenigstens in Ihrer Garage, alles schön abgeklebt, und so?«

»7er BMW ... ja, ich steh in meiner Garage ... w-was meinen Sie mit abgeklebt?«, stammelt er.

Na also, geht doch, denke ich mir. Allzu häufig wird's die fette Staatskarosse in Berlin hoffentlich nicht geben. Und während ich die Halter ziehen und mit den in Frage kommenden Anschriften abgleichen lasse – ich tippe auf opulentes Anwesen –, spiele ich auf Zeit und texte ihn weiter voll:

»Na ja, je besser abgeklebt, desto schneller ist die Sache über die Bühne. Was übrigens auch noch ein oder zwei Gedanken wert wäre, ist die Wahrscheinlichkeit, dass Sie nicht ganz hinüber sind, sondern als sabbernder Pflegefall wieder aufwachen und bis ans Ende Ihrer Tage aufgrund zu langer Sauerstoffunterversorgung Ihres Gehirns dahinvegetieren. Haben Sie darüber mal nachgedacht? Ich meine, nicht nur darüber, was das für Sie, sondern vor allem, was das für Ihre Familie bedeuten könnte?«

Statt zu antworten, atmet er nur lange und schwer aus. Müde, verzweifelt und ratlos klingt dieser Atemzug und sagt so viel mehr aus als alle Worte. Es ist seltsam, bis jetzt hat mich das Schicksal des reichen Mannes, der sich aus der Verantwortung stehlen will, relativ kaltgelassen, aber dieses eine Ausatmen ändert meine Einstellung zu ihm. Ich sehe ihn auf einmal vor mir, wie er zusammengesunken, mit hängendem Kopf in seinem großen Auto sitzt. Allein mit sich und dem Gefühl, dass ihm nichts mehr gelingen will. Nicht einmal der Selbstmord. Eine zündende Idee, wie ich ihm emotional den Rücken stärken könnte, will mir jedoch nicht kommen, ist seine Welt der meinen doch so fern. Zu verschieden sind mutmaßlich die Wertmaßstäbe und Definitionen von Glück und Freiheit. Was soll ich ihm erzählen? Dass seine Kinder ihn dringender brauchen als Geld? Vielleicht.

Hendrik steht plötzlich vor meinem Tisch und hält einen Zettel hoch, auf den er gekritzelt hat: 572 7er BMWs in Berlin, du Spinner!! Okay. Das war's. So komm ich nicht ran an ihn. Ich muss nachdenken. Ein Mann, der ein Familienunternehmen, ja vielleicht ein Imperium aufgebaut hat, ist ein Alphatier. Jemand, der stolz und intelligent sein dürfte. Also appellieren wir doch mal an seinen Stolz und seine Intelligenz!

»Wegen einem geschäftlichen Tiefschlag wollen Sie sich das Leben nehmen? Das kann ich nicht glauben. Ist das für Ihresgleichen nicht eher eine Herausforderung als ein Grund zum Aufgeben?!«, geb ich ihm Effet und bin gespannt, was jetzt passiert.

»Wissen Sie, mein Vater hat mir damals ein florierendes Unternehmen übergeben, und ich habe alles ruiniert, das ist die traurige Wahrheit«, gibt er artig Auskunft und mir damit einen weiteren Joker in die Hand.

»Und wenn jetzt Ihr Vater in Ihrer Garage neben Ihnen stehen würde, was er vielleicht ja sogar tut, glauben Sie, er würde gutheißen, was Sie dort tun? Nein! Ganz sicher nicht! Er würde sagen: ›Komm, mein Junge, wir schaffen das! Unsere Familie hat es immer wieder geschafft, wenn es darauf ankam. Und außerdem brauchen dich die Kinder. Los, raff dich auf! Ich vertraue dir.‹ Das würde Ihr Vater sagen, meinen Sie nicht?!«

Daraufhin ist einen Augenblick nichts mehr zu hören, und dann verstummt das Motorengeräusch, und ich denke: Ja, Jonas, heut hast du dein Brot verdient!

»Haben Sie gerade den Schlüssel abgezogen?«, frage ich, um sicherzugehen.

»Ja«, sagt er kurz und trocken, und ich freu mich wie ein Kind. Wahrscheinlich schon wieder ganz in alte Verhaltensmuster verfallend, fragt er mich:

»Ist mein Anruf rückverfolgbar, wissen Sie, wer ich bin?«

»Nein, machen Sie sich keine Sorgen! Bis jetzt sind alle meine Bemühungen erfolglos geblieben. Ich habe keine Ahnung, wer Sie sind, und wenn Sie mir versprechen, durchzustarten, verspreche ich Ihnen, dass ich unser Gespräch hier lösche.«

»Versprochen«, sagt er, und: »Ist Ihnen klar, dass Sie mir gerade das Leben gerettet haben?«

»Ja, aber das ist nichts Besonderes«, entgegne ich schnoddrig, »so etwas mache ich hier alle naselang. Halten Sie sich mit Ihrem 7er BMW an die Geschwindigkeitsbegrenzung vor Schulen und Seniorenresidenzen, und wir sind quitt.«

Er lacht und sagt: »Danke!«

Ich lache und sag: »Gern geschehen«, geh aus der Leitung und überlege grinsend, welchem Zweig der deutschen Wirtschaft ich wohl gerade zu neuem Aufschwung verholfen habe.

# Muschilecker

**»Kommt mal her hier, aber** zackig. Hier hat uns so 'n Arschloch beleidigt!«

»So, so, was hat das Arschloch denn gesagt?«

»Ich lieg hier mit meiner Partnerin im Park, und wir haben uns gerade geküsst, da geht der Prolet vorbei und nennt uns eklig!«

»Ui! Hat er sonst noch was Schlimmes gesagt?«

»Als wir ihm gesagt haben, dass er sich gefälligst verpissen soll, hat er gemotzt, wir sollen uns woanders ablecken. Und Muschilecker hat er uns auch noch genannt!«

»Un' nu'?«

»Was, und nu'?! Ihr kommt jetzt hierher und schlagt das Schwein zusammen! Wir lassen uns hier nich' diskremenieren! Und anzeigen wollen wir den natürlich auch!«

»Holla! Zusammenschlagen, ja?«

»Aber so was von!«

»Ich glaub, das heißt diskriminieren. Mit i.«

»Is' mir scheißegal, Alter! Wenn ihr nich' gleich hier seid, mach ich das selber, und ich kann Karate!«

»Oh!«

»Hey, Hanne, bleib mal schön hier, die Bullen sind gleich da.«

»Hanne? Kennen Sie den Typ?«

»Der wohnt in meinem Haus im zweiten Stock, das alte Nazischwein!«

»Aha. Na, dann können Sie ihn auf jeder Wache oder per Internet anzeigen, Zeugen benennen, und zack, die Kugel rollt.«

»Schluss jetzt mit aha! Kommt ihr jetzt oder nich'?«

»Na ja …«

»Aha, na ja … Was soll der Scheiß? Bist du auch so 'n homophobes Faschistenschwein, oder was?! Gib mir mal deine Dienstnummer!«

»10248.«

»Moment, Moment. Susi, gib mir mal was zu schreiben. Los, mach schon!«

»So, Schwester, nun hol mal tief Luft und beruhig dich mal.«

»Schwester? Schwester? Wen nennst du hier ›Schwester‹?!«

»Na, dich.«

»Pass bloß auf, Alter! Und duzen lass ich mich von dir auch nich'!«

»Ach nee. Aber du darfst mich duzen und ›Alter‹ nennen und homoerotisches Faschistenferkel und so.«

»Homophobes Faschistenschwein!«

»Aua. Da war's schon wieder. Und ich weiß nicht mal genau, was das bedeutet.«

»Unternehmt ihr jetzt was oder nich'?«

»Mausi, was soll ich denn unternehmen? Ich kann mal Folgendes machen: Ich verrate dir jetzt mal, dass unser komplettes Gespräch aufgenommen wird. Nur, damit du mich nicht anschließend auch noch ein ›hinterfotziges homoerotisches Faschistenferkel‹ nennst oder so.«

»Is' mir scheißegal!«

»Sollte es aber nicht. Im Moment hast du nämlich deutlich die Nase vorn in Sachen beweiskräftig dokumentierter Beleidigungsschwall. Und zwar vor dem Proletenschwein und vor mir sowieso. Also nimm meine Ankündigung als Freundschaftsangebot, und komm mal runter.«

»Bist du schwul?«

»Nein, bin ich nich'. Is' das 'n Problem? Ich bin lesbisch, ich steh auf Frauen!«

»Haha, Blödmann!«

»Hallo, wer is' hier 'n Blödmann?! Jetzt krieg mal langsam die Kurve!«

»Ich krieg die Kurve, wenn ich das will!«

»Und ich leg gleich auf. Dann kannst du dich beim Bürgermeister beschweren wie jeder zweite Homosexuelle, dem wir hier nicht den roten Teppich ausrollen.«

»Was soll das denn heißen?«

»Das soll heißen, dass ich die Faxen dicke hab!«

»Wovon?«

»Von dir! Und von dem gesamten Thema, wenn ich ehrlich sein soll.«

»Pass bloß auf, was du sagst!«

»Siehst du, genau das mein ich. Wie dummdreist muss man sein, um die Bullen anzurufen, den gröbsten Schwachsinn einzufordern und dann auch noch dabei munter draufloszubeleidigen und zu drohen. Glaubst du ernsthaft, du kannst mich einschüchtern, du Knaller?«

»Genau das werd ich machen!«

»Was?«

»Mich beim Bürgermeister beschweren.«

»Warum nur bin ich nicht überrascht?! Viel Glück.«

»Das ist nämlich 'n super Typ, der reißt dir den Arsch auf.«

»Ja, is' 'n super Typ. Ich bin auch 'n Fan. Aber glaub mir, an meinen Arsch kommt der nicht ran.«

»Doch! Das kostet den 'n Telefonanruf, und du regelst den Verkehr, Alter!«

»Amüsanter Gedanke.«

»Tanzt ihr jetzt hier an oder nich'?«

»Tun wir nich'. Es sei denn, der Typ wird handgreiflich oder textet euch weiter zu und lässt sich nicht stoppen. Aus die Maus. Und dir erklär ich jetzt mal was. Letzter Versuch. Probier mal zuzuhören, und vor allem, probier mal, was zu kapieren. Du tust dir und deiner Community mit der Scheiße, die du grad abziehst, keinen Gefallen. Erstens: Ich komm von der Straße und hab schon Transen, Huren, Lesben und Schwule im Bekanntenkreis gehabt, da hat der liebe Gott noch drüber nachgedacht, ob er dir 'n Puller oder 'ne Mumu verpasst. Bin also alles andere als spießig, verklemmt oder homophil. Zweitens: Berlin ist die toleranteste Stadt auf diesem Planeten, was du schon daran erkennst, dass die Menschen hier einen schwulen Bürgermeister gewählt haben, der auf Fetischistenumzügen vorneweg hampelt. Ergo: Ich bin kein Feind und diese Stadt schon gar nicht. Was mir und den allermeisten Menschen aber voll auf den Keks geht, ist, dass es euch nicht reicht, wenn man tolerant ist. Man muss euch toll finden, und das ätzt, Schwester, das ätzt richtig! Weil es nämlich nicht ›gut so‹ ist, homosexuell zu sein. Es ist okay, aber nicht gut so. Wir würden nämlich aussterben, wenn wir alle so wären wie ihr. Und wer, bitte, zahlt dann zum Beispiel meine Pension?! Fehler im System, oder? Sorry, is' nich' mein System. Is' aber so! Und das nächste Ding ist, und lass meine Worte mal schön sacken: Stell dir vor, ich wäre tatsächlich das Arschloch, für das du mich hältst. Wie wirkt dann wohl dein Vortrag auf mich? Oder besser, wie motiviert gehe ich dann wohl in das nächste schwul-lesbische Problem, das hier übrigens laufende Meter aufschlägt, nachdem du versucht hast, mir mit Anlauf in die Nüsse zu treten? Na, merkst du was, Kampflesbe? Ich sag dir verbindlich, da gibt es viel schlauere Damen deiner Fraktion, die so weit oben an der Macht sind, dass Typen wie ich sauber nach ihrer Pfeife tanzen. Und warum auch nicht, verdammt. Es ist nämlich im Groben völlig wurscht, wie die sexuelle Orientierung ist, solange der Charakter, der dahintersteckt, sauber ist. Und zu einem sauberen Charakter gehört nun mal Toleranz. Und jetzt kommt's richtig dicke, denn das ist genau das, was dir und deinesgleichen fehlt: Toleranz! Denn wenn der ein oder andere Spießer oder auch alte Mensch, der übrigens auch das Recht hat, frei zu leben, Schwierigkeiten damit hat, sich vorzustellen, dass man sich gegenseitig in den Po pikt oder die Muschel ausschlabbert, und es erst recht nicht toll finden kann, weil es auf ihn verstörend und wenig vertrauenerweckend wirkt, dann gönnt ihm doch gefälligst eine leicht gebremste Anfahrt in euer Wunderland. Ist das zu viel verlangt und so schwer zu verstehen? Eigentlich nich', oder?

So, alles klar, Muschilecker? Bevor du jetzt wieder ansatzlos in die Luft gehst – ich bin selbst zuweilen eklig, und 'n Muschilecker bin ich sowieso. Zwar kann ich mich spontan jetzt nicht daran erinnern, dass einer versucht hätte, mich damit zu beschimpfen, aber wenn, wär es mir völlig Pumpe!«

»Du bist auch nicht täglichen Anfeindungen und Angriffen ausgesetzt!«

»Ha, der war ja gut! Du machst dir keine Vorstellung, Schwester, was ich mir hier so anhören muss! Und zwar nicht täglich, sondern mindestens im Stundentakt. Da gibt es zum Beispiel Leute, die nennen mich homoerotisches Faschistenferkel, stell dir das mal vor!«

»Homophobes Faschistenschwein!«

»Genau. Und? Bin ich ein homoerotisches Faschistenferkel? Wirklich?«

»Sicher nicht. Vielleicht nich' mal 'n homophobes Faschistenschwein.«

»Ho, ho, ho, darf ich jetzt Schwester zu dir sagen, ohne mein Leben zu riskieren?«

»Darfst du nich'! Nich' bevor du uns hier geholfen hast!«

»Schade, ich hab gedacht, wir sind jetzt dicke Kumpel.«
»Sind wir nich'.«
»Tja, dann kann ich's auch nicht ändern. Hab alles gegeben. Mehr ist nicht drin. Und selbst wenn ich wollte, könnt ich nicht veranlassen, dass wir zu euch kommen, um Hanne die Fresse zu polieren. Müsste dir doch eigentlich klar sein, Schwester.«
»Du sollst mich nicht dauernd Schwester nennen, verdammt!«
»Is' ja gut, is' ja gut. Aber warum eigentlich nicht? Wo ist das Problem? Vielleicht solltest du Hanne auch mal mit 'ner Charmeoffensive auf den Sack gehen. Hau ihm doch mal an den Latz, dass Liebe Liebe ist, egal, wo sie hinfällt. Und dass man sich dafür weder schämen muss noch um Verzeihung bitten. Sondern dass es im Gegenteil so wenig Liebe auf der Welt gibt, dass es sich lohnt, jedes bisschen zu feiern und zu verteidigen. Vielleicht kapiert er dann ein wenig, warum du Susi im Park geküsst hast. Is' doch 'n Versuch wert, oder nich'?! Tut mir leid, mehr kann ich nicht für euch tun. Wenn du Krieg für den richtigen Weg hältst, kannst du ihn auf jeder Wache anzeigen. Wenn er euch nicht in Ruhe lässt oder handgreiflich wird, kommen wir auch hin, aber das war's jetzt erst mal, Schwester. Ende.«
»Das war's?«
»Das war's.«
»Weißt du was, Alter?«
»Was?«
»Du bist okay!«
»Aha. Weißt du was, Schwester?«
»Was?«
»Du bist auch okay! Und mit einer kleinen Portion Toleranz und Einfühlungsvermögen kapieren die Hannes dieser Welt das irgendwann auch. Mach's gut, Schwester.«
»Hmmm! Tschüss, homoerotisches Faschistenferkel!«

# Das Tierheim von Berlin

**Europas größtes Tierheim steht, wie** könnte es anders sein, in Berlin. Ein flacher, riesiger Betonkomplex, der aussieht, als wäre er ein frisch gelandetes UFO. Logischerweise kein schöner Ort, obwohl es den Tieren dort sehr gut geht. So gut, dass ich versucht bin zu bezweifeln, dass es ihnen bei ehemaligen, ja selbst bei einigen zukünftigen Besitzern besser gehen würde. Ich war und bin relativ häufig dort. Dienstlich wie privat. Das letzte Mal vor knapp zwei Wochen. Nicht nur, wie in der Vergangenheit oft, um die vierbeinigen Kumpels, zumeist Listenhunde, im Knast – will heißen: Hochsicherheitstrakt – zu besuchen und ihnen etwas Illegales zuzustecken. Für sie gibt es nämlich kaum eine Chance der Vermittlung. Von Hass und Enttäuschung zerfressen, scheinen sie für den Rest ihres Lebens nur darauf zu hoffen, etwas von dem Schmerz zurückgeben zu können, den wir ihnen zugefügt haben.

Wutentbrannt schauen sie durch die Glasscheibe oder ihr Gitter. Und doch scheint ein Zucken durch ihre Gesichter zu huschen, wenn du etwas durch das Metall ihres Käfigs steckst, was ihnen gefallen könnte. So als würden sie mit ihrem Stolz kämpfen. Oder mit ihrem Misstrauen. Ich habe schon ein paarmal meine Hand hineingesteckt, um Vergeltung anzubieten oder meinetwegen auch Vertrauen. Wie gern würde ich die Tierquäler, die ich in meinen Polizistenjahren gegriffen habe, auf gleiche Weise dem Urteil dieser Jungs überlassen!

Aber mein letzter Besuch galt einem ganz anderen Zweck. Meine Familie kam nämlich auf die schräge Idee, motiviert durch meinen Schwager, einen hochrangigen Polizeioffizier, der sich einen Bullterrier und einen Chihuahua hält, dass es doch toll wäre, wenn man sich einen kleinen Familienhund, quasi als Pendant zu meinem Wolf, zulegen würde. Jemanden halt, der nicht die gleichen Rechte und Pflichten wie ein Mensch hat, sondern seinen Lebensinhalt darin sucht und findet, süß zu sein, und jederzeit zum Streicheln und Spielen aufgelegt ist. Ich war nicht begeistert. Fairerweise muss man dazusagen, dass mein Wolf zwar seine Familie mit Sicherheit liebt und auch zu vielen Spiel- und Streicheleinheiten bereit ist, aber trotzdem ein wesentlich höheres Maß an Feierabend und Privatsphäre genießt als ich selbst. Will heißen, 2045 – das ist seine Dienstnummer – ist kein Luxus- oder Freizeithund und nebenbei auch sehr wohl in der Lage, dies in einer durchaus angemessenen und gesunden Art und Weise kundzutun. Das nur zum Verständnis. Trotzdem hatte ich schlicht keinen Bock darauf, unser Leben noch weiter zu verkomplizieren. Selbst nachdem uns Charly und Pepe aus Altersgründen verlassen haben und jetzt im Garten einträchtig nebeneinander in sicherer Tiefe wohnen, geht es in unserer Bude immer noch zu wie auf einem Bahnhof. Ich treffe hier Menschen und manchmal auch Tiere, die zwar Freunde meiner Kinder sind, die ich aber trotzdem nie zuvor gesehen habe. Außerdem wohnen, wenn ich den Überblick nicht verloren habe, im Zimmer meiner Mittleren zwei Farbratten, die Große füttert zwei Gerbils – für den Laien: das sind Rennmäuse – durch, und mein Kleiner hat irgendeinen Schwanzlurch, der mich ständig so frech anguckt, dass ich ihn am liebsten aussetzen würde. Circus Sarrasani is 'n Dreck dagegen! Was also wirklich nicht fehlt in diesem Haushalt, ist noch 'ne weitere Fußhupe, die sich hier breitmacht!

Was soll ich sagen, die Sache war mittels Mehrheitsentscheid ratzfatz beschlossen. Toll. Aber so einen Nacktaffen à la Paris Hilton, womöglich noch vom Züchter wie bei meinem Schwager, das war mit mir dann doch nicht zu machen. Deshalb also auf Sonderantrag eines einzelnen und manchmal sehr überzeugenden Familienmitglieds der bereits erwähnte jüngste Besuch im Tierheim von Berlin. Ein Besuch, der nicht nur traurig war, sondern auch wieder längst erfolgreich verdrängte Erinnerungen an die 110 wachrief ...

»Kann ich belangt werden, wenn ich vor dem Tierheim einen Hund anbinde?«, fragt das Arschloch, nachdem ich mich gemeldet habe.

»Wieso wollen Sie Ihren Hund denn nicht selber reinbringen?«, frage ich wenig konstruktiv und genaugenommen schon jetzt ziemlich angefressen. »Hat er das nicht verdient?«

»Das war nich' meine Frage. Ob ich belangt werden kann, will ich wissen«, hakt der Anonyme dreist nach.

»Was is'n das für 'ne bescheuerte Frage«, stelle ich übellaunig fest, und in dem Bewusstsein, dass sich Mister Arno Nym wohl kaum beschweren wird oder kann, schiebe ich ungefiltert hinterher: »Is' wie mit jedem Pädophilen auch, wen wir nich' greifen, den können wir erst mal auch nicht belangen. Aber irgendwann kriegen wir sie alle.«

»Ja, ja, träum weiter, Spasti«, antwortet er hörbar sauer und kreiert dann ein genial-bösartiges Druckmittel, mit dem er mich schlagartig im Griff hat:

»Für jede weitere Frechheit werde ich dem Hund einen kräftigen Tritt verpassen«, kündigt er an, und ich bin still. Es ist meine Schuld. Ich hab's versaut. Ich bin tiefer eingestiegen, als es nötig war, und denke darüber nach, was ich noch biegen kann.

»Was jetzt?! Kann ich den da anbinden oder nich'?«, fragt er schon wieder, völlig beknackt.

»Ja, wieso denn nicht, Herrgott noch einmal?! So ist es normalerweise nicht gedacht, aber wer kann Ihnen denn am Zeug flicken, wenn Sie unbemerkt den Hund da parken? Was ist denn das für eine dämliche Frage?!«, rutscht es mir wieder heraus, und ich bereue es sofort. Denn er tritt sie. Doll. Ich höre sie aufschreien. Ich beiße meine Zähne zusammen und spüre, wie Wut in mir aufsteigt. Eine Stinkwut!

Dem aufmerksamen Leser wird das »sie« eben nicht entgangen sein. Es handelte sich nämlich tatsächlich um eine Hundedame. Eine wahre Schönheit! Aber weiter.

Mit zusammengekniffenen zornigen Augen und in dem Bewusstsein, dass jede weitere Unbeherrschtheit von mir einen Tritt zur Folge hat, versuche ich mich zurückzunehmen.

»Bitte, machen Sie das nicht, es tut mir leid, was ich eben gesagt habe«, ist das Beste, was ich fertigbringe, und hoffentlich klingt es glaubwürdig. Um es kurz zu machen: Es mag glaubwürdig geklungen haben oder auch nicht. Auf jeden Fall hat es sein Ziel auf fatale Weise verfehlt. Der Kerl merkt nämlich, dass mir das Tier nicht gleichgültig ist, und wittert die Chance seines erbärmlichen Lebens.

»Ach nein, warum denn nicht, Weichei?! Hör mal, nur für dich!«, skandiert er höhnisch und tritt erneut zu. Ich hör sie schreien und rufe: »Stopp!« Er hält kurz inne und fragt:

»Na, wie gefällt dir das?« Dann tritt er wieder zu. Und wieder ... und wieder ...

Ich schreie: »Hey, bitte!«, dann bin ich still. Ganz still. Ich will nicht, dass er mitkriegt, wie wütend ich bin, wie machtlos und wie sehr es mir weh tut. In der Hölle sollst du brennen, Mistkerl, denke ich, lege die Leitung auf den im Tisch eingebauten Lautsprecher, drehe auf und schaue mit bebendem Kinn rüber zu meinem Passmann.

Sie schreit und jault, einmal versucht sie sich sogar zu wehren, aber der Dreckskerl wird festes Schuhwerk tragen. Dann ist Ruhe. Nur noch ein Winseln. Nach einer Weile schweren Atmens, es war wohl anstrengend, sagt der Typ dann noch, bevor er auflegt: »Ich bind die Dreckstöle jetzt in der Neuköllner vor der Aral-Tanke an, dann kannst du ja selber einsammeln, was von ihr übrig ist.«

Und genau das habe ich gemacht.

Es war kurz vor Feierabend, ich musste niemandem etwas erklären außer: »Ich hab was Wichtiges vor«, lief zu meinem Spind, zog mich um und fuhr los zu dieser Tankstelle, von der ich genau wusste, wo sie war, weil meine Frau ihre Jugend in der Diskothek gegenüber verbracht hat. Ich hatte damals einen Daihatsu Hijet, so eine Art schockgefrosteten VW-Transporter im Maßstab eins zu zwei. Wahrlich kein prachtvolles Auto, aber ideal für dieses Unterfangen. Ich glaube, die Laderaumwanne von der Karre habe ich immer noch im Schuppen. Auf der Fahrt dorthin versuchte ich mir vorzustellen, wie sie wohl aussehen mochte, wie es ihr ging und ob sie überhaupt da war.

Sie war da! Und ich habe in meinem ganzen Leben noch nie eine hübschere Hundedame gesehen! Eine langhaarige, komplett schwarze Altdeutsche Schäferhündin (sorry, Ollie, Kira ist auch hübsch, aber ein bisschen dicker).

Mit leicht verklebten Augen und zitterndem linkem Hinterlauf wich sie langsam vor mir zurück, als ich mich vor ihr hinkniete. »Na, Mäuschen, wo tut's weh?«, begrüßte ich sie, und sie legte den Kopf leicht schief. Ich reichte ihr meine linke Faust zum Schnüffeln, weil es an der Faust am wenigsten weh tut, wenn man gebissen wird. Aber das Leckerli darin und ihr Instinkt ließen sie schon kurz darauf meine Faust und danach die offene Hand lecken. Den

Strick, mit dem sie festgebunden war, schnitt ich mit meinem Taschenmesser durch, knüpfte einen Galgenknoten und ließ ihn hängen. Der Pisser sollte etwas zum Nachdenken haben, wenn er hier das nächste Mal vorbeikam. Nachdem ich die Würgekette um ihren Hals entfernt hatte, klickte ich eine von den Hundeleinen ein, die ich ständig im Handschuhfach spazieren fahre, und sie humpelte langsam, aber willig hinter mir her Richtung Auto. Dort stieg sie nach der ersten Aufforderung bedächtig auf die geschlossene Ladefläche und rollte sich auf der Decke zusammen, die ich ihr hingelegt hatte. Nachdem ich getankt hatte, fuhren wir zwei dann Richtung Süden aus der Stadt hinaus. Und zwar zu einem Tierarzt in Großziethen, einem aus Norditalien stammenden Tierfreund mit viel Temperament und Herz, der außer vielen Prellungen keine schlimmen Verletzungen an ihr feststellen konnte und für ihre Behandlung kein Geld nahm. Danke!

Danach fuhren wir nach Hause.

Unterwegs quatschte ich sie voll und kündigte ihr an, wer sie gleich so alles erwarten würde. Von Pepe erzählte ich ihr, von Charlie und den Kindern und dass es allein an ihr liegen würde, ob sie bleiben dürfte. Um es kurz zu machen: Es gab kein Happy End. Zumindest nicht bei uns. Obwohl ich glaube, alles richtig gemacht zu haben, hat sie auf neutralem Boden schon gleich am Anfang erst Pepe und dann mich gebissen. Da war an ein verantwortungsvolles Zusammenführen mit den Kindern oder gar der Katze nicht mehr zu denken. Leider. Sie wird einfach zu viel mitgemacht haben. Hätte ich mir Urlaub nehmen können oder wäre meine Lebenssituation auf ein einzelnes Sorgenkind auszurichten gewesen, wäre sie sicher bis zu ihrem Tod bei mir geblieben. Genau wie Pepe, der übrigens auch ein Fundhund war. Aber es hat nicht sollen sein.

So brachte ich sie in das Tierheim von Berlin, wo man sich liebevoll um sie kümmerte (danke, ihr macht einen klasse Job!) und sie trotzdem nur ganz kurze Zeit blieb.

Weil sie eine Schönheit ist!

Oder besser: war. Denn inzwischen ist sie gestorben. Glücklich, alt und geliebt. Genau wie unser Pepe ...

Nachtrag: Hey, Tierquäler, ich habe eine Botschaft für dich:

Ich habe einen Mitschnitt des Gesprächs, ich habe mit dem Tankwart gesprochen, ich habe die Videoaufnahmen der Überwachungskameras ausgewertet, und ich habe ein komplettes Täterprofil, so als wärst du ein Topterrorist.

Und ich habe einen riesigen Wolf, der deine Geschichte kennt. Es ist nicht vorbei ...

# Messer

**Zu Messern habe ich ein** ambivalentes Verhältnis. Fremdwortfrei ausgedrückt: Wenn es um Messer geht, habe ich immer ein gemischtes Gefühl. Auf der einen Seite halte ich Messerfetischisten für kranke Arschlöcher und Männer, die mit Vorliebe mit Messern kämpfen, für Feiglinge. Auf der anderen Seite habe ich mein Tauchermesser geliebt und trage selbst heute meistens zwei Messer ständig bei mir. Das erste hat mir ein paarmal das Leben gerettet, weil ich mich beispielsweise damit unter Wasser aus einem Fischernetz rausschneiden konnte, das im Begriff war, mich zu killen. Die beiden anderen sind ebenfalls keine Angriffswaffen, obwohl sie sogenannte »Einhandmesser« sind und damit verboten.

Generell lässt sich aber auf jeden Fall sagen, bevor wir in unser nächstes Gespräch einsteigen, dass Sie einem Idioten, der Ihnen mit einem Butterflymesser oder einem Springmesser vor der Nase rumfummelt und nach Ihrem Handy und Portemonnaie fragt, einfach mal aushändigen sollten, was er begehrt. Schon deshalb, weil jemand, der dumm genug ist, für eine solche Beute einen Raub zu begehen, auch dumm genug ist, sein Messer einzusetzen. Und selbst wenn er ein Dilettant sein sollte und »nur« Ihr linker Lungenflügel zusammensackt, ist das doch ein höherer Preis als der, den Sie für ein neues Smartphone oder Yves-Saint-Laurent-Geldbörschen nebst Inhalt aufwenden müssten. Solche Menschen muss man schnell loswerden. Ohne Rücksicht auf das eigene Ego oder materielle Werte, die so gut wie immer zu ersetzen sind.

Eigentlich noch zu verstehen, zu überblicken und vielleicht

sogar zu steuern, eine solche Situation, oder? Schlimm wird es, wenn Sie Ihrem Peiniger nicht geben können, was er will. Nicht ohne selbst zu leiden. Ich möchte hier niemandem Angst machen, aber ich habe in den einleitenden Worten zu diesem Buch schon angedeutet, dass es diesmal nicht leicht werden wird. Weder für Sie noch für mich. Dennoch gibt es mindestens zwei Gründe, weshalb man schildern darf und muss, was eigentlich unglaublich ist, weil es zutiefst unmenschlich erscheint. Erstens, weil es existent und viel häufiger ist, als unser Alltag es vermuten ließe. Und zweitens, weil ich will, dass Sie und ich daraus lernen, wie wir vielleicht damit umgehen, um den größten Schaden abzuwenden. Haben Sie sich nicht auch schon mal gefragt, warum dem Pädophilen, dem Tierquäler oder dem perversen Messerfetischisten nicht an der Nasenspitze anzusehen ist, was hinter seiner Stirn nicht stimmt? Ich schon oft. Sehr oft. Wenn Sie das nächste Mal in der U-Bahn sitzen, schauen Sie sich mal um. Der alte Herr mit dem sympathischen Lächeln, der junge Mann, der Ihnen beim Einsteigen die Tür aufhielt, und die rührend wirkende Oma mit dem auffälligen gelben Zeigefinger – sind sie tatsächlich so, wie sie auf uns wirken oder wir gern möchten? Oder sind sie vielleicht ganz anders. Wie sehen die Menschen aus, die sich zu Tausenden im Internet Nacktbilder von Kindern herumreichen, in Hauseingängen Kinderwagen anzünden oder im Park Tauben vergiften und sich an ihrem Todeskampf ergötzen.

Wie? Nun will ich keinesfalls, dass Sie sich auf Schritt und Tritt die Frage stellen, ob Ihr Milchmann oder Mitarbeiter in Wahrheit doch ein Massenmörder ist. Aber dass Sie sich der Realität stellen, will ich. Und dass Sie nicht völlig unvorbereitet sind, wenn das Schicksal Sie besuchen kommt. Was mich umtreibt, ist die Sorge, dass eine Fehlentscheidung, die Sie im Bruchteil einer Sekunde treffen könnten, Ihr Leben für immer verändert. Oder beendet.

»Hallo? Hallo, hören Sie mich?«

»Ja doch. Wie schon gesagt: Polizei Berlin, Gutenrath ist mein Name. Mein Ohr gehört ganz Ihnen.«

»Gut! Gut! Also, da ist so ein Typ, der hat gerade versucht, mir mein iPad abzuziehen.«

»Wo?«

»Wie, wo? Nun hören Sie doch mal zu, Mann!«

»Okay.«

»Also, der hat mit so einem komischen Messer vor mir rumgefuchtelt und gesagt: Dein Spielzeug gehört jetzt mir!«

»Sind Sie verletzt, und vor allem, wo sind Sie?«

»Ey, darum geht's jetzt gar nicht!«

»Sondern?«

»Ich hab's geschafft abzuhauen, aber jetzt steh ich hier vor 'ner Wand! Fuck! Fuck! Fuck!«

»Ganz ruhig. Kriegen wir schon hin, ich bin ja da.«

»Hey, ich hab Schiss, Mann! Richtig Schiss! Der hatte so 'n irren Blick. Der hat sie nich' alle! Echt, ey!«

»Wird schon. Noch mal: Wo sind Sie jetzt genau?«

»Mann, ich hab keine Ahnung, ey! Ich bin mit Freunden aus Bochum in 'nem Hostel bei der o2 World. Die sind noch fertig von gestern, also bin ich allein los. Ich hab keine Ahnung, wo ich bin, verdammte Scheiße!«

»Gut, wie sieht's denn aus, da, wo du bist?«

»Scheiße sieht's aus! Wie 'ne verdammte Mausefalle sieht's aus. Ich hab keine …«

»Hallo?«

»Kacke! Da isser! Fuck, fuck, fuck, fuck, fuck!«

»Ruhig. Ganz ruhig. Wie sieht er aus? Schnell! Wie groß?«

»Was?!«

»Wie groß? Los!«

»Eins siebzig, höchstens …«

»Was für Klamotten?«

»Hoodie, grau. Kapuze hat er auf. Schwarze Jeans, kaputte, dreckige Chucks.«

»Irgendwas Besonderes?«

»Gammelige Zähne!«

»Okay, prima! Ganz ruhig bleib…«

»Alter, mit wem telefonierst du da?«

»Hey, Wichsfrosch, mit wem du da redest, hab ich dich gefragt!«

»Sag: ›Mein Vater!‹ Los: ›Mit meinem Vater!‹ Los jetzt!«

»M-mit meinem Vater.«

»Mit dem Vaaati, wie süüüß … Klasse, kann dranbleiben … Hey, hörst du mich, Alter? Dein verficktes Weichei von Sohn ist jetzt dran! Hör gut zu, alter Sack, wird lustig!«

»Was willst du von mir, Mann?«

»Halt die Fresse! Ich schneid dich in Stücke, Wichser, wenn du mich noch einmal dämlich anquatschst!«

»Ganz ruhig. Bin bei dir. Wir schaffen das. Sag ihm deinen Vornamen. Stell dich vor. Aber schön schüchtern, okay? Los.«

»Hey, ich bin Dirk. Was willst du von mir?«

»Aaahhhhhhhhhhh …«

»Was hab ich dir gesagt, Wichser?!«

»Dirk? Dirk, hörst du mich? Sag nur ›ja‹, wenn du mich hören kannst.«

»Ja.«

»Was ja? Quatsch mich nich' dämlich an! Klar?«

»Dirk, wenn du leicht verletzt bist, sag ›ja‹. Wenn es schlimmer ist, sag ›aua‹.«

»Ja.«

»Na also, Weichei, geht doch!«

»Okay, Dirk. Halt ihm dein iPad hin und nick einmal in seine Richtung.«

»Na, du feige Fotze, willst dich einschleimen?«

»Dirk, leg das Ding vor dich hin, wenn du kannst, und tritt einen Schritt zurück.«

»Ach, damit ist es getan, meinst du, Alter?! Mit deinem Scheißspielzeug?! Ich werd dir viel mehr wegnehmen! Und dein Alter wird dabei zuhören! Los, zieh deine Hose runter!«

»Scheiße. Okay, Dirk, keine Panik, wir sind unterwegs zu dir. Keine Panik! Wir müssen uns jetzt entscheiden. Mit der Hose in den Kniekehlen kannst du weder kämpfen noch wegrennen. Ich denke nicht, dass es dem Typ um Sex geht. Und um Kohle auch nicht. Also müssen wir versuchen, ihn reinzulegen, okay? Sag laut: ›Ja, Papa!‹«

»Ja, Papa.«

»Ach, wie niedlich! Was quatscht dein Alter da, du Penner?«

»Sag ihm, dass dein Vater ihm Geld anbietet, viel Geld.«

»Mein Vater bietet ihm Geld an, viel Geld …«

»Diiirk! Dir! Bietet dir an! Konzentrier dich. Sag ihm, er soll dein iPad aufheben und darauf nachschauen. Er wird's nich' kapieren, aber er wird's trotzdem aufheben, denk ich. Und wenn er sich bückt und den Blick kurz von dir abwendet, trittst du ihm voll in die Fresse. Kapiert? Volles Pfund! Klar?«

»Ich kann das nich'!«

»Was faselst du da, Idiot? Ich werd dir den Arsch aufreißen! Mit meinem wundervollen Messer langsam den Arsch aufreißen! Das wird schöööön …«

»Und, Dirk? Kannst du jetzt? Pass auf: Du kannst und du musst! Und wir haben nur einen Versuch. Tritt ihm voll gegen den Kopf! Und wenn du ihn erwischt hast, tritt mindestens einmal nach. Wieder gegen den Kopf oder voll in die Rippen! So doll du kannst!

Nicht mit den Zehen, sondern mit dem Spann! So als ob du einen Fußball quer über den ganzen Platz dreschen willst, kapiert? So, und jetzt bring deinen Text. Los.«

»Ich ... mein Vater ... mmmein iPad.«

»Dirk! Sprich mir nach: ›Mein Vater bietet dir Geld an.‹«

»Mein ... Vater bietet dir Geld an.«

»Viel Geld!«

»Viel ... Geld.«

»Schau nach auf meinem iPad, da siehst du, was er meint.«

»Schau nach auf meinem iPad, d-da siehst du, was er m-m-meint.«

»Was quatschst du da für 'ne verfickte Scheiße?! Wehe, du verarschst mich, Alter!«

Knack! Wumm!

»Aaaaaaaaaaaaaaaaaaaaa! Du Sau! Nnnn, ich mach dich ... ich mach dich ... was, was is' ...?«

»Dirk! Sprich mit mir, Dirk! Was ist los!«

»Ey, ich glaub ... Ich glaub, ich hab ihm das Nasenbein gebrochen! Und dann hat er euch gehört und ist weggerannt! Und hinten is' er auf dem Gehweg gerade noch mal gegen 'nen Laternenpfahl gerannt. Jaaa! Der is' weg! O Gott, ogottogottogott! Gott sei Dank, Mann, ihr seid da!«

»Sind wir nicht.«

»Was? Aber ich hab doch auch das Tatütata gehört! Ganz deutlich!«

»Mag ja sein. War aber nicht für dich. Ich hab immer noch keine blasse Ahnung, wo du bist. In Berlin is' ständig irgendwo Tatütata. Heut ist das erste Mal, dass ich mich darüber freue.«

»Das heißt, du hast mich eben nur angelogen?«

»Jep.«

»Na, du hast vielleicht Nerven!«

»Was hätt ich dir sagen sollen? Dass du gleich stirbst oder verstümmelt wirst und dich in dein Schicksal ergeben sollst?«

»Na, du hast vielleicht Nerven!«

»Nein. Du. Du hast dich da ganz alleine rausgeholt. Ganz alleine. So, und jetzt gehst du nach vorne zur Straße, stellst dich unter die helle Laterne, sagst mir, wie die Straße heißt, und wir sind in zwei Minuten bei dir. Okay?«

»Okay. Hey?«

»Was?«

»Danke, Papa.«

# Mobbing

**Wir haben einen Kollegen in** der Leitzentrale, der sich dermaßen lahmarschig bewegt, dass wir ihm irgendwann den Spitznamen »Turbo« gegeben haben. Wenn ich ehrlich bin, kann ich mich überhaupt nicht daran erinnern, wie sein richtiger Name ist. Na ja, auf jeden Fall kam ich eines Tages auf die schräge Idee, mir einen großen Stapel Papier auf meine Tischkante zu legen, um Turbos fleißige Betriebsamkeit gebührend zu würdigen. Als er wieder mal in Zeitlupe an mir vorbeischlurfte, warf ich den Stapel in die Luft, ließ es schneien und rief laut: »Turbo, du sollst nicht immer so an meinem Tisch vorbeirasen, ich muss hier immer alles festhalten, verdammt noch mal!«, und der halbe Saal fing brüllend an zu lachen. Ich schätze, das war Mobbing. Andererseits aber auch wieder nicht. Wenn man sich nämlich vor Augen führt, dass Turbo Hauptkommissar ist, ein sattes Gehalt nach Hause schleppt, ganz langsam natürlich, und auf Grund seines verschleißarmen Lebensstils wahrscheinlich 120 Jahre alt wird, erscheint das Ganze schon wieder in einem ganz anderen Licht. Zumal sein Verstand durchaus eine überdurchschnittliche Geschwindigkeit an den Tag legt. Was jedoch leider nur dazu führt, dass er für sich erkannt hat: Je niedriger die allgemeine Geschwindigkeit, desto geringer auch die Anzahl der unangenehmen Gespräche und Entscheidungen, die man pro Schicht hinter sich zu bringen hat. An sich genial, oder? Auf diese Art und Weise schafft man es durchaus, ein Vierteljahrhundert Einsatzleitzentrale abzusitzen, ohne sich jemals eine nennenswerte Dienstaufsichtsbeschwerde oder gar

Disziplinarstrafe einzuhandeln. Und in irgendwelche kritischen Selbstzweifel oder gar schwermütigen Gedanken treibt einen diese Philosophie garantiert auch nicht. Wenn ich noch mal zur Welt komme, will ich ein Turbo werden!

Oder lieber doch nicht. Weil jemand anders dann nämlich für mich schultern müsste, was ich mir wie Kacke vom Bein und der Seele geschüttelt habe. Okay, genug gelästert. Der Ausflug in Turbos Mentalitätswelt sollte eigentlich nur ein wenig mein schwieriges Verhältnis verdeutlichen, das ich zu dem Thema habe, welches dieser Geschichte den Titel gab. Haarscharf analysiert könnte man sagen, dass ich, der von Geburt an eigentlich ein Abonnement auf die Opferrolle haben müsste, doch anscheinend, siehe Turbo, mehr so das Arschloch von Täter zu sein scheine. Genaugenommen weiß ich nicht einmal, was mit »Mobbing« tatsächlich gemeint sein soll. Und das, obwohl es angeblich eine unserer schlimmsten Volkskrankheiten ist. Seit frühester Kindheit haben sie mir irgendwelchen Mist hinterhergerufen, vor meinen Augen meinen Schulranzen ausgekippt oder mir heimlich Hundescheiße in meine Anoraktaschen gesteckt. Befeuert wurde das Ganze noch durch die wunderbar unkonventionelle Einstellung meiner Mutter. Ich glaube, ich war in den siebziger Jahren der einzige Junge in meiner ganzen Grundschule, der mit Bürstenhaarschnitt und ledernen Knickerbockern rumlief. Danke, Mama! »Knickerbocker, Knickerbocker, sitzt der Ködel immer locker«, haben sie auf dem Schulhof im Chor skandiert, während ich auf der Mauer saß, auf die sie nicht raufkamen, und, das Gesicht zur Faust geballt, in meine Leberwurststulle biss. Doch im Laufe der Jahre ging Mamas Rechnung auf. Es gab kaum noch etwas, was mir weh tun konnte. Und auch wenn ich so gerne Nutellabrote bekommen hätte wie die anderen, führten Leberwurststulle und stetiger Gegenwind dazu, dass ich zwar immer noch hin und wieder umringt wurde, aber keiner wollte der Erste sein, der vortrat und auf die Fresse kriegte, bevor die Masse mich wieder zum Verlierer machte. Und irgendwann hörte es dann auf. Na ja, Bilderbuchkindheit halt.

Das Problem ist aber leider: Diese Tour eignet sich nicht als Patentrezept, und den vielen, vielen Menschen, die mich als »Mobbingopfer« auf dem Notruf der Polizei angerufen haben – mal zornig, mal verzweifelt, mal leise traurig oder laut und aufgewühlt –, konnte ich so einen Mist nicht erzählen. Ich habe ihnen allen zugehört und konnte doch so oft nicht verstehen, warum sie sich kaputtmachen ließen. Und warum es mich nicht kaputtgemacht hat. »Weil man einen Holzklotz nicht mobben kann«, sagt meine Frau bei dem Thema immer und tut mir damit unrecht, wie ich finde …

Sie ist sechzehn, sagt sie, heißt Madeleine und ist zu fett. Die anderen in der Schule mobben sie. Besonders die Mädchen. Sechzehn. Kompliziertes Alter. Mit sechzehn hat man »das Recht auf sexuelle Selbstbestimmung«, darf sich die Pille ertrotzen und theoretisch rumbumsen, bis der Arzt kommt. Wenn man es denn will und für richtig hält. Und wenn man jemanden findet, für den man lecker genug ist. Obwohl man sich selbst für dick, hässlich und verpickelt hält und das von anderen auch noch ständig gesagt bekommt.

»Hör auf zu heulen und putz dir die Nase«, sag ich zu ihr und treffe damit so gar nicht den Ton, den sie erwartet hatte.

»Was?«, schnieft sie denn auch und ist wohl ein bisschen enttäuscht.

»Du sollst aufhören zu flennen und dir die Nase putzen«, wiederhole ich, und es kommt auch beim zweiten Mal nicht besser an.

»Na toll«, beschwert sie sich und schnäuzt in ihr Taschentuch.

»Genau, weg mit dem Schnodder. Jetzt kann ich dich viel besser verstehen, und außerdem gibt zu viel Rotz Polypen.« Ich bin absichtlich ein bisschen ordinär, um das weidwunde Häschen ein wenig abzulenken.

»Haha, Witzbold! So hab ich mir das nicht vorgestellt!«, meckert sie, und ich gebe weiter den einfühlsamen Therapeuten:

»Ach nee, wie denn dann? Wen, dachtest du denn, hast du angerufen? Die Telefonseelsorge? Tante Lotti? Vadder Abraham und die Schlümpfe, oder wat?!«

»Arschloch!«, rutscht es ihr da raus, und ich bin nicht sauer, weil ich's ja wohl ein bisschen verdient habe.

»Sorry! Aber ich dachte, ihr seid dafür da, den Menschen zu helfen«, entschuldigt sie sich und rudert zurück, obwohl es eher gekränkt und vorwurfsvoll klingt.

»Stimmt. Mach ich doch gerade«, behaupte ich frech, aber sie sieht das ganz anders.

»Wie denn? Indem du dich über mich lustig machst, oder wie?«

»Ich mach mich überhaupt nicht über dich lustig, im Gegenteil. Nur weil ich hier nicht sofort die einfühlsame Mitleidsschiene fahre, die du zu dem Thema wahrscheinlich gewohnt bist, mache ich mich noch lange nicht über dich lustig«, hole ich aus und sabbele weiter: »Genaugenommen hast du sogar Glück. Ich bin nämlich fast ein Fachmann auf dem Gebiet. Weil sie mir nämlich in meiner Schulzeit auch ordentlich die Kante gegeben haben, ich selber zwei Töchter habe, die sich für erwachsen halten, und hier bei mir auf der 110 außerdem ständig Leute anrufen, die meinen, dass sie gemobbt werden.«

»Die meinen, dass sie gemobbt werden?!«, wiederholt sie pissig und schiebt hinterher:

»Du willst also sagen, dass ich mir das alles nur einbilde?!«

»Ich kann mich gar nicht erinnern, dir das Du angeboten zu

haben«, ist die nächste kalte Dusche, die ich für sie habe, und langsam reicht es ihr.

»Ja, ja, schon gut. War wohl 'n Fehler anzurufen, hab mir eingebildet, mir würde mal jemand helfen, echt klasse, ey, toll ...«, jammert sie und schnieft wieder.

»Och, sind alle gemein? Sind die Dinge gegen dich?«, lege ich den Finger noch mal kurz in die Wunde, und dann versuche ich konstruktiv zu werden: »Na klar kannst du mich duzen, ich duz dich ja auch schon die ganze Zeit. Aber du musst mal von deinem Trip runter. Das Leben ist kein Picknick und die Welt kein Ponyhof, das gilt es irgendwann zu begreifen. Will heißen: Wer sich nicht wehrt, lebt verkehrt. Außerdem gehören zum Mobben immer mindestens zwei. Nämlich einer, der mobbt, und einer, der sich mobben lässt. Klingt alles nach ziemlich platten Phrasen, is' aber leider was dran. Und nur weil so ein paar dämliche dürre Hühner meinen, du bist zu füllig oder entsprichst sonst nicht der Norm, ist das noch lange kein Grund, sich fertigmachen zu lassen. Im Gegenteil. Alle versuchen angestrengt, Individualisten zu sein, und latschen trotzdem wie dämliche Schafe einigen wenigen hohlen Puppen hinterher. Aber dazu gleich noch ein paar Takte. Erzähl mir erst mal, worüber wir beide hier eigentlich reden. Was liegt an diesen Sommer, was hast du so geplant: Selbstmord oder Amoklauf?«

Sie lässt meinen kurzen Monolog wohl erst einmal sacken. Nach einer kleinen Pause kommt dann aber:

»Könnte die ganze fiese Bande vergiften! Aber leider bin ich nicht der Typ dafür, ich fress alles in mich hinein. In doppelter Hinsicht.«

»Okay, verstehe. Also muss ich mir keine Sorgen machen, dass du deine Schule in Schutt und Asche legst, sondern nur um dich«, stelle ich nüchtern fest.

»Ja, nur um mich«, wiederholt sie traurig, und ich ärgere mich über meine blöde Wortwahl.

Um das zu kaschieren und mich zu entschuldigen, kündige ich großspurig an:

»Pass mal auf, ich dreh jetzt hier mal meine Sanduhr um und verspreche dir, wenn das letzte Körnchen sich durch den dürren Bauch gezwängt hat, siehst du vieles mit anderen Augen.«

»Wie willst du das denn machen? Alles ist scheiße!«, klagt sie und gibt mir ein Beispiel: »Was würdest du denn tun, wenn dir irgendwelche gemeinen Menschen das Leben zur Hölle machen, dich zum Außenseiter stempeln und die wenigen Jungs, die nicht so sind und die du süß findest und die dich vielleicht sogar mögen könnten, dich deshalb für uncool halten?!«

»Was ich machen würde, hilft dir wahrscheinlich nicht weiter«, versuche ich sie weiterhin ein wenig aufzuheitern, »denn ich würde mit Abführmittel, Juckpulver, sorgsam platzierten Pornomagazinen und allerlei ekligem Zeug zum dritten Weltkrieg blasen, aber ich denke, so etwas entspricht nicht deinem Charakter, sonst würdest du dir die Affen erst gar nicht so zu Herzen nehmen.«

»Also bin ich ein hoffnungsloser Fall, richtig?«, fragt sie, und ein Flehen liegt in ihrer Stimme.

»Quatsch! Wir müssen nur ein wenig an deiner Denke ändern, das ist alles. Der Rest kommt dann von ganz allein«, kündige ich an und bin gespannt, ob ich es schaffe, meiner großen Klappe gerecht zu werden.

»Erzähl mir aber mal ein paar Details«, bitte ich sie. »Mich interessiert zum Beispiel, wie viel du zu viel auf den Rippen hast, und ganz persönlich, ob du eine schlanke Nase hast.«

»Eine schlanke Nase?«, wiederholt sie erstaunt.

»Jo.«

»Wieso das denn?«

»Na, erstens, weil mir so was gut gefällt ... Zwischenfrage, hast du?«

»Ja.«

»Und zweitens, weil eine dicke Knubbelnase immer eine dicke Knubbelnase bleibt, ganz gleich, wie viel du abnimmst oder wie dünn du schon immer warst.«

»Aha, verstehe«, stammelt sie da erstaunt, aber fast schon ein bisschen nachdenklich, und ich könnte wetten, dass sie gerade ihre Nase befummelt.

»So, und über wie viel Kilo Hüftgold reden wir?« Ich lass nicht locker, obwohl diese Frage wahrscheinlich das ist, was sie am wenigsten hören will. Aber ich möchte sie mir vorstellen können, und außerdem, ganz klar, was immer sie mir antwortet, ich werd es runterquatschen.

»Fast zwanzig Kilo«, presst sie durch die Zähne, und es fällt ihr schwer. Man hört es deutlich.

»Pah, nur zwanzig Kilo?! Damit wärst du bei den Eskimos aber noch lange keine Schönheitskönigin, und in Afrika reicht das ebenfalls nicht mal zum Häuptling«, hau ich zwei platte Sprüche raus und ernte, was ich verdient habe.

»Haha, ich lach mich tot«, sagt sie gelangweilt und leicht enttäuscht.

»Okay, okay, dann lass uns doch mal konstruktiv werden«, kündige ich an, »denn ich hab hier 'ne Sanduhr laufen und ein Versprechen zu halten.«

»Na, da bin ich aber mal gespannt«, stichelt sie sarkastisch und setzt noch drauf: »Fett absaugen, oder wie?!«

»Nein, ganz im Gegenteil«, leite ich meinen kleinen Crashkurs ein, falte die Hände hinterm Kopf, lehn mich zurück und leg die Füße auf den Tisch. »Zunächst einmal werde ich dir jetzt einen kleinen Exklusiveinblick in unsere Männerpsyche gewähren. Wir Jungs sind nämlich fast alle gleich, und ich bin auch nur so was wie ein großer Junge. Du bist kein Baby mehr, und deshalb sag ich dir mal völlig unverblümt: Seit jeher gilt der Grundsatz, dass fehlende Modelmaße locker durch Geilheit aufzuwiegen sind. Klingt ordinär, ist es auch und heißt übersetzt so viel wie: Genussfähigkeit, Körpergefühl und Phantasie haben überhaupt nichts mit einer schlanken Taille zu tun. Null! Außerdem hat es noch nie geschadet, wenn von dem, worauf man abfährt, etwas mehr vorhanden ist. Noch nie! Aber das ist alles eigentlich gar nicht so wichtig. Weil ich finde, dass man erst einmal erobert werden sollte, bevor man selber ans Erobern denkt. Genaugenommen ist das die beste Strategie fürs ganze Leben, wie ich finde. Deshalb stell ich dir mal die komische Frage: Magst du Musik?«

»Ja, sehr!«

»Fein. Dann ist es dir sicher genau wie mir schon öfter so ergangen, dass dir beim Anhören eines Musikstückes, das dich bewegt hat, der Gedanke kam: ›Was muss das für ein wundervoller Mensch sein, der so was auf die Reihe kriegt‹, und du das Bedürfnis hattest, ihm irgendwie näherzukommen. Erst einmal gleichgültig, wie er wohl aussehen mag. Worauf ich hinauswill, ist Folgendes: Du brauchst etwas, was dir Freude macht, worauf du stolz sein kannst, was dich ablenkt, dich tröstet und befriedigt. Und deshalb mein ernstgemeinter Vorschlag: Freunde dich erst einmal mit einem Musikinstrument an statt mit einem selbstverliebten oder gar verpickelten Teenager. Gitarre zum Beispiel oder viel besser noch Klavier. Alles andere kommt dann von ganz allein. Lass dich erobern, statt etwas nachzurennen, was oberflächlich und unwichtig ist. Okay?«

»Uii«, ist alles, was sie zu sagen hat nach meinem kleinen Monolog.

»Wat ui? Alles okay?«, frag ich erstaunt, weil ich keine Ahnung habe, wie »uii« gemeint sein könnte.

»Du nimmst dir die Zeit, mit mir so lange über so was zu reden? Darfst du das überhaupt?«, löst sie mein Rätsel auf.

»Weißt du, in der Zeit, in der ich mit dir rede«, erkläre ich ihr, »hätte ich vielleicht zwei Ladendiebe und einen Falschparker abgearbeitet. Du aber rennst mindestens die nächsten fünfzig Jahre durch die Gegend, baust Scheiße, bist glücklich oder unglücklich. Sag du mir, was ist wichtiger, was ist die bessere Investition? Außerdem, was hast du eben gesagt? Dass du hier angerufen hast, weil du gedacht hast, dass dir endlich mal jemand hilft? Also muss ich doch versuchen, deinen Ansprüchen gerecht zu werden, oder?«

»Bist du verheiratet?«, fragt sie mich da und gibt mir damit unbewusst das Zeichen, dass etwas bei ihr angekommen ist. Und dass es höchste Zeit ist, dieses Gespräch jetzt zu beenden. Das tue ich. Abrupt und klar und auf die gleiche Weise, wie ich es begonnen habe:

»Jajajajaja, putz dir die Nase. Ich bin schwul. Und außerdem ist gerade das letzte Sandkorn durch unser Stundenglas gefallen. Die Zeit ist um. Und, konnte ich deinen Blickwinkel ein ganz klein wenig drehen?«

»Ja!«

»Fein. Dann trennen wir uns jetzt.«

»Nein!«

»Doch. Aber weißt du was? Wenn es irgendwann einmal Konzertkarten von dir zu kaufen gibt, werde ich im Publikum sitzen und dich anhimmeln, mein Wort drauf! Tschüss, Madeleine, und ein schönes Leben!«

»Auf Wiedersehen, Vater von zwei Töchtern«, sagt sie, schnieft und legt auf.

# Kackwurst

**Das Prinzenbad in Kreuzberg und** das Columbiabad in Neukölln sind die beiden ersten Adressen in Berlin, wenn es denn um Multikultiwellnessbaderfahrung geht. Ganz großes Kino. Man wähnt sich nicht nur komplett in einem anderen Kulturkreis, sondern auch gleich auf einem ganz anderen Kontinent. Und das, ohne die deutsche Hauptstadt auch nur zu verlassen. Kurzurlaub sozusagen. Abenteuer- und Survivalurlaub kann auch draus werden. Dort gibt es Sehenswürdigkeiten zu bestaunen, die einer liberalen Weltmetropole durchaus angemessen sind. Frauen beispielsweise, die in voller Bekleidung ihrem Badevergnügen frönen, weil es ihre Religion so vorschreibt. Oder ganze Rudel von jungen, gut trainierten Männern, deren Körper in der Sonne ölig glänzen und die Höflichkeit bestenfalls mit Schwäche verwechseln. »Was guckst du, Alter, willst du Becken aussaufen?!«, könnte durchaus die Antwort auf ein schüchternes »Darf ich mal vorbei?« lauten. Aber bitte, wer dort baden geht, sollte halt wissen, was ihn so erwarten könnte. Und so geht es mir hier überhaupt nicht um Politik, Gesellschaftskritik oder gar Rassismus, sondern vielmehr um das Einfangen der ganz speziellen Atmosphäre in diesen Freibädern, von denen ich regelrecht fasziniert bin. Allerdings kann ich auch ganz gut auf mich aufpassen. Okay, ein gewisses Gefahrenpotential sollte ich aus Verantwortung meinen Lesern gegenüber, gleich welcher Gesinnung, vielleicht nicht verschweigen. Aber dass dort in unregelmäßigen Abständen Großschlägereien stattfinden und die privaten Sicherheitsunternehmen nicht selten auf die massive Unterstützung von Polizeikräften angewiesen sind, kann und soll den erlebnisorientierten jungen Berlin-Touristen aus aller Welt nicht davon abhalten, dort mal vorbeizuschauen. Man will ja schließlich was erzählen, wenn man wieder daheim ist.

Den Mamas und Papas dieser jungen Welterforscher, die uns jeden Sommer in unserer schönen Stadt besuchen kommen, sei gesagt: Wir haben auch nicht selten zivile Polizeibeamte in diesen Bädern, die uns als Stimmungsindikator dienen und sogar in Badehose eingreifen könnten, wenn die Gemüter sich erhitzen. Mehr noch, jeder Berliner Polizeibeamte ist dort von der Geschäftsführung, selbst in seiner Freizeit, so willkommen, dass er keinen Eintritt zahlen muss. Wird bloß merkwürdigerweise selten in Anspruch genommen, dieses großzügige Angebot. Aber darum soll es hier gar nicht gehen. Eher schon, wie der Wiener sagen würde, um die »Melange« der verschiedenen Charaktere und Kulturen, die einen Besuch der genannten Bäder, und das meine ich durchaus ernst, einmal empfehlenswert machen. Ein Mal. Denn Urberliner Fossilien prallen hier auf streng nichtgläubige Moslems, jungdynamisch erfolglose Apple-User, schier grenzenlos kreative Geister der riesigen Berliner Kulturszene, Smart-Fahrer, die den »Thrill« suchen, und alleinerziehende Muttis, denen Hartz IV keine andere Chance lässt. Und alle wollen sie dasselbe, weil wir Menschen nun mal so sind: ein bisschen Spaß, eine Kleinigkeit zu essen und ein Minimum an Respekt. Einen schönen Tag eben.

»Pass mal auf, Wachtmeister, ich bin hier im Prinzenbad in Kreuzberg, und die Sicherheitsfuzzis haben hier 'nen totalen Knall!«

»Was ist denn passiert?«

»Was passiert is'? Was passiert is'? Also, ich mach hier meine fünfhundert Meter Brustkraulen, wie jeden Donnerstag seit dreißig Jahren, und was meinen Sie, was da quer an mir vorbeischwimmt …?!«

»Na?«

»'n Kupferbolzen!«

»Ein was?«

»Na, 'n Kupferbolzen, Mensch, 'ne Kackwurst, ein Riiiesending!«

»Nhhhhhhhhh …«

»Was heißt denn hier ›Nhhnnnnnnnnnnnnn‹, he?! Ist das alles?!«

»Tja, was soll ich denn dazu sagen? Da hat's wohl einer nich' mehr auf Toilette geschafft.«

»Nich' auf Toilette geschafft, nich' auf Toilette geschafft, ich spinn wohl, Sie Fatzke, oder was?!«

»Okay, verstehe. Gut, rein rechtlich dürfen Sie sie behalten, wenn Sie sie gefunden haben.«

»Was?«

»Na ja, auf Finderlohn würd ich bei dem Teil nich' spekulieren.«

»Bitte? Ich will von Sie den Vorgesetzten sprechen, aber zackig!«

»Wieso denn? Das sind Eins-a-Informationen, die Sie da von mir kriegen.«

»Eins-a-Informationen?«

»Jo. Schau'n Sie, nach geltendem Recht steht Ihnen bis zu einem Wert von fünfhundert Euro der gefundenen Sache ein Finderlohn von bis zu fünf Prozent zu. Ist bloß schwierig, festzustellen, was Ihr Fund wert ist.«

»Kacke is' nichts wert, verdammt! Sie Arschloch!«

»Moment, Moment. Was is' denn, wenn der Vorbesitzer beispielsweise 'nen Goldzahn verschluckt hat, bevor er die Skulptur rausgekörpert hat? Ich meine, hamse mal nachgeschaut?«

»Sind Sie wahnsinnig? Glauben Sie, ich knet hier 'ne fremde Kackwurst durch?«

»Ach, aber 'ne eigene schon, oder wie?«

»Ich knet überhaupt keine Kacke, und ich will jetzt den Vorgesetzten, aber dalli!«

»Och. Kann ich Sie vielleicht noch umstimmen? Wenn ich Ihnen zum Beispiel verrate, dass Ihr Fund sofort in Ihren Besitz übergehen könnte, weil es sich um ein sogenanntes ›verderbliches Gut‹ handelt und …«

»Schluss jetzt! Schluss mit die Scheiße!«

»Wieso, is' sie weggeschwommen, kann ich auflegen?«

»Nein! Hier hat irgendwer ins Becken geschissen, und ich will, dass der bestraft wird, verdammt!«

»Okay, okay. Verstehe. Gut, geh'n wir die Sache kriminalistisch an: Is' es 'ne große oder 'ne kleine Portion?«

»Wat?«

»Na ja, wenn's keine große Portion is', war's vielleicht 'n Kind, und die kleinen Scheißer sind bis vierzehn gar nicht strafmündig. Lohnt sich also alles gar nicht.«

»Das war kein Kind! Das issen Riesending! Da hat sich einer richtig ausgeschissen!«

»In Ordnung, verstehe. Gut, dann hilft nur eins: DNA-Analyse. Sie müssen das Teil sicherstellen. Können Sie's einfangen?«

»DNA-Analyse? Dass so 'n Aufwand betrieben wird, glauben Sie doch wohl selber nich'!«

»Wieso? Sie fangen den Torpedo ein, anschließend umstellen wir das ganze Freibad, und jeder, der rauswill, lässt sich mit 'nem Wattestäbchen im Mund rumfummeln. Oder wahlweise im Bobo, und schwupp, hamwa den Täter. Zehn Jahre Knast mit anschließender Sicherheitsverwahrung. Der kackt nie wieder in der Öffentlichkeit!«

»Ich will jetzt von Sie wissen, wie wir hier vorgehen, oder ich wende mich an die Presse! Mal sehen, wie Ihnen das gefallen tut, wenn Sie sich morgen in der Zeitung lesen, Sie Affenarsch!«

»Ach, und wie soll denn die Schlagzeile aussehen? ›Berliner Polizei kümmert sich nicht um die Scheiße‹? Oder wie wär's mit: ›In Kreuzberg schwimmt die Kacke oben‹? Gefällt mir, machense ma.«

»So, jetzt reicht's mir! Und außerdem hab ich nicht den ganzen Tag Zeit…«

»Sehen Sie, und genau da haben wir schon zwei Dinge gemeinsam. Deshalb machen Sie jetzt mal Folgendes: Sie gehen zum Bademeister, der fischt das Ding raus, schmeißt 'ne Chlortablette nach oder evakuiert das ganze Prinzenbad oder was weiß ich. Oder aber Sie stecken das Gerät doch klammheimlich ein, verkaufen es scheibchenweise an die Ausstellung ›Körperwelten‹ oder in Plexiglaswürfeln als ›echte Kreuzberger Kacke‹ und können später mal in Ihre Memoiren schreiben: ›Ich hab aus Scheiße Geld gemacht!‹ Ich jedenfalls muss mich jetzt hier um die nächste Kacke kümmern. Tschüssi, viel Spaß noch, und nicht vergessen: Immer schön Mund zu beim Schwimmen!«

Prinzenbad? Immer eine Reise wert.

# Wildgänse

**»Auf Borkum ist alles anders!«** Das ist der Wahlspruch der Insulaner und Soldaten, die mit dieser Insel eine Beziehung hatten oder haben. Zugig, ja fast abweisend, auf jeden Fall aber einsam liegt sie am gefühlten Ende der Welt. So scheint es jedenfalls, wenn das Schiff anlegt und man mit dem Seesack die Gangway hinunterläuft. Ich habe meine Grundausbildung und den seemännischen Teil meiner Unteroffiziersausbildung auf dieser rauen Schönheit gemacht, und sie hat einen bleibenden Eindruck bei mir hinterlassen. Das »Mutterhaus der 11er«, derer, die an Oberdeck bleiben, wenn der Sturm kommt, war mein Zuhause für insgesamt sechs Monate. Und es liegt auch noch am äußersten Ende der Insel. Wenn im Winter die Fähre aus Sicherheitsgründen nicht mehr auslief und auch kein Pilot mehr bereit war, Start oder Landung zu riskieren, ganz gleich, was man ihm dafür bot, standen einem Wochenenden bevor, die an Melancholie kaum zu überbieten waren. Aber es war schön.

So schön und ungewöhnlich wie das Lied, das sie uns haben singen lassen, wenn wir in Formation das Eiland unter unsere Stiefel nahmen. Kein glorifizierendes vertontes Heldenepos oder gar ein Shanty, wie zu vermuten wäre. Nein. Ein Lied über Tiere, die immer ihren Weg finden, ganz gleich, was geschieht. Fast immer.

»Wildgänse rauschen durch die Nacht, mit schrillem Schrei nach Norden, unstete Fahrt, habt acht, habt acht, die Welt ist voller Morden«, brüllten wir trotzig dem Wind entgegen, und obwohl niemand von uns singen konnte, klang es wunderbar. Es machte uns stark, weil es ein Symbol war für den inneren Kompass, den wir zu tragen glaubten und der uns scheinbar immer den richtigen Weg wies zwischen Gut und Böse, Richtig und Falsch.

Jedes Jahr aufs Neue, wenn die Herbstnebel kommen, werde ich auf traurige Art an dieses Lied erinnert. Und daran, dass nichts unfehlbar ist. Auch nicht der innere Kompass.

Sie ziehen seit Urzeiten dieselben mystischen Bahnen, und es ist ein eindrucksvolles Spektakel, wenn so ein Geschwader über einen hinwegfliegt. In der südlichen Peripherie der Hauptstadt, die selbst auf Brandenburger Gebiet noch dem Berliner Notrufsystem zugeschaltet ist, verläuft einer dieser »Highways« der Wildgänse. Da ich dort auch lebe, habe ich schon oft, auch in Begleitung meiner Kinder, mit angesehen, wie sie über die Felder hinwegrauschten. Allzu philosophische Anwandlungen werden dann meist erstickt durch kindlichen Wissensdurst und schräge Betrachtungsweisen. Was ich mir beispielsweise immer wieder anhören darf, sind Fragen meiner kleinen Anarchisten wie: »Papa, stimmt es, dass Vögel keinen Schließmuskel haben?«, oder: »Was wäre wohl, wenn die alle gleichzeitig auf unser Auto kackern?« Klassiker halt, auf die ich meist ebenso schräg antworte oder mit panischer Flucht beziehungsweise Vollbremsung reagiere.

Aber darum geht es jetzt nicht. Jetzt geht es um Nebel. Um Nebel und seine Folgen. Die direkten und indirekten. Ich kann nicht einmal genau sagen, welche mich trauriger machen.

Wenn der Nebel zu heftig wird, versagt aus irgendwelchen Gründen das uralte Navigationssystem dieser stolzen Vögel, die hoffentlich immer noch ihre Bahnen ziehen, wenn der Parasit Mensch längst ausgestorben ist, und sie müssen notlanden. Warum genau, weiß man nicht. Ob nun Elektrosmog, Lichtirritationen, manipulierter Erdmagnetismus oder der simple Entzug von

Sichtflugmodus daran schuld ist, sei mal dahingestellt. Auf jeden Fall begehen sie immer wieder den verheerenden Fehler und fühlen sich magisch angezogen von unseren wie Lichtschlangen wirkenden Autobahnen. Mit tödlichen Folgen. Was folgt, ist meist ein blutiges Massaker. Und es fließt zuweilen auch Menschenblut. Entweder weil so ein Vogel als lebende Kugel in die Windschutzscheibe einschlägt und der Länge nach durch das gesamte Auto kracht, um hinten als blutiger Klumpen wie ein aufgebördeltes Dumdumgeschoss wieder auszutreten, oder weil Menschen mit zu großem Herzen und zu großer Tierliebe sich zu Fahrmanövern verleiten lassen, die ebenso katastrophal enden. Ich habe im Laufe der Jahre so manchen *blutigen Herbst* erlebt und möchte im Folgenden stellvertretend von zwei Anrufen berichten, die ich beide schlimm fand. Jeden auf seine Weise ...

»Notruf der Berliner Polizei, Gutenrath, guten Tag«, melde ich mich sachlich wie immer, und das ist auch nicht schlecht, weil es so manchen Anrufer ebenfalls sachlich und gefasst die wichtigsten Informationen automatisch abspulen lässt.

»Sylvia Wankoviak, wir befinden uns auf der 101 Richtung Berlin, vielleicht drei Kilometer vor der Stadtgrenze, und brauchen dringend einen Krankenwagen«, listet sie so ernst auf, dass ich, schon während ich die nächsten Fragen stelle, den Einsatz auslöse. Mehr als ein »In Ordnung, was ist geschehen?« halte ich denn auch nicht für nötig, um an die nächsten wichtigen Informationen zu kommen.

»Wir hatten einen Vogeleinschlag in der Scheibe vom Auto, und das ganze Gesicht meines Mannes ist zerschnitten«, schildert sie plastisch, und ich denke: *Wow, coole Braut.* So besonnen und gefasst wünsche ich mir jeden Anrufer.

»Steht das Fahrzeug sicher, und ist eine Hauptschlagader verletzt?«, sind die zwei Fragen, die mir sofort über die Lippen kommen, in der Hoffnung, ich überfordere die Sylvia nicht. Aber sie ist offenbar nicht so leicht überfordert.

»Also, er hat es noch geschafft, den Wagen rechts ranzufahren, und wir sind über die Leitplanke geklettert, aber jetzt ist er mir umgefallen«, setzt sie mich sauber ins Bild. »Aber das mit der Schlagader ... Also, er blutet ganz schlimm ... er ist ganz zerschnitten im Gesicht ...«

»Gibt es eine Blutung, die so stark ist, als würde es aus einem aufgedrehten Wasserhahn laufen, am Hals oder so?«, unterbreche ich sie, denn es ist wichtig, weil er uns sonst vielleicht in Minutenschnelle verblutet ist.

»Nein, aber es sieht ganz schlimm aus, bitte beeilen Sie sich!« Jetzt kippt die Stimmung doch ein wenig, aber von Panik immer noch keine Spur. Tolle Frau.

»Kann er atmen, kriegt er Luft, und ist er bei Bewusstsein?«, muss ich noch unbedingt von ihr wissen. Ich bin sicher, das schafft sie auch noch.

»Ja, er ist ansprechbar, aber bitte, bitte, beeilen Sie sich«, sagt sie, und ich merke, dass sie langsam schwach wird. Darf sie auch. Sie hat alles Wichtige erledigt, und jetzt kommt durch, was die Bilder meist schon viel früher bewirken.

»Wir sind gleich da, Sie machen das prima, wir sind gleich da, versprochen«, rede ich in beruhigendem Ton auf sie ein. Dann höre ich, wie sie sich an ihren Mann wendet:

»Halt durch, mein Schatz, der Polizist sagt, der Krankenwagen ist gleich da, ganz ruhig, mein Liebling. Und mach dir keine Sorgen, Süßer, es ist mir ganz egal, ob du ein oder zwei Narben mehr im Gesicht hast, ich liebe dich, aber halt durch.«

Ich bin gerührt von ihrem zärtlichen Ton, aber nicht neidisch. Weil ich überzeugt – und dafür dankbar – bin, dass meine Frau ähnlich sinnvoll und lieb reagieren würde, wenn's mich erwischt hätte, was ich keineswegs für selbstverständlich halte. Denn Blut ist nicht nur eine Flüssigkeit, und Rot ist nicht nur eine Farbe.

»Sie müssen jeden Moment das Tatütata hören«, gebe ich ihr noch einmal ruhig aufs Ohr, während ich ihn undeutlich und leise etwas brabbeln höre. Das Wort »Vogel« glaube ich zu verstehen, und sie bestätigt dies durch ihre Reaktion:

»Stimmt, er hat recht! Der arme Vogel müsste auch noch schwer verletzt im Wagen liegen, auweia, was machen wir mit dem?«

»Sie machen sich um den verletzten Vogel im Wagen Sorgen? Sie sind eine sympathische Frau, Sylvia Wankoviak!«, stelle ich fest, muss schmunzeln, und während ich aus der Ferne das wunderbare Martinshorn herannahen höre, beruhige ich sie flunkernd: »Machen Sie sich keine Sorgen, das Tier hat durch den Schock des Aufpralls mit Sicherheit keine Schmerzen, und in einer Minute wird sich auch darum einer unserer Leute kümmern, ganz sicher!«

Dann höre ich Reifen quietschen, Türen schlagen und schnelle Schritte.

»Alles Gute«, sage ich und lege auf.

Dieser Unfall hat keine Schlagzeilen gemacht, sondern ist wohl lediglich in die Statistik eingegangen. Daraus schließe ich, dass die Sache ein glimpfliches Ende nahm.

Und auch wenn ihn sein Gesicht jetzt vielleicht manchmal an eine geplatzte Bockwurst erinnern mag, hat Sylvias Mann damit bestimmt kein großes Problem. Denn er hat einen Schatz an seiner Seite. Um den Vogel haben die beiden sich Sorgen gemacht, interessant, was?!

Wer sich im Angesicht des eigenen Blutes auch noch um andere kümmern will, und sei es auch nur ein verirrter Vogel, hat nicht nur meine Sympathie, sondern auch meine Achtung.

Etwas, was ich nur mühevoll mit Höflichkeit ersetzen kann, viel öfter, als mir lieb ist. Und nicht mal das klappt immer.

»Haben Sie 'ne Ahnung, was so ein Mercedes-Kühler kostet?«, fragt er mich giftig, nachdem er kurz nach Sylvia in meiner Notrufleitung aufgeschlagen ist, um »Wildschaden durch Mistvögel« zu melden.

»Nee, fünf Millionen?«, rutscht mir da raus.

»Was soll das denn heißen?!«, fletscht er daraufhin, bildlich gesprochen, die Zähne.

»Das soll heißen, dass ich keinen Mercedes fahre und keine Ahnung habe«, antworte ich. »Außerdem kommt Ihre Versicherung und vielleicht sogar der ADAC für den Schaden auf, wenn Sie die Goldene Deppenkarte, Verzeihung, Kundenkarte haben. Ich persönlich bin aber sowieso der Meinung, dass ein Wildgansleben mehr wert ist als ein Mercedes-Kühler.«

War vielleicht eine unprofessionelle, weil emotionsgesteuerte Reaktion, aber mein Gesprächspartner erweist sich ohnehin als ein mehr als ebenbürtiger Gegner.

»Wenn Sie in der Schule besser aufgepasst hätten, könnten Sie auch Mercedes fahren und hätten mehr Ahnung. Und was Ihre Tierliebe angeht – da freut es mich ja, Ihnen mitteilen zu können, dass ich mindestens ein halbes Dutzend von den Mistviechern plattgemacht oder verletzt habe, bevor der Kühler hin war, hübsch, was?«

Boah, ey, wat für 'ne Kampfansage! Nicht das Ding mit »in der Schule nicht aufgepasst«. Den Klassiker hör ich öfter, und irgendwie haben sie ja auch alle recht. Dass ich keinen Mercedes fahre, ärgert mich auch immer nur im Winter, wenn meine Karre nicht anspringt. Aber hat der Typ mir gerade freudestrahlend mitgeteilt, dass er Tiere totgefahren und verstümmelt hat? Hallo?! Na,

Bürschchen, wenn ich mit dir fertig bin, hast du im Geiste schon ein festes Spendenkonto für den WWF eingerichtet, denke ich so bei mir und ahne nicht, wie weit ich damit danebenliege.

»Es tut mir leid zu hören, dass es Ihnen finanziell so schlecht geht, dass Sie sich um einen Mercedes-Kühler Gedanken machen müssen«, gifte ich zurück und lege sogar noch zwei obendrauf: »Wenn Sie möchten, lasse ich hier im Kollegenkreis die Kollekte rumgehen. Wir haben so was wie einen Hilfsfonds für Bedürftige. Vielleicht sollten Sie aber auch einfach nur die Automarke wechseln, wenn Sie sich den Wagen vom Mund absparen müssen.«

Das hat gesessen. So sehr, dass er eine Karte zieht, mit der ich weiß Gott nicht gerechnet habe.

»Aha, das ist ja interessant. Übrigens weiß ich gar nicht, ob ich mich eben korrekt vorgestellt habe, mein Name ist Schäfer, Oberstaatsanwalt Schäfer!«

Das saß ebenfalls. Viel mehr, als er erwartet hat und ich ertragen kann. Mir klappt die Kinnlade runter, und für einen Moment bin ich sprachlos. Als ich nach einer kurzen Pause des Verdauens, die er sicher genossen hat, wieder reden kann, bin ich weder gefasst noch gut sortiert und stammele: »Wenn ich mich gerade nicht verhört habe, Herr Oberstaatsanwalt, dann ist das das Traurigste, was ich in dieser Woche gehört habe. Und es war keine gute Woche.«

Er spürt instinktiv, dass er mich voll erwischt hat, wenngleich er auch nicht weiß, warum. Also dreht er weiter auf:

»Sie haben sich ganz sicher nicht verhört, und jetzt kommen Sie gefälligst mal in die Füße«, holt er aus, doch ich falle ihm ins Wort:

»Nein, neinneinnein, komme ich nicht. Ich beende jetzt das Gespräch. Weil ich kotzen muss. Und anschließend muss ich an die frische Luft. Sie wählen einfach noch mal neu. Und den Beschwerdeweg erkläre ich Ihnen übrigens auch nicht, den kennen Sie ja schließlich besser als ich ...«

Dann habe ich einfach aufgelegt.

Als ich an diesem dunklen Nachmittag nach dem Dienst nach Hause fuhr, und zwar genau auf jener 101, die mich fast den ganzen Tag beschäftigt hatte, sah ich die Überreste einer Schlacht, gegen die die Autobahnmeisterei tapfer, aber ebenfalls erfolglos den ganzen Tag angekämpft hatte. Kurz vor meiner Autobahnabfahrt erkannte ich im Scheinwerferlicht auf dem grünen Mittelstreifen einen kleinen gefiederten Kerl, dessen Schicksal wohl auch schon besiegelt war. Allein und müde watschelte er dort zwischen vorbeirasenden Autos entlang, und mir war klar, dass er weder einen letzten Start hinbekommen würde noch ihm sonst irgendwie zu helfen war.

»Na, mein Freund, haben wir zwei unseren inneren Kompass verloren«, dachte ich laut, wendete meinen Blick ab und drehte die Musik voll auf.

# Babynahrung

**»Hören Sie mir genau zu,** ich werde mich nicht wiederholen!«

Das ist der Satz, vor dem wir hier alle am allermeisten Angst haben. So viel Angst, dass einige daraufhin sofort kapitulieren, will heißen: auflegen. Doch was vordergründig als feige oder gar verantwortungslos bewertet werden könnte, ist bei Licht betrachtet nicht einmal die schlechteste Taktik. Verdutzt es den Anrufer doch wahrscheinlich gehörig, aus der Leitung zu fliegen, noch bevor er auch nur ansatzweise sein ultimatives Ultimatum loswerden kann. Bestenfalls bringt es ihn so sehr aus dem Konzept, dass er den geplanten Mist komplett knickt. Sei es, weil er sich nicht ernst genommen fühlt oder zu der Überzeugung gelangt, dass der blöde Durchschnittsbulle in der Notrufleitung ohnehin der falsche Adressat für die Bedingungen seines Jahrhundertcoups ist. Nebenbei gesagt, eine Rolle, die mir annähernd perfekt auf den Leib geschneidert ist. Glauben Sie nicht? Oh doch …

»Hören Sie mir genau zu, denn ich werde mich nicht wiederholen!«

»Wie bitte?«

»Ich sagte … Ach was, Blödsinn, Sie zeichnen diesen Anruf auf, richtig?«

»Ich hab hier doch keinen Bleistift und 'n Notizblock, Sie sind ja witzig!«

»Das meine ich nicht, Sie Idiot! Ob dieses Gespräch aufgenommen wird, will ich wissen!«

»Na klar, kein Problem. Wenn Sie das möchten, schalte ich das Ding an. Einen kleinen Augenblick bitte.«

Ab da hat er eigentlich schon gar keinen Bock mehr. Und ich weiß bereits mehr über ihn, als ihm lieb sein dürfte.

»Wird's bald!«

»Hetzen Sie mich nicht. Ich bin hier neu, und wenn ich Mist baue, dann schmeißen die mich gleich wieder raus. So, nur noch kurz zurückspulen an den Anfang – geht gleich los. Moment bitte. So, jetzt!«

»Hören Sie mir genau zu, denn ich werde mich ...«

»Halt, stopp. So geht das nicht.«

»Fresse halten, verdammt noch mal! Was glauben Sie, was ich Ihnen hier diktiere, 'ne Einkaufsliste?«

»Na toll. Jetzt bin ich ganz zitterig, weil Sie mich so angebrüllt haben. Kacke, jetzt hab ich alles wieder gelöscht.«

»Sie wollen mich verarschen, oder?«

»Nein, ganz im Gegenteil. Aber wenn ich hier was falsch mache, kriege ich einen tierischen Ärger, und das kann ich mir wirklich nicht leisten. Klingt ja schließlich wichtig, was Sie zu sagen haben!«

»Hören Sie, wenn Sie nicht gleich in die Füße kommen, werden Menschen ihr Leben verlieren, haben Sie das kapiert?«

»Na super, jetzt setzen Sie mich auch noch unter Druck! Ey, das ist hier alles zu viel für mich, ich komm hier nich' klar. Echt nich'!«

»Seien Sie jetzt still und hören Sie zu!«

»Ja doch, Moment, nur noch schnell auf Aufnahme drücken – okay, gut, kann losgehen!«

»Hören Sie genau zu, denn ich werde mich nicht wiederholen! Ab morgen, dem 14. 11., werde ich damit beginnen, in verschiedenen Supermarktfilialen Babynahrung der Marke Papp mit einer tödlichen Dosis einer Substanz zu kontaminieren, gegen die es kein Gegenmittel ...«

»Oh Gott, ogottogottogott, Moment, Moment bitte, einen Augenblick ... Kann ich bitte schnell meinen Vorgesetzten holen, bitte ... Das ist wirklich 'ne Nummer zu groß für mich! Bitte!«

»Können Sie nicht, Sie Arschloch! Und wenn das hier nicht gleich läuft, gehen die ersten toten Säuglinge morgen auf Ihr Konto, haben Sie das kapiert!«

»Wwwwas? Sie wollen dddamit sagen, wenn ich jetzt hier was falsch mache, stttterben morgen kleine Kkkinder? Bitte nich'! Wirklich, bitte nich'! Das geht nich'! Echt, ey! Die reißen mir hier den Arsch auf, die schmeißen mich raus. Ach was, die verknacken mich. Da geht mir komplett die Pension flöten!«

»Da geht Ihnen die Pension flöten?«

»Na, das können Sie aber annehmen! Bestenfalls mach ich die nächsten zwanzig Jahre irgendwo 'ne Schranke auf und zu! Können Sie sich das nicht noch mal überlegen oder wenigstens noch mal anrufen oder so? Bitte!«

»Ich erwarte eine Lösegeldzahlung in Höhe von fünfhunderttausend Euro, unter folgenden Bedingungen ...«

»Halt, halthalthalthalthalthalthalt! Ich muss mir was zu schreiben besorgen, wenn das jetzt nicht sauber auf Band ist oder so, ist hier der Teufel los! Wo hab ich denn ... wo hab ich denn ... Maaan, immer wenn man 'n Griffel braucht, dann ... Ah ja. Scheeeiiiße, jetzt is' auch noch die Mine leer! Hey, das is' nich' mein Tag ...«

*WUMM!* »Polizei, Polizei, keine Bewegung! Keine Bewegung!! Okay, gut.

4/1 an Einsatzleitung: Zielperson gestellt!«

»So, Babynahrung willst du vergiften, du Penner, is' ja 'ne geniale Geschäftsidee. Du legst jetzt ganz langsam dein Handy aus der Hand und machst keine hektische Bewegung mehr, sonst sorgen unsere Jungs vom SEK dafür, dass du so behandelt wirst, wie du es verdient hast. Schönen Tag noch. Dies war ein Service Ihrer Polizei Berlin!«

# Lass sie gehen

**Es geht in den nächsten** Zeilen nicht darum, einen Hund gerade noch rechtzeitig einschläfern zu lassen, auch wenn das schon mehr Verantwortung und Entschlusskraft erfordert, als die meisten Menschen bereit oder imstande sind aufzubringen. Nein, es geht um die prekäre Frage: Abstellen oder nicht?

Manchmal ist es besser, jemanden um Rat zu fragen, der, oberflächlich betrachtet, unbeteiligt ist. So weit gehe ich durchaus den Gedankengang mit, auch wenn ich irgendwann gern einmal verbindlich klären würde, was die Menschen so unter unbeteiligt verstehen. Schnurz. Wenn man an der Seite eines Menschen nicht die letzten Jahrzehnte verbracht hat, er also ein Fremder ist, sollte es einem eigentlich gelingen, emotionslos, offiziell und objektiv mit einer Situation umzugehen, mit der ein Angehöriger überfordert ist. Sollte. Ich kann so was nicht. Verstehen Sie mich nicht falsch. Ich bin ein alter und durchaus routinierter Hase, wenn es um Standardsituationen geht. Sehr gut weiß ich, und zwar fast immer, was ich wann wie zu veranlassen habe, ohne jede Gefühlsduselei. Solange noch was zu richten ist. Wenn ich aber lediglich um meine Meinung gebeten werde und definitiv nichts ausrichten kann, dann bin ich ich.

»Können Sie mir sagen, mit was für rechtlichen Konsequenzen ich zu rechnen habe, wenn ich aktive Sterbehilfe leiste?«, will er von mir wissen, und ich sage: »Nein.«

»Nein?«

»Nein.«

»Können oder wollen Sie nicht?«

»Also, ich bin hier keine Rechtsberatung, und Jurist bin ich schon gar nicht. Aber selbst wenn ich Ihnen den offiziellen Käse runterbete, was ich auch nicht ganz hinkriege, ist immer noch völlig offen, was die Rechtsverdreher anschließend draus machen.«

»Wie meinen Sie das?«

»Damit meine ich, dass dies nicht die wichtigste Frage ist. Zumal sie nicht einmal exakt zu beantworten wäre.«

»Was wäre denn die wichtigste Frage?«

»Bitte, was genau wollen Sie von mir?«

»Hilfe! Ich brauche Ihre Hilfe. Ich weiß nicht, was ich tun soll. Ich bitte Sie um Ihre Meinung, mehr nicht. Bitte!«

»Warum ausgerechnet ich?«

»Weil Sie als Polizist jemand sind, der gewohnt ist, schwierige Entscheidungen zu treffen. Und weil Sie ein Fremder sind!«

»Na, Sie machen mir Spaß. Zuallererst bin ich mal ein Mensch. Und dann muss ich Sie eindringlich warnen: Ich bin ganz sicher kein durchschnittlicher Polizist, falls es den überhaupt geben sollte. Das bedeutet, Sie müssen mit Antworten rechnen, die Sie sicher nicht erwartet haben. Und ein Fremder bin ich auch nicht mehr lange. In wenigen Minuten kenne ich Ihren Namen und den Namen der Person, um die es geht. Die ganze Geschichte werde ich kennen. Und Ihren Schmerz, lieber Anrufer, spüre ich schon jetzt.«

»Franz.«

»Wie bitte?«

»Mein Name ist Franz. Und sie heißt Moni! Willkommen in der Familie, Herr Polizist.«

»Danke.«

»Ich bin unfair, oder?«

»Ach was. Da wir jetzt verwandt sind, können wir uns auch duzen. Ich heiße Jonas. Stell deine Fragen, Franz.«

»Die Frage ist einfach. Aber die Antwort ist so verflucht schwer. Die Ärzte sind durch mit ihrem Latein, und ich weiß, sie quält sich. Sie quält sich, und sie vegetiert dahin. Und wir haben uns früher gegenseitig geschworen, dass wir füreinander da sind, wenn so etwas einmal passieren sollte.«

»Na dann, wo ist das Problem?«

»Das Problem ist: Was bedeutet füreinander da sein? An ihrem Bett sitzen und ihr Gesicht streicheln oder sie sterben lassen?«

»Habt ihr das denn nicht geklärt?«

»Angelächelt hat sie mich jedes Mal, wenn wir darüber gesprochen haben. Wir würden schon wissen, was das Richtige ist, hat sie gesagt, mich geküsst und in den Arm genommen. Das ist alles. Niemand hat gedacht, dass es jemals so weit kommt!«

»Na toll. Und jetzt willst du von mir wissen, was du machen sollst?«

»Ja.«

»Wie lange lebt ihr schon zusammen?«

»Dreiundzwanzig Jahre.«

»Gut. Ich kann dir nicht sagen, was du machen sollst. Aber ich kann dir sagen, was ich machen würde. Wenn die Sonne meines Lebens untergehen würde, wär es mir scheißegal, was es für rechtliche Konsequenzen hätte, wenn ich sie erlöse. Auf einen Satz gebracht: Lass sie gehen!«

»Ja?«

»Ja.«

»Mehr kann ich nicht für dich tun, Franz. Außer vielleicht, dich noch darauf hinzuweisen, dass unser gesamtes Gespräch aufgenommen wurde. Ich hoffe, du verstehst ...«

»Ja. Danke. Danke, Jonas, für eine Antwort, die mir sonst niemand geben wollte.«

»Okay. Auf Wiederhören, Franz. Bleib tapfer!«

»Auf Wiederhören!«
»Franz, hab ich einen Wunsch frei?«
»Einen Wunsch? Sicher! Was willst du?«
»Gib deiner Moni einen Kuss von mir, denn ich gehöre ab heute zur Familie.«

# Epilog: Auf Wiedersehen

**Es ist Zeit, sich zu** verabschieden. Zwar gibt es noch viele Menschen und Geschichten, die in meinem Kopf und Herzen unterwegs sind, aber ich denke, es reicht. Ich sollte Schluss machen, bevor mir ein Fehler unterläuft, der nicht wiedergutzumachen wäre. Danke, dass ihr bei mir gewesen seid und mich begleitet habt auf einer Reise, die weiß Gott nicht einfach war. Dass ihr mit mir gelacht habt und geweint. Und nachgedacht. Es ist ein schönes Gefühl, nicht allein zu sein. Ich habe viele eurer Gesichter schon gesehen und kann mir gut vorstellen, wie ihr in der U-Bahn sitzt oder zu Hause das Buch zuschlagt und glasige Augen habt. Genau wie ich. Warum auch immer. Es ist ein schönes Gefühl, nicht allein zu sein!

Wie ihr merkt, bin ich schon wieder am Duzen. Ein kostspieliges Hobby. Denn ja, für alle, die das Schlusswort meines ersten Buches gelesen haben: Sie haben mich verknackt! Oder genaugenommen: Freispruch zweiter Klasse. Einstellung des Verfahrens gegen eine Zahlung an eine der Institutionen, die ich mir vor Gericht aussuchen konnte. So habe ich ein paar hundert Euro an ein Kinderheim in Düsseldorf überwiesen und damit den jungen Richter und die Staatsanwältin beschwichtigt. Der beste Freund, den ich in dieser Stadt habe, hat mich begleitet, als offizieller Beobachter der Polizeibehörde und Vertreter der Direktion, welcher ich angehöre. Der junge Mann, der an diesem Tag »sein Recht« bekam, hat es nicht einmal für nötig befunden zu erscheinen. Als die hohen Herrschaften mir den faulen Deal angeboten haben, habe ich natürlich abgelehnt, in dem unerschütterlichen Glauben daran, dass nicht sein kann, was nicht sein darf.

Doch mein Freund hat mir in einer Verhandlungspause geraten: »Cid, die wollen dich schlachten. Die freuen sich über jeden Typen wie dich, dem sie's besorgen können, also nimm an!« Und so habe ich, wie schon so oft, mein Haupt geneigt und mich getröstet mit einer Kiste Spielzeug oder einem Weihnachtsessen für ein paar kleine Scheißer in Düsseldorf.

Ich erzähle Ihnen das nicht aus Verbitterung oder weil mir das Geld leidtut, sondern damit Sie, wie aus den vielen anderen Geschichten zuvor, daraus etwas mitnehmen.

Jetzt aber Schluss! Wie's weitergeht, kann ich nicht sagen. Ich habe keinen Plan. Der Wolf an meiner Seite ist jetzt drei Jahre alt und steht in der Blüte und Kraft seines Lebens. Etwas, worum ich ihn sehr beneide. Aber wir sind ein gutes Team. Wir verstehen uns blind und leise und leben beide nach der Devise: Erst das Herz und dann die Zähne! Es bleiben uns also bestimmt noch ein paar gute Jahre, um mit denen zu schmusen, die es verdient haben, und jenen in den Arsch zu treten, die das auch verdient haben. Mal sehen. Vielleicht berichte ich euch davon, wenn's die Polizei erlaubt.

Bis dahin aber möchte ich euch um etwas bitten. Keiner sagt es laut, und alle sind zu stolz, um darum zu bitten, aber ich tue es. Wir brauchen Supporter. Nicht so wie die ganzen Rockergangs, die heutzutage nur noch Kriminelle sind. Nein, es geht nicht um Geld oder darum, dass jemand die unangenehmen Dinge für uns tut. Es geht um moralische Unterstützung. Deshalb will ich versuchen, eine Geste zu initiieren, die auch dann funktioniert, wenn wir nicht sprechen können, weil wir einen Helm aufhaben, verletzt sind oder im Auto neben euch an der Ampel stehen. Eine simple Geste, die eine Botschaft sendet, und zwar in beide Richtungen. Denn auch wir sind oft nicht in der Lage, euch zu sagen, was wir denken oder fühlen, weil wir es nicht dürfen oder können. Also bitte ich euch, das nächste Mal, wenn ihr einen Polizisten seht, der es verdient hat oder eurem Gefühl nach gerade braucht, auf ihn zu zeigen und mit der Faust zweimal auf euer Herz zu klopfen. Oder zu antworten, wenn ihr auf diese Weise angesprochen werdet. Ja? Danke!

Es wäre doch gelacht, wenn es uns nicht gelingen sollte, eine Allianz zu schmieden gegen jene, die unseren Kindern Drogen geben, unseren Großmüttern die Taschen auf den Friedhöfen entreißen und unsere gesamte Umwelt in Geldwäsche- und Spekulationsobjekte verwandeln. Wäre doch gelacht, oder?!

Ihr merkt, der Spinner und Träumer in mir ist noch lange nicht tot, auch wenn ich auf der einen oder anderen Seite dieses Buches vielleicht etwas schwermütig rüberkam. Es tut mir leid, wenn ich hie und da etwas Trübsal geblasen habe, aber es gehört halt dazu. Nicht alles lässt sich in das kleine schwarze Buch schreiben und anschließend vergessen. Aber es nagt nur und frisst noch nicht! Bis zum heutigen Tag sind Humor, Familie und auch meine Leser die besten Verbündeten im Kampf gegen das Aufgeben. Ein Rezept, das für uns alle gilt. Und so werde ich auch weiterhin, genau wie ihr, jeden Morgen den Mut finden, aufzustehen, meinen Job zu machen und zu versuchen, mindestens einmal am Tag laut zu lachen. Will heißen, der Wolf und ich bleiben auf dem Spielfeld, solange wir gesund sind. Wenn ihr also als Berliner oder Besucher in tiefer Nacht oder am helllichten Tag einen Typ mit Vollbart und langhaarigem Schäferhund in den Straßen unserer Hauptstadt, in der U-Bahn oder bei einer Razzia in irgendeiner Disco seht, ganz gleich ob nun in Uniform oder alten Jeans, quatscht ihn an, denn er freut sich darüber. Und sei es nur, indem ihr eure Faust auf euer Herz legt.

Macht's gut. Bis dann.

el Cid

# Danke

**Mein erster Dank geht an** Silvie Horch, meine Lektorin und Amme von Ullstein/Econ, der ich für kurze Zeit ihr wunderbares Lachen nahm, weil ich ein sturer Hund bin. Verzeih mir, Silvie, ich kann nicht aus meiner Haut.

Danke an Frau Dr. Bublitz, die Grande Dame der Ullstein Buchverlage, die ich lästerlich »die Päpstin« nenne. Dafür, dass sie mit Würde und Gelassenheit darüber hinwegsah, dass ich zu unserem allerersten Treffen mit abgeschnittenen Hemdsärmeln und tätowierten Oberarmen erschien, und mich dennoch in ihre Autorenfamilie aufnahm. Danke für diese Ehre!

Danke an Detlef, Dani, Knü und Schubi, Leipi, Jens und Matti, die ihren Alltag mit mir teilen und deren Geduld und Verständnis für mich sowie deren Art, wie sie ihre Hunde behandeln, es geschuldet ist, dass ich großes Vertrauen zu ihnen habe.

Danke an meine Halbschwester, die ich im Sommer 2012 zum ersten Mal nach 46 Jahren wiedersah, weil sie so mutig war, dem Bastard der Familie einen Brief zu schreiben. Es tat gut, in die eigenen Augen zu blicken und jemanden im Arm zu halten, der genauso durchgeknallt ist wie ich.

Es gäbe noch ein paar Polizisten, die ich gern hier aufführen würde, aber ich bin nicht sicher, ob es ihnen recht wäre oder gar schaden würde. Deshalb lasse ich's.

Nur einen möchte ich wenigstens beschreiben, selbst auf die Gefahr hin, einen Fehler zu begehen: einen ehemaligen SEK-Beamten, der, von der Zeit gezeichnet, auf manchmal wackeligen

Beinen, dennoch immer einen geraden Weg geht. Dank und Respekt nicht dafür, wofür ich mich vielleicht bedanken müsste, mein Lieber, sondern dafür, dass du immer noch in dir trägst, was mir schon lange verlorenging. Es war und ist mir eine Ehre, ein Stück weit mit und hinter dir zu gehen!

Danke an jeden einzelnen Leser, der die Welt mit ähnlichen Augen sieht wie ich; an jeden Einzelnen, der mir geschrieben hat (wow!), und an jeden Einzelnen, der mir am Telefon sein Vertrauen geschenkt hat!

Bleibt noch danke zu sagen an meine Familie, die mein Hafen und der Grund ist, weshalb ich hier bin. An meine Kinder, die mir täglich das Gemüt erhellen, an meine Frau, die mir ständig die Kante gibt. Und an eine wundervolle Seele, die in einem Wolf wohnt, dessen dunkelbraune Augen mich jetzt in diesem Augenblick gerade anschauen. So, wie sie es oft tun, wenn mir etwas schwerfällt oder wenn ich traurig bin.

Deshalb, auch wenn ich Gefahr laufe, mich erneut zu wiederholen, gehört der vorletzte Satz euch, Dennis, Martin und Criso, damit ihr versteht, wie wichtig er mir ist: Danke, Jungs, für diesen Hund!

Danke, lieber Gott, dass du bisher bei uns warst, und ... bitte bleib!

# Inhalt

| | |
|---|---|
| Prolog: Der Tag, als der Regen kam … | 7 |
| Letzte Grüße | 15 |
| Borderline | 18 |
| Zeugnistag | 23 |
| Einbruch gegenwärtig | 32 |
| Und dann nahm sie meine Hand | 40 |
| Nicht mogeln! | 47 |
| Heute kam er nicht | 56 |
| Birdy | 60 |
| Der Sonnenhof | 67 |
| Diktatur der Minderheiten | 76 |
| Der ehrliche Mann | 82 |
| Der Opa ist eingeschlafen | 89 |
| Der Flaschensammler | 93 |
| Bratwurst | 102 |
| Nur durch den Zaun | 107 |
| Positiv | 115 |
| Ratten | 125 |
| ÖPNV | 134 |
| Haftbefehl | 143 |
| Das Loch in der Brust | 154 |
| Eilfahrt | 161 |
| Der Juchaczweg | 169 |
| Kälte | 177 |
| Heiligabend | 178 |

| | |
|---|---|
| Todesengel | 190 |
| Portemonnaie | 198 |
| Kakadu | 207 |
| Satan | 215 |
| Das Ameisenvolk | 220 |
| Scampolo | 228 |
| Alle 40 Sekunden | 234 |
| Muschilecker | 244 |
| Das Tierheim von Berlin | 250 |
| Messer | 257 |
| Mobbing | 264 |
| Kackwurst | 273 |
| Wildgänse | 278 |
| Babynahrung | 286 |
| Lass sie gehen | 290 |
| Epilog: Auf Wiedersehen | 295 |
| Danke | 299 |

Cid Jonas Gutenrath
# 110
Ein Bulle hört zu – Aus der Notrufzentrale der Polizei

ISBN 978-3-548-37437-6

Ein Freigänger erschlägt seine Frau mit einer Axt, eine verzweifelte Mutter sucht Rat in Erziehungsfragen, ein Yacht-Besitzer empört sich, weil er auf dem Landwehrkanal »geblitzt« wurde: Wenn Cid Jonas Gutenrath Notrufe entgegennimmt, kommt er den Menschen sehr nahe. Ob er eine Frau zum Weiterleben überredet oder einen kleinen Jungen tröstet – Gutenrath begegnet ihnen allen auf seine ganz persönliche, faszinierende Art.

»Geschichten, so komisch, so berührend, so knallhart und brutal wie das Leben.« *Stern*

www.ullstein-buchverlage.de